AF573327

Bibliografische Information der Deutschen Nationalbibliothek
Die Deutsche Nationalbibliothek verzeichnet diese Publikation in der Deutschen Nationalbibliografie; detaillierte bibliografische Daten sind im Internet über http://dnb.ddb.de abrufbar.

Philomen Schönhagen / Mike Meißner
Kommunikations- und Mediengeschichte. Von Versammlungen bis zu den digitalen Medien
Köln: Halem, 2021

ISBN (Print): 978-3-86962-588-1
ISBN (PDF): 978-3-86962-589-8
ISBN (ePub): 978-3-86962-590-4

Den Herbert von Halem Verlag erreichen Sie auch im Internet unter http://www.halem-verlag.de
E-Mail: info@halem-verlag.de

TITELILLUSTRATION:
Damenlesehalle in Berlin; Druck nach einer Originalskizze von E. Hosang, 1895; DNB/DBSM, Zeithistorische Sammlung Nieter

SATZ: Herbert von Halem Verlag
LEKTORAT: Volker Manz, Rüdiger Steiner
DRUCK: docupoint GmbH, Magdeburg
UMSCHLAGGESTALTUNG: Claudia Ott Grafischer Entwurf, Düsseldorf

Philomen Schönhagen / Mike Meißner

Kommunikations- und Mediengeschichte

Von Versammlungen bis zu den digitalen Medien

HERBERT VON HALEM VERLAG

Inhalt

VORWORT

Die Idee zu diesem Buch entstand bereits vor vielen Jahren im Zusammenhang mit meiner Vorlesung zur Kommunikations- und Mediengeschichte an der Université de Fribourg/Universität Freiburg (Schweiz). Es existiert zwar sehr viel Literatur zum Thema, aber es lag bisher kein geeigneter Überblick vor, der als Begleitbuch zur Vorlesung passend gewesen wäre. Eine Textsammlung musste deshalb bisher diese Funktion übernehmen, auch wenn dies keine Ideallösung war. Ich freue mich sehr, dass die Idee nun realisiert werden konnte und die Studierenden mit einem Text ›aus einem Guss‹ arbeiten können. Möglich wurde dies nicht zuletzt durch die Mitwirkung meines ehemaligen Mitarbeiters Mike Meißner sowie dank eines Forschungssemesters im Herbst/Winter 2019. Leider hat sich die Fertigstellung wegen des Coronavirus (Bibliotheksschließungen etc.) schließlich nochmals verzögert. Wir hoffen, dass das Buch bei den Studierenden – und womöglich auch bei einer breiteren Leser*innenschaft – eine positive Aufnahme findet.

Uns ist bewusst, dass diese Darstellung der Kommunikations- und Mediengeschichte nur *eine* mögliche ›Erzählung‹ ist und dass auch ganz andere denkbar wären. Sie entspricht unserer – jedenfalls derzeitigen – Perspektive auf die entsprechenden Entwicklungen sowie unserer Kenntnis und Lesart der verfügbaren Quellen. Jede historische Darstellung ist notwendig von einer spezifischen Perspektive geprägt, wie u. a. der verstorbene finnische Kommunikationswissenschaftler Veikko Pietilä (2005: X) bemerkt hat. Die sachlichen Hintergründe unserer Sicht auf die Geschichte gesellschaftlicher Kommunikation und der dabei eingesetzten Medien erläutern wir in der folgenden Einleitung. Dabei sei betont, dass wir keinen Anspruch auf Vollständigkeit erheben, weder mit Blick auf die verwendete Literatur (die sich bei einem Lehrbuch in gewissen Grenzen halten muss) noch hinsichtlich der behandelten Themenaspekte. Das Ziel des Buches ist es, die zentralen Entwicklungslinien der Kommunikations- und Mediengeschichte im Allgemeinen aufzuzeigen, mit besonderem Fokus auf Europa, dem deutschen Sprachraum sowie der Schweiz (unter Berücksichtigung nicht nur des deutschsprachigen Landesteils, sondern auch der Romandie und des Tessins). Angesichts des vorliegenden Umfangs sowie des Hauptzwecks (Begleitung der Vorlesung) war es nicht möglich und auch nicht beabsichtigt, durchgängig alle europäischen bzw. deutschsprachigen Länder mit allen relevanten Teilentwicklungen abzudecken. Stattdessen war es unsere Absicht, die zentralen Entwicklungen mit Beispielen zu veranschaulichen und dabei gewissermaßen Schlaglichter auf den erwähnten geografischen Raum zu werfen.

Wir können nicht ausschließen, dass uns bei der Darstellung, trotz gründlicher Prüfung, Fehler unterlaufen sind, zumal sich teilweise Quellen (z. B. bezüglich einzelner Daten) widersprechen, was wir aus Gründen der Lesbarkeit nicht überall thematisiert haben. Wir sind unseren Leser*innen, falls sie Unstimmigkeiten bemerken sollten, dankbar, wenn sie uns darauf hinweisen, sodass wir diese Mängel bei einer eventuellen Neuauflage korrigieren können. Im vorliegenden Buch wird weitestgehend geschlechtergerechte Sprache verwendet, außer (bewusst) an manchen Stellen (neben Zitaten), wo die Quellen auf ausschließlich männliche Akteure im jeweiligen Zeitraum hinweisen. Dies scheint uns zur Veranschaulichung der historischen Gegebenheiten sinnvoll. Zudem belassen wir Ausdrücke, die aus theoretischen Ansätzen oder Modellen stammen, im generischen Maskulinum (wie z. B. ›Kommunikationspartner‹ und ›Vermittler‹).

Abschließend möchte ich mich bei allen Personen bedanken, die in unterschiedlicher Weise zur Entstehung dieses Buches beigetragen haben, insbesondere bei allen Studierenden, die im Laufe der Jahre an meiner Vorlesung teilgenommen und mich mit ihrem Feedback motiviert haben, bei meinem Koautor Mike Meißner für die gelungene Zusammenarbeit sowie bei meinen ehemaligen Mitarbeiterinnen Silke Fürst, Constanze Jecker und Cornelia Tschirky-Müller, die mich im Laufe der Jahre mit Literaturrecherchen und ›Zulieferungen‹ für die Vorlesung unterstützt haben, auf die ich für dieses Buch teilweise zurückgreifen konnte. Für weitere Unterstützung bei Literaturrecherchen sei auch Antonia Baumgartner und Tobias Rohrbach gedankt. Außerdem gilt meinem Lehrer Hans Wagner ein besonderer Dank, der mir im Laufe von inzwischen drei Jahrzehnten immer wieder Anregungen zum Thema gegeben hat. Zudem hat er das Manuskript vorab gelesen und uns noch einige nützliche Hinweise gegeben. Last, but not least bedanken sich Mike Meißner und ich ganz herzlich bei unserem Kollegen Daniel Beck, der ebenfalls den gesamten Band kritisch gegengelesen hat, sowie bei den Verlagsmitarbeiter*innen, die schließlich dieses Buch realisiert haben, insbesondere Rüdiger Steiner.

Philomen Schönhagen
Fribourg, im April 2021

EINLEITUNG

Das Ziel dieses Buches ist es, einen Überblick über grundlegende Strukturen der Entwicklung gesellschaftlicher Kommunikation und ihrer Medien zu geben.[1] Die leitende Frage lautet: Wie und mit welchen Medien funktionierte gesellschaftliche Kommunikation zu verschiedenen Zeiten in unterschiedlichen Gesellschaften? Dabei erfolgt die Darstellung nicht durchgängig chronologisch, sondern teilweise auch systematisch. Geografisch stehen weitgehend das heutige (West-)Europa sowie der deutsche Sprachraum und die Schweiz im Mittelpunkt; an manchen Stellen wird die Perspektive jedoch auch ausgeweitet.[2] Die – im Laufe der Darstellung zunehmende – Fokussierung auf die Schweiz und den deutschen Sprachraum ergibt sich zum einen aus dem Entstehungshintergrund dieses Buches (siehe Vorwort). Zum anderen wurde in der Literatur mehrfach darauf hingewiesen, dass zur Schweiz eine »integrale« Mediengeschichte bzw. »einführende Überblickswerke« bislang fehlen (vgl. MEIER 2010: 8; CLAVIEN/SCHERRER 2015: o. S.).[3]

Inhaltlich liegt der Fokus auf dem Funktionieren gesellschaftlicher Kommunikation und damit vorwiegend auf dem je aktuellen Austausch von Nachrichten und Sichtweisen; Medienunterhaltung wird somit eher

1 Ein erster solcher Überblick findet sich in einem früheren Aufsatz (vgl. SCHÖNHAGEN 2008a), der hier aufgegriffen und – insbesondere mit Fokus auf die Schweiz – deutlich erweitert wird.

2 Zur Diskussion, inwieweit eine (gesamt-)europäische Perspektive auf Kommunikations- und Mediengeschichte sinnvoll ist, siehe die beiden dem Thema gewidmeten Sonderhefte von *medien & zeit*, 3/2011 und 4/2011 (vgl. MCLUSKIE/KINNEBROCK/SCHWARZENEGGER 2011a und 2011b) sowie, in Kurzform, die Einleitung zum *Handbook of European Communication History* (vgl. PRESTON/ARNOLD/KINNEBROCK 2020: 9-13).

3 Für die Westschweizer Presse hat Clavien (2017) ein solches vorgelegt.

am Rande thematisiert.[4] Der Blick richtet sich vor allem auf die gesellschaftliche Kommunikation selbst, die aber im Zusammenhang mit den jeweiligen historischen Rahmenbedingungen betrachtet wird. Es geht in erster Linie um *Kommunikations*geschichte, also um die Formen von Kommunikation, mittels derer Gesellschaften sich »im Laufe der Jahrhunderte konstituiert, stabilisiert und reproduziert haben« (DEPKAT 2003: 10). Aber selbstverständlich sind dabei auch alle Medien zu betrachten, mittels derer diese soziale Kommunikation jeweils realisiert wurde. Ziel ist es, *grundlegende Strukturen und Entwicklungslinien* aufzuzeigen. Deshalb konzentriert sich diese Darstellung auf die Makroebene (Wandel des Mediensystems und der Medien, Entwicklung des Journalismus).[5]

Zu Beginn werden die entscheidenen Entwicklungsschritte der Geschichte gesellschaftlicher Kommunikation kurz vorgestellt sowie einige zentrale Begrifflichkeiten erläutert, die für die weitere Argumentation von Bedeutung sind (Kap. 1). Anschließend werden die einzelnen Entwicklungsschritte im Detail dargelegt: zunächst die *Versammlungskommunikation* als Ausgangspunkt der Entwicklung (Kap. 2). Diese Kommunikationsform kam im Zuge des Anwachsens und der Ausdifferenzierung von Gesellschaften jedoch an ihre Grenzen; ein gesellschaftsweiter Austausch war damit allein nicht mehr möglich. Daher wurde sie zunehmend durch Formen von »Kommunikation über Distanz« (WAGNER 1995: 21) ergänzt bzw. ersetzt. Die Weiterentwicklung der Kommunikation über Distanz mündete schließlich, in der Frühen Neuzeit, in die Entstehung periodischer (also regelmäßig erscheinender) Zeitungen und damit des Journalismus. Damit verbindet sich ein *tiefgreifender Umbruch* in der Kommunikationsgeschichte, indem die Versammlungskommunikation als zentrale Form gesellschaftlichen Austausches durch *journalistisch vermittelte Kommunikation* ersetzt wurde. Diese Entwicklungen sowie ihre Voraussetzungen sind Gegenstand von Kapitel 3.

4 Einen kurzen, aber breit gefassten Überblick über die Geschichte von Unterhaltungsmedien gibt Zillmann (2000). Siehe auch den Exkurs VIII: *Zur Geschichte der Unterhaltungsmedien* [S. 97].

5 Dies geschieht im Gegensatz zu der häufig zu beobachtenden Tendenz innerhalb der Mediengeschichte, die (isolierte) Geschichte einzelner Medien darzustellen, wie z. B. Presse- oder Radiogeschichte, aber auch zu Ansätzen, die von allgemeinen gesellschaftlichen Veränderungen ausgehen und danach fragen, wie sich diese auf die Medien ausgewirkt haben. Problematisch bei beiden Ansätzen ist aus unserer Sicht, dass ein Gesamtüberblick über die Entwicklung der gesellschaftlichen Kommunikation so kaum möglich ist.

Die anschließende *Ausdifferenzierung der Pressemedien* im 18. und 19. Jahrhundert sowie das *Aufkommen elektronischer Medien* ab dem 19. Jahrhundert, vom Telegrafen bis zum Internet, und die damit verbundenen Veränderungen gesellschaftlicher Kommunikation sind Gegenstand des vierten Kapitels. Im abschließenden Kapitel 5 des Buches erfolgen eine kurze Zusammenfassung der Entwicklungen von der Versammlungskommunikation bis heute sowie ein Ausblick im Kontext der Digitalisierung.

1. VON RATIONALISIERUNGEN, EVOLUTIONEN UND REVOLUTIONEN

Die Entwicklung der gesellschaftlichen Kommunikation und der dazu genutzten Medien wird in der Literatur auf unterschiedliche Art in Phasen eingeteilt. Helmut Schanze z. B. unterteilt seine Darstellung einer »integrale[n] Mediengeschichte« in »Antike«, das »Zeitalter der Typographie (1500-1800)«, das »Zeitalter der neuen Graphien. Vom Telegraphen zum Kinematographen (1800-1900)«, das »Zeitalter der Audiovisionen (1900/1925-1985)« und das »Zeitalter der Digitalmedien« (2001: 207ff.). Darin zeigt sich eine starke Orientierung an technischen Entwicklungen, obwohl der Autor betont, dass Mediengeschichte sich nicht allein »am Fortschritt der Medientechnologie« orientieren könne (ebd.: 208).[6] Insofern erscheint eine solche Einteilung wenig befriedigend.

Jürgen Wilke konstatiert darüber hinaus, dass auch eine Orientierung an allgemein »zeitgeschichtliche[n] Periodisierungen« problematisch sein kann (1999: 19).[7] Dies kann anhand der »globale[n] Phasen« der »gesellschaftlichen Evolution« des bekannten Soziologen Niklas Luhmann veranschaulicht werden. Mit diesen Phasen möchte er u. a. zeigen, »wie gesellschaftliche Evolution mit Veränderungen in den Kommunikationsweisen« zusammenhängt (1975: 13). Eine erste Phase stellen demnach »[a]rchaische Gesellschaftssysteme« (ebd.) dar, gekennzeichnet durch Interaktion unter Anwesenden. Letztere entspricht grundsätzlich der Versammlungskommu-

6 Eine ähnlich technikzentrierte Phaseneinteilung findet sich bei Moran (2010: 8).

7 Zu weiteren Vorschlägen solcher Phasen oder »Perioden der Mediengeschichte« vgl. etwa auch Schmolke (2007: 236-238), North (1995: ixf.) und Faulstich (2006: 11-15). Den wohl »frühesten bekannten Periodisierungsversuch des gesellschaftlichen Nachrichtenverkehrs« (WAGNER 2014a: 243) legte Franz Adam Löffler schon 1837 vor.

nikation, die im vorliegenden Buch ebenfalls als Ausgangspunkt der Entwicklung und entsprechend als grundlegende Kommunikationsweise einer ersten Phase der Kommunikationsgeschichte betrachtet wird. Luhmanns zweite Phase »gesellschaftliche[r] Evolution« bilden »städtisch zentrierte Hochkulturen« (ebd.), die von Schrift gekennzeichnet sind. Letztere war, mit Blick auf die Kommunikationsgeschichte, tatsächlich eine wichtige Innovation, führte jedoch allein noch nicht zu einem entscheidenden Wandel der zentralen gesellschaftlichen Kommunikationsweise (siehe Kap. 3.1). Die Versammlungskommunikation blieb auch in diesen Hochkulturen noch lange grundlegend. Diesbezüglich erscheint es sinnvoller, eine neue *kommunikations*geschichtliche Phase später anzusetzen: dann, als sich – aufgrund weiterer neuer Voraussetzungen bzw. Innovationen – die »dominierenden Kommunikationsweisen« (ebd.: 16) tatsächlich veränderten. Zumal Luhmann selbst darauf hinweist, dass die »Phasenfolge [...] nicht einfach als Prozeß der Verdrängung und der Substitution« einer Kommunikationsweise durch eine andere verstanden werden dürfe, sondern dass es vor allem um das Dazukommen von »voraussetzungsvolleren Formationen« gehe, »die dann die Bedingungen des Möglichen neu definieren« (ebd.: 18). Eine dritte Phase gesellschaftlicher Entwicklung stellt nach Luhmann die »Weltgesellschaft« mit den Massenmedien seit dem 18./19. Jahrhundert dar, mit »zunehmend weltweiten Kommunikationsmöglichkeiten« (ebd.: 13-15). Diese Massenmedien führten zu einem entscheidenden Umbruch mit Blick auf die dominierende Kommunikationsweise – dieser setzte allerdings schon früher ein, nämlich gegen Ende des 16. bzw. Anfang des 17. Jahrhunderts, wie noch gezeigt werden wird.[8]

Aufgrund solcher Schwierigkeiten bei der klaren (zeitlichen) Ab- oder Eingrenzung von Phasen – zumal diese typischerweise fließende Übergänge aufweisen – wird im vorliegenden Buch darauf verzichtet. Als theoretischer Hintergrund und Orientierungsrahmen der folgenden Darstellung dienen die umfassenden Überlegungen zu Entwicklungsschritten und Rationalisierungsprozessen gesellschaftlicher Kommunikation von

8 Es sei angemerkt, dass diese Ausführungen Luhmanns zu gesellschaftlichen Entwicklungen und ihrem engen Zusammenhang mit Veränderungen in der Kommunikation einige erstaunliche Ähnlichkeiten mit Überlegungen zweier Autoren des 19. Jahrhunderts (Albert Eberhard Friedrich Schäffle und Franz Adam Löffler) aufweisen (vgl. BAUER 2016: 74ff.; WAGNER 2009: 92ff.).

Hans Wagner (vgl. 2014b: 217ff.; 2014a; 2009; 1995),[9] die auf Beiträgen verschiedener Autoren aufbauen. Sie stehen im Zusammenhang mit dem Vermittlungstheoretischen Ansatz (VTA) (vgl. FÜRST/SCHÖNHAGEN 2020; FÜRST/SCHÖNHAGEN/BOSSHART 2015; SCHÖNHAGEN 2004; WAGNER 1978; 1995),[10] der ebenfalls als Hintergrund dient.

Wie kurz erwähnt, war demnach zunächst, über den bisher längsten Zeitraum der Menscheitsgeschichte hinweg, *Versammlungskommunikation* die wichtigste Form gesamtgesellschaftlicher Kommunikation. Sie beruhte auf der Anwesenheit der Kommunikationsteilnehmer*innen und der (zumindest annähernden) Gleichzeitigkeit des Austauschs (vgl. WAGNER 2009: 109-112; 2014b: 233). Dabei versammelten sich Gesellschaftsmitglieder (zufällig oder absichtlich), um sich mündlich und von Angesicht zu Angesicht (face-to-face) über diverse aktuelle Fragen und Probleme auszutauschen. In diesem Zusammenhang ist auch von »Präsenzöffentlichkeit« die Rede (GERHARDS/NEIDHARDT 1990: 24). Die Versammlungskommunikation war außerdem durch eine (zumindest weitgehende, wenn man von gehörlosen Menschen absieht) allgemeine »Medienverfügbarkeit« gekennzeichnet (WAGNER 2009: 111; 2014b: 233), d.h., alle potenziellen Kommunikationsteilnehmer*innen verfügten über die zur Kommunikation benötigten Medien (Sprache, Gesten, Mimik).

In diesem Zusammenhang ist festzuhalten, dass Gesellschaften und Gemeinschaften[11] notwendigerweise der Kommunikation bedürfen, sowohl um sich überhaupt zu konstituieren als auch für ihre weitere Aufrechterhaltung (vgl. BERGER/LUCKMANN 1966/1980). Dabei bringen typischerweise – schon in der frühen Versammlungskommunikation – Sprecher*innen von Gruppen Bedürfnisse, Forderungen etc. ein,

9 Vgl. dazu auch Schönhagen (2008a), wo diese Überlegungen – damals in Teilen einem unveröffentlichten Manuskript Wagners (2005) folgend – bereits aufgegriffen wurden.

10 Es handelt sich hierbei um einen theoretischen Ansatz zur gesellschaftlichen Kommunikation und Massenkommunikation, der seit den späten 1920er-Jahren von Wissenschaftlern am Münchner Institut für Kommunikationswissenschaft entwickelt wurde.

11 Die Begriffe ›Gesellschaft‹ und ›Gemeinschaft‹ werden in der Literatur häufig, basierend auf einer Unterscheidung von Tönnies (1979 [1887]), voneinander abgegrenzt. Nach Tönnies ist Gemeinschaft u.a. gekennzeichnet durch interpersonale Bezugsgruppen sowie ›direkte Kommunikation‹ und wurde, historisch betrachtet, v.a. durch Religion bzw. Glaubensinhalte zusammengehalten. Gesellschaft dagegen ist geprägt durch partikulare Interessen, funktionale Differenzierung und (medien-)vermittelte Kommunikation (vgl. AVERBECK-LIETZ 2015: 64f.). Teilweise wird stattdessen das Begriffspaar ›Vergemeinschaftung‹ und ›Vergesellschaftung‹ verwendet, um unterschiedliche Phänomene sozialer Beziehungen (in heutigen, modernen Gesellschaften) zu charakterisieren (vgl. SCHWIETRING 2011: 24-28; SCHERR 2006: 56-61).

worauf andere reagieren (können). Auf deren Reaktionen kann es erneut Reaktionen geben etc. Man kann auch sagen, dass Gesellschaft nur durch Kommunikation existiert, was Wagner (2014a: 245; Hervorh. d. Verf.) als das »*kommunikative Prinzip*« bezeichnet. Dieses findet sich bereits in der antiken Philosophie (vgl. auch BEIERWALTES 1999: 25-28). In diesem Sinne sprach Thomas Luckmann in einigen späten Arbeiten nicht mehr nur von der »social«, sondern auch von der »*communicative* construction of reality« (zit. nach SCHNETTLER 2006: 128; Hervorh. d. Verf.).

Vor diesem Hintergrund erscheint Versammlungskommunikation als die »›Urform sozialer Kommunikation‹« (SCHÖNHAGEN 2008a: 2). Sie stieß jedoch mit dem Anwachsen und der zunehmenden Ausdifferenzierung von Gesellschaften an Grenzen: Eine Versammlung aller bzw. aller mitspracheberechtigten Mitglieder an einem Ort zur gleichen Zeit war nicht mehr realisierbar. Dieses Problem der »Dislokation der Kommunikationspartner« (WAGNER 1995: 19) konnte nur gelöst werden, indem die Versammlungskommunikation durch einen anderen Kommunikationsmodus abgelöst wurde: die »*Kommunikation über Distanz*« (WAGNER 1995: 21; Hervorh. d. Verf.), d.h. zwischen nicht-anwesenden Kommunikationspartnern (auch als Fernkommmunikation bezeichnet). Historisch kann zunächst eine Zunahme von derartigen Kommunikationsformen, *ergänzend* zur Versammlungskommunikation, beobachtet werden. Dabei bedurfte die Kommunikation für ihr Zustandekommen der technischen und/oder menschlichen Vermittlung. Insbesondere dieses *Einschalten von Vermittlern* veränderte den gesellschaftlichen Nachrichtenaustausch grundlegend. Wolfgang Riepl spricht in seiner erstmals 1913 veröffentlichten Studie über das Nachrichtenwesen des Altertums (2014: 93) davon, dass an die Stelle der Versammlung zunehmend das »Prinzip der Auseinandertragung oder Versendung« von Mitteilungen trete. Das heißt, dass zum einen der kommunikative Austausch nicht mehr annähernd gleichzeitig zwischen Anwesenden stattfand, wie in der Versammlungskommunikation, sondern immer häufiger zeitversetzt (sukzessiv) zwischen räumlich voneinander entfernten Personen, also Abwesenden. Zum anderen war bei der Versammlungskommunikation jede*r, die oder der etwas mitteilen wollte, auch selbst Übermittler*in dieser Nachricht. Wagner (1978: 96) bezeichnet dies als »Eigen«- oder »Selbst-Vermittlung«. Fernkommunikation dagegen beruht auf der Trennung zwischen dem Vorgang der Mitteilung selbst und ihrer Übermittlung an die Angesprochenen. Erst diese Trennung ermöglichte es dann auch, eine Vielzahl von Mitteilungen unterschiedlicher Urheber*innen mittels einer Person bzw. in einem Medium zusammenfassend weiterzugeben. Dies war der Kern der Lösung, um unter den Bedingungen komplexer und räumlich ausgedehnter Gesellschaften eine für alle überschaubare und zugängliche Kommunikation zu realisieren. Allerdings ist es in diesem Fall keineswegs mehr so selbstverständlich wie bei den natürlichen Medien, dass jeder potenzielle Kommunikationspartner über solche Medien verfügen kann (vgl. WAGNER 2009: 106f.). Im Gegenteil fand eine zunehmende Konzentration der Vermittlung in Form professioneller Vermittler bzw. von Medienorganisationen statt (vgl. WAGNER 1995: 15ff.). Diese entwickelten zudem eine wachsende Autonomie von den an der Kommunikation Beteiligten (Individuen und insbesondere Gruppen). Mit diesen Rationalisierungs- und Konzentrationsprozessen erhöhte sich schrittweise die Effizienz der Kommunikationsvermittlung (siehe im Detail Kap. 3), aber auch die Abhängigkeit der potenziellen Kommunikationspartner von den professionellen Vermittlern. Letzteres führte sodann zu Maßnahmen der »Gegenrationalisierung« (WAGNER 1995: 56), u.a. in Form von Öffentlichkeitsarbeit gesellschaftlicher Akteurskollektive bzw. von Organisationen (siehe Kap. 4.1).

Die wachsende *gesellschaftliche Differenzierung* und die Weiterentwicklung der Kommunikation über Distanz bedingten und verstärkten sich wechselseitig: Kommunikation über Distanz ermöglichte stärkere gesellschaftliche Differenzierungen, die ihrerseits verstärkte Kommunikation(svermittlung) notwendig machten (vgl. KNIES 1857/1996: 58; HALBACH 1998: 277; WAGNER 2009: 92f.).[12] Hartmut Winkler (1997: 204) weist ebenfalls darauf hin, dass »eine direkte Beziehung zwischen dem Maß der gesellschaftlichen Differenzierung und dem gesellschaftlichen Kommunikationsbedarf« bestehe. Bezug nehmend auf die Theorie der reflexiven Modernisierung des Soziologen Ulrich Beck sowie auf andere Autoren erläutert Lothar Mikos (1994: 9) diesen Zusammenhang am Beispiel des Fernsehens:

> »Der gesamte Prozeß der reflexiven Modernisierung, der durch die Ausdifferenzierung der Gesellschaft und durch die Pluralisierung von Lebensformen gekennzeichnet ist, wurde ›in entscheidendem Maße durch die Kommunikationsmedien gestützt und oft erst auf den Weg gebracht‹ [...]. Nur die Medien sind noch in der Lage, die Integration der sich ausdifferen-

12 Zu einer sehr ähnlichen wie der hier dargelegten Sichtweise auf die Entwicklung von der Versammlungs- zur Massenkommunikation und zum Journalismus, wenn auch nur sehr knapp dargelegt, vgl. Domingo et al. (2008: 327-329) sowie Beierwaltes (1999: 28-32).

> zierenden Gesellschaften zu sichern. [...] Zugleich verstärken die Medien jedoch die weitere Segmentierung und Pluralisierung der Gesellschaft«.

Das vorläufige Ergebnis der dargelegten (Rationalisierungs-)Prozesse war die Entstehung von *Zeitungen* sowie des Journalismus. Zunächst wurden Zeitungen handschriftlich vervielfältigt; erst zu Beginn des 17. Jahrhunderts wurde der Buchdruck, der in Europa Mitte des 15. Jahrhunderts entwickelt wurde, zur Rationalisierung der Zeitungsproduktion genutzt. Die damit ermöglichte massenhafte Vervielfältigung führte dazu, dass die Kommunikation über Distanz, genauer die *journalistisch vermittelte Kommunikation* die Versammlungskommunikation als *zentrale* Form des gesellschaftlichen Austauschs ablösen konnte. Dadurch wurden auch mediale Öffentlichkeiten anstelle von Präsenzöffentlichkeiten bestimmend (vgl. FÜRST/SCHÖNHAGEN/BOSSHART 2015: 334f.; BEIERWALTES 2000: 28-31). Dies bedeutete einen *tiefgreifenden Umbruch* in der gesellschaftlichen Kommunikation, der zu Recht als »*Kommunikationsrevolution*« (WAGNER 2009: 106; Hervorh. d. Verf.) bezeichnet werden kann. Dabei ist jedoch zu bedenken, dass die Versammlungskommunikation nicht obsolet wurde, sondern *ergänzend* in vielen gesellschaftlichen Bereichen bis heute bestehen geblieben ist, wie z. B. in Parlamenten, bei Bürger- oder Vereinsversammlungen etc.[13]

In der Literatur wird meist die von Gutenberg entwickelte Typografie als eine erste (oder nach der Schrift zweite) Medien-Revolution betrachtet (vgl. u. a. WELKE 2008: 9f.). Tatsächlich aber war der Übergang von handgeschriebenen zu gedruckten Medien aktueller gesellschaftlicher Kommunikation fließend (siehe Kap. 3.2). Und auch die Form der frühen Wochenzeitungen änderte sich zunächst durch den Druck kaum (vgl. BÜCHER 1893/2017: 223). Wolfgang Behringer (2003) argumentiert in einer umfassenden Studie zur Geschichte der Post überzeugend, dass die entscheidende Kommunikationsrevolution im Europa der Frühen Neuzeit nicht der Buchdruck war, sondern die Entwicklung der *Infrastruktur* der Kommunikation, d. h. der Post- bzw. Verkehrsnetze. Wie oben angesprochen, war es letztlich wohl die Kombination mehrerer Innovationen – handgeschriebene periodische Zeitungen, wesentlich basierend auf dem öffentlichen Postwesen, und Typografie – die den in diesem Buch als revolutionär betrachteten Umbruch

13 Auch daran wird der grundlegende Umbruch deutlich: Lange Zeit ergänzten einfache Formen der Kommunikation über Distanz die zentrale Versammlungskommunikation, während seit der Frühen Neuzeit die Versammlungskommunikation nur noch eine ergänzende Rolle spielt und die journalistisch vermittelte Kommunikation die gesellschaftsweite Öffentlichkeit herstellt.

von der Versammlungs- zur journalistisch vermittelten Kommunikation ermöglicht haben. Dazu kamen soziale und politische Veränderungen, die ihrerseits wiederum durch den Buchdruck gefördert wurden (vgl. WILKE 2008: 37f.) und zu einem gesteigerten Nachrichtenbedürfnis führten. Die starke Verbreitung der Zeitung beförderte wiederum die Veränderungen in der politischen Öffentlichkeit. Solche Wechselwirkungen zwischen technischen Innovationen und gesellschaftlichem Wandel sind typisch für soziale Evolutionsprozesse (siehe weiter unten).

Interessant ist, dass sich Teilschritte der dargelegten Entwicklung auch in der römischen Antike und im ersten nachchristlichen Jahrtausend in China feststellen lassen (vgl. BÜCHER 1893/2017: 203f.; RIEPL 2014: 163; WAGNER 2014b: 214, 226, 237). Zudem sind offenbar im chinesischen Hangzhou im 12. und 13. Jahrhundert alle Entwicklungsschritte zu beobachten, also bis hin zu Wochen- und Tageszeitungen mit autonomer, journalistischer Vermittlung – aber diese blieben dort nur ein illegales Phänomen von begrenzter Dauer (vgl. HE 2015 und Kap. 3.3). Insofern hat sich erstmals im Europa der Frühen Neuzeit die *journalistische Kommunikationsvermittlung* dauerhaft durchgesetzt und recht schnell auch über zahlreiche weitere Weltgegenden verbreitet. Dies kann damit in Verbindung gebracht werden, dass zwar die materiellen oder technischen Voraussetzungen dieser Entwicklung – wie das Botenwesen, die Schrift und das Papier, die Typografie sowie v. a. die Einrichtung von Verkehrsnetzen und eines (allgemein zugänglichen) Postwesens (siehe Kap. 3.1) – auch andernorts zumindest größtenteils gegeben waren, nicht aber zugleich derselbe spezifische Komplex weltanschaulicher oder ideeller Faktoren wie in Europa (vgl. MITTERAUER 2004: 257ff., 274ff.). Kurt Imhof (2006: 53) spricht von einer spezifischen »Spannung zwischen Kognition und Glauben«, die für die »okzidentale Entwicklung« (anders als etwa die chinesische) prägend war. Auf diesen Faktorenkomplex wird in Kapitel 3.3 zurückzukommen sein. Diese (gut dokumentierte) europäische Entwicklung steht im Fokus des vorliegenden Buches.

Auf den tiefgreifenden Umbruch durch die (gedruckten) Wochenzeitungen und den Journalismus folgten weitere, evolutionäre Entwicklungen, die durch eine Diversifizierung der Massenmedien gekennzeichnet sind. Im Laufe des 17. und 18. Jahrhunderts entwickelten sich nicht nur die Zeitungen weiter, sondern es entstanden mit den Zeitschriften weitere Printmedien mit anderen Funktionen. Mit der Einführung und Nutzung der Elektrizität im 19. Jahrhundert kamen sodann mit Radio, (Kino-)Film und Fernsehen weitere Massenmedien dazu, die im späten 20. Jahrhundert, auf der Basis des Internets sowie des Mobilfunks, durch digitale Medien ergänzt wurden (siehe Kap. 4.3 u. 5).

Mit dem Einsatz der *elektronischen* Medien verbindet sich nach Wagner (vgl. 2009: 109) erneut ein tiefgreifender Wandel gesellschaftlicher Kommunikation (dazu auch BÖSCH 2019: 141). Allerdings kam es nicht erneut zu einem *vollständigen* Umbruch hinsichtlich der zentralen Form gesellschaftlicher Kommunikation: Die journalistisch vermittelte Kommunikation und damit die medialen Öffentlichkeiten blieben weiterhin grundlegend. Insofern werden die mit den elektronischen Medien verbundenen Veränderungen hier eher als *evolutionäre Entwicklungen* verstanden, auch wenn sie starke Veränderungen mit sich brachten.[14] Denn mit den elektronischen Medien wurde grundsätzlich wieder ein *gleichzeitiger Austausch* möglich, was zuvor, auf der Basis der Printmedien, nicht mehr gegeben war (vgl. WAGNER 2009: 109f.). Dies hat mit der Etablierung spezieller Informations- bzw. Kommunikationsnetze zu tun, die an die Stelle der vorher für die Kommunikationsvermittlung genutzten – langsameren – Verkehrsnetze traten. Internet und Smartphone haben außerdem wieder eine (nahezu) allgemeine Medienverfügbarkeit etabliert,[15] ähnlich wie in der

14 Im Kontext der Kommunikations- und Mediengeschichte ist auf recht unterschiedliche Weise von Revolutionen und Evolution(en) die Rede. In der Regel werden mit dem Revolutionsbegriff »tiefgreifende [strukturelle] Veränderungen« (BEHRINGER 2003: 9f.; vgl. auch WAGNER 2009: 107) verbunden. Behringer (2003: 9ff.) unterscheidet dabei nochmals zwischen Medien- und Kommunikationsrevolutionen. Für Wagner (2009: 106) ist die »Umstellung von der Versammlungskommunikation zu einer wirklich effektiven Kommunikation über Distanz« aufgrund des »Wechsel[s] der Prinzipien der Nachrichtenverbreitung« klar »eine Kommunikationsrevolution«. Dem folgen auch die Autor*innen des vorliegenden Buchs. Bisweilen wird jedoch schon die Einführung neuer Techniken oder gar einzelner Geräte oder Angebote als revolutionär bezeichnet. So wird z. B. die Erfindung von beweglichen Lettern durch Johannes Gensfleisch, genannt Gutenberg, in Mainz als Revolution bezeichnet (vgl. u. a. WELKE 2008: 9f.; EISENSTEIN 1979; kritisch dazu BEHRINGER 2003: 15ff.; BRIGGS/BURKE 2009: 19; WÜRGLER 2013: 81-83). Tatsächlich wurde das Prinzip jedoch schon früher in Asien entwickelt, wenn auch nicht mit dem Gutenberg'schen Bleiguss-Verfahren (vgl. SCHÖNHAGEN 2008a: 54). Zudem veränderte diese Erfindung nicht sofort grundlegend die soziale Kommunikation, weil weitere wichtige Voraussetzungen fehlten. Insofern stellte die Versammlungskommunikation zunächst weiter die dominierende Form gesellschaftlicher Kommunikation dar. Mosco (2005) zeigt am Beispiel mehrerer Medien(technologien) im Detail, dass deren Einführung jeweils, im wissenschaftlichen wie populären Diskurs, sehr ähnliche Erwartungen radikaler Umbrüche (vgl. u. a. ebd.: 115) hervorgerufen hat – im Sinne von »enthusiasm and awe« (ebd.: 121). Typischerweise ist es dann jedoch zu derartigen Umbrüchen nicht gekommen (vgl. u. a. ebd.: 8, 118f.).

15 Nach Schätzungen der International Telecommunication Union (ITU) der Vereinten Nationen ist jedoch zu beachten, dass zwar mehr als 90 Prozent der Weltbevölkerung technisch die Möglichkeit haben, das Internet zu nutzen, aber nur etwas mehr als die Hälfte der Menschen dies

Versammlungskommunikation mit den natürlichen Medien. In diesem Kontext wird noch zu diskutieren sein, ob sich damit eine neuerliche Kommunikationsrevolution verbindet oder zumindest ankündigt (siehe Kap. 5).

Der *Evolutionsbegriff* stammt ursprünglich aus den Naturwissenschaften, ist aber auch »im Zusammenhang der Theorien des sozialen Wandels [...] längst unentbehrlich geworden« (LÜBBE 2012: 278), nicht zuletzt in systemtheoretischen (Luhmann) und konstruktivistischen Zusammenhängen (vgl. SCHMIDT 1994: 261).[16] Franz Adam Löffler verwendete ihn bereits im 19. Jahrhundert für seine kommunikationsgeschichtliche Darstellung des »Gebärungsprozess[es] der Presse« (WAGNER 2009: 92). Im vorliegenden Buch werden unter *sozialer Evolution* irreversible Prozesse (langsamer) struktureller Veränderungen verstanden, die *gerichtet* stattfinden. Ihre Gerichtetheit ergibt sich daraus, dass sich soziale Systeme ständig an Veränderungen ihrer Umwelt anpassen müssen, indem sie ihrerseits mit Änderungen reagieren, die im Prinzip rational, also zielgerichtet erfolgen – unter den veränderten Rahmenbedingungen. Die evolutionären Prozesse selbst sind aber insofern als »ziellos« zu bezeichnen, als eben diese veränderten Bedingungen nicht vom sozialen System selbst intendiert, sondern zufällig sind. Die Folgen und das Ende solcher Prozesse können jeweils nur im Nachhinein erschlossen werden (vgl. LÜBBE 2012: 281; ähnlich auch STUDER 2018: 36). Dabei können evolutionäre Entwicklungen letztlich auch zu einem revolutionären Umbruch führen, wie Terence P. Moran (2010: 9) erläutert: »Revolution is either rapid significant change or the moment when evolutionary change reaches a critical mass that results in significant change in a system«. Dies kann deutlich mit Blick auf den Umbruch von der Versammlungs- zur journalistisch vermittelten Kommunikation beobachtet werden, dem eine Reihe von Entwicklungsschritten vorausging (siehe Kap. 3). Zunächst wird nun aber der Ausgangspunkt aller dieser Entwicklungen näher in den Blick genommen: die Versammlungskommunikation.

auch tatsächlich tut (vgl. INTERNATIONAL TELECOMMUNICATION UNION (ITU) (2019): *Measuring digital development. Facts and figures 2019*. Genf: ITU Publications, S. 8. Online unter: https://www.itu.int/en/ITU-D/Statistics/Documents/facts/FactsFigures2019.pdf [13.10.2020]).

16 Vgl. dazu auch den von Kinnebrock, Schwarzenegger und Birkner (2015) herausgegebenen Tagungsband mit diversen Beiträgen von Wilke, Stöber, Ziemann und Latzer. Dennoch wird immer wieder darauf hingewiesen, dass sich evolutionstheoretische Ansätze nicht breit durchgesetzt hätten (vgl. STUDER 2018: 41). Grundsätzlich kritisch zur Verwendung des Evolutionsbegriffs in Verbindung mit Kommunikations- und Mediengeschichte äußert sich Prokop (2001: 8).

2. VERSAMMLUNGSKOMMUNIKATION

Wie eingangs erwähnt, erfordert jedes menschliche Zusammenleben kommunikativen Austausch über »das, was alle angeht«, wie es Peter Schneider in seinem Rechtsgutachten im Rahmen der *Spiegel*-Affäre formulierte (zit. nach MARCIC 1965: 165). So müssen Probleme diskutiert und Lösungen gefunden, Aufgaben auf die Mitglieder einer Gemeinschaft aufgeteilt sowie Entscheidungen getroffen werden. Auch werden die für alle gültigen Regeln und Normen kommunikativ etabliert und durchgesetzt. Ohne umfassende Kommunikation kann keine Gemeinschaft oder Gesellschaft entstehen und (fort)bestehen – die Mitglieder konstruieren mithilfe von Kommunikation ihre gemeinsame Wirklichkeit (siehe Kap. 1). Frühe Gesellschaften basierten weitgehend auf mündlicher Kommunikation (sog. orale Gesellschaften) (vgl. WILKE 2008: 4f.). Der Staatsphilosoph René Marcic (1965: 64; Hervorh. d. Verf.) spricht daher auch von der »*Redegesellschaft*« als dem »Urschema der Gesellschaft«. Mündliche Kommunikation vollzog sich im alltäglichen Austausch zwischen einzelnen Mitgliedern oder kleineren Gruppen, etwa bei den Mahlzeiten oder der Jagd, sowie mittels eher zufällig oder nebenbei stattfindender Kommunikation wie etwa bei Festen und Märkten, sog. »okkasionellen« Öffentlichkeiten (THUM 1990: 47; BELLINGRADT 2011: 22). Daneben findet man schon früh auch formalisierte Kommunikation im Rahmen von speziellen Versammlungen. Meist wurden dafür besondere Orte genutzt, wie z. B. Versammlungshäuser oder der Fest- bzw. Marktplatz, im antiken Athen die Agora bzw. das Forum (vgl. MARCIC 1965: 166; WELWEI 1996: 25).

Der Ethnologe Nigel Barley (2013: 191) beobachtete solche »Palaver« z. B. in den 1980er-Jahren beim Volk der Dowayo in Kamerun, wo man sich »unter einem Baum auf dem öffentlichen Rund vor dem Dorf« versammelte. Detailliertere Beispiele finden sich in Franz-Josef Eilers' publizistikwissenschaftlicher Studie über die schriftlosen Kulturen Nordost-Neuguineas. Derartige ›Redeveranstaltungen‹ oder ›Dispute‹ wurden zu den unterschiedlichsten Themen abgehalten und konnten stundenlang dauern. Die Verhandlung von sechs Stämmen über ein gemeinsames Fest lief z. B. wie folgt ab:

> »In einem Rechteck angeordnet lagerten sich die Männer der verschiedenen Stämme, insgesamt wenigstens 180 männliche Personen, auf einer Wiese neben der Straße. Immer wieder standen die Redner der einzelnen Gruppen auf, beredeten oder bedrohten sich gegenseitig oder versuchten, den Vorredner zum Schweigen zu bringen. Jede Rede wurde vom Kommentar der zugehörigen bzw. auch angesprochenen Männer begleitet. [...] Die räumliche Anordnung der einzelnen Clans auf dem Versammlungsplatz [...] entsprach in etwa der Himmelsrichtung, in der ihre Wohngebiete lagen« (EILERS 1967: 69).

Hier ist, bei einer schon relativ großen Gruppe von Beteiligten, sehr deutlich zu beobachten, dass nicht jeder Einzelne während dieses Disputs selbst das Wort ergriff, sondern dass bestimmte Redner für größere Gruppen sprachen. Zudem verdeutlichte ihre räumliche Ausrichtung für die Zuhörer, für wen sie sprachen. Bei Eilers finden sich eine Reihe weiterer deutlicher Hinweise auf dieses Phänomen der Kommunikationsrepräsentanz, das weiter unten noch näher erläutert wird.

Während langer Zeiträume der Menschheitsgeschichte – in Europa bis weit ins Mittelalter, in Stammesgesellschaften noch bis ins 20. Jahrhundert hinein – erfolgte umfassender öffentlicher Austausch in ähnlicher Art und Weise. Meist waren an dieser Form der Kommunikation allerdings nicht sämtliche Mitglieder einer Gemeinschaft oder Gesellschaft beteiligt. Im antiken Athen z. B. verfügten nur die freien, männlichen Bürger über ein Rederecht bei der Volksversammlung, der sog. Ekklesia. Um 322 v. Chr. waren dies etwa 30.000 Männer, wobei durchschnittlich nur 5.000 bis 6.000 an den Versammlungen teilnahmen (vgl. WELWEI 1996: 31, 37). Ein solcher Austausch nahm erhebliche Zeit in Anspruch, sodass andere Teile der Gesellschaft gleichzeitig für den Erhalt der Lebensgrundlagen sorgen mussten – meist waren dies v. a. Frauen und Sklaven (vgl. SCHÖNHAGEN 2004: 137). Dies gilt auch für das antike Athen. Aber nicht nur in der Frühzeit der Menschheit und der Antike, sondern auch noch im Mittelalter wurde ein großer Teil des kommunikativen Austauschs mündlich abgewickelt, z. B. bei Dorf- oder Volks- und Gerichtsversammlungen, den sog. Ding- oder Thing-Versammlungen (vgl. RÖSENER 2000: 47). Hintergrund ist dabei auch die im mittelalterlichen Sozialleben »elementare dominante Erwartung [...]: daß die betroffene Gemeinschaft an der Herstellung und Beurteilung dieser [politischen und rechtlichen; die Verf.] Ordnungen teilhaben konnte« (THUM 1980: 18). Somit besaß die »Dingversammlung [...] eine starke Integrationskraft« (RÖSENER 2000: 51).

ABBILDUNG 1
Landsgemeinde in Glarus (2014)

In der *Schweiz* waren solche öffentlichen Versammlungen, die »*Landsgemeinden*« (siehe Abb. 1) oder auch Zendenversammlungen (Bezirksversammlungen im Wallis), noch im 17. und 18. Jahrhundert eine »funktionsfähige Form der Öffentlichkeit des Politischen« (WÜRGLER 1996: 33, Hervorh. d. Verf.; vgl. auch CARLEN 1973: 24; MÖCKLI 1987: 26-30).[17] In einem Kanton, Glarus, sowie einem Halbkanton, Appenzell Innerrhoden, hat sich diese

17 Verfassungsrechtlich war die innerschweizerische Landsgemeinde »als Vertretung aller männlichen Bewohner mit vollem Bürgerrecht« bis ins 17./18. Jahrhundert hinein einzigartig (vgl. REINHARDT 2010: 50-52).

Tradition – selbstverständlich mit starken Veränderungen – bis heute erhalten: Einmal im Jahr[18] versammeln sich alle Stimmfähigen, um »unter freiem Himmel über alle wichtigen politischen Geschäfte« zu beraten und zu entscheiden (BLUM/KÖHLER 2006: 285).[19] Entschieden wird dabei etwa über Verfassungsänderungen, Gesetze, Kreditbeschlüsse sowie Verträge, in Glarus auch über den Steuersatz, wobei auch Vorlagen abgeändert werden können. »Die Versammlung als höchstes Organ existiert überdies in einigen schwyzerischen Bezirken, in der Mehrzahl der bündnerischen Kreise und in rund 2000 Gemeinden« der Schweiz (ebd.). Insbesondere in kleineren Gemeinden stellt die Gemeindeversammlung, bestehend aus allen stimmberechtigten Einwohner*innen, noch recht häufig das Legislativorgan dar, größere haben heute meist ein Gemeindeparlament (vgl. ebd.). Bei den beiden noch bestehenden Landsgemeinden finden allerdings »lebhafte verbale Kontroversen« zwischen den Bürger*innen, wie sie früher häufig der Fall waren (WÜRGLER 1996: 34), nur noch selten statt, werden doch die anstehenden Fragen vorher bereits ausführlich in den Massenmedien diskutiert (vgl. BLUM/KÖHLER 2006: 296f., 302). Dagegen enthielten die frühen Zeitungen, im 17. und auch noch 18. Jahrhundert, meist keine oder kaum lokale Berichte, sodass für die anstehenden Entscheidungen bei den Landsgemeinden noch großer Diskussionsbedarf bestand, »ja etliche strittige Probleme sind überhaupt erst durch Anträge aus dem Kreis der gemeinen Landleute thematisiert worden« (WÜRGLER 1996: 34). Außer in den erwähnten Landsgemeinden und Gemeindeversammlungen findet Versammlungskommunikation selbstverständlich, nicht nur in der Schweiz, auch heutzutage immer noch vielerorts statt, insbesondere im Rahmen kleinerer Teilöffentlichkeiten, so etwa in Parlamenten, Vereinsversammlungen etc. Sie dient aber meist nicht mehr dem *gesamt*gesellschaftlichen Austausch, der heute vorwiegend über die Massenmedien zustande kommt.

18 Üblicherweise am letzten Sonntag im April (Appenzell Innerrhoden) bzw. am ersten Sonntag im Mai (Glarus).

19 Für ausführliche Beschreibungen der Landsgemeinden in Glarus und Appenzell Innerrhoden vgl. Schaub (2016: 87-92), Vischer (1983a, b), Stauffacher (1964) bzw. Huber-Schlatter (1987: 62-96).

EXKURS I

Historischer Hintergrund I: Die Alte Eidgenossenschaft bis 1798

Der ›erste‹ Bund, der seit dem Ende des 19. Jahrhunderts bis heute offiziell als Gründungsakt der Schweiz mit dem Nationalfeiertag am 1. August begangen wird, wurde 1291 zwischen Uri, Schwyz und Nidwalden geschlossen (vgl. REINHARDT 2010: 13-18),[20] nach der Schlacht am Morgarten 1315 erneuert und um weitere Orte ergänzt.[21] So kamen per Vertrag Obwalden (1315), Luzern (1332), Zürich (1351), Glarus (1352) und Bern (1353) hinzu, Zug wurde 1352 erobert. Diese Verträge bildeten zu Beginn, insbesondere für Zürich und Bern, nur »eine Option« bzw. »eine Vernetzung unter anderen«, denn sog. »Landfriedensbündnisse [...] [waren] zeittypisch« (ebd.: 24-26). Dass der neue Bund von Dauerhaftigkeit geprägt war, hatte nach dem Freiburger Historiker Volker Reinhardt (ebd.: 28) mehrere Gründe: die stetige »Verdichtung der Bünde [...] mit gemeinsamen innenpolitischen Zielrichtungen und [...] Einrichtungen«; die »Eroberung abhängiger Gebiete, die [...] gemeinsam zu verwalten« waren (sog. Gemeine Herrschaften); »eine Abstoßungsreaktion« gegen »neue zentrale Institutionen« innerhalb des Heiligen Römischen Reiches Deutscher Nation am Ende des 15. Jahrhunderts (vgl. Historischer Hintergrund II);[22] sowie die »Idee der Nation«, die durch die »Wortkriege [...] der Humanisten [...] in den Köpfen der Eliten« verankert wurde. Gelegentlich musste das Primat der »eidgenössischen Ausrichtung« (ebd.: 41) auch militärisch durchgesetzt werden, z. B. 1450 gegen Zürich (vgl. ebd.: 19-41).

Mit der Erweiterung der Eidgenossenschaft war ein kontinuierlicher Austausch und »ein Minimum gemeinsamer Beschlussfassung« (REIN-

20 Tatsächlich war dies nicht das erste solche Bündnis. Auch in dem sog. Bundesbrief von 1291 wird mindestens ein früherer Bund erwähnt.

21 Entwicklungen vor dieser Zeit, von den keltischen Helvetiern bis zu Stadtgründungen und der Etablierung von Klöstern, können hier aus Platzgründen nicht dargestellt werden, finden sich aber in dichter Form bei Stadler (2003: 13-33). Vgl. auch Leuzinger (2014), Frei-Stolba/Paunier (2014) und Morerod/Favrod (2014).

22 Mit dem Friedensschluss von 1499 erreichte die Eidgenossenschaft, von den Reichsreformen ausgenommen zu werden, wodurch sie »randständig und parallel dazu ein politisches Gebilde eigener Art« wurde (REINHARDT 2010: 61). In diesem Zuge wurde auch der Weg Basels in die Eidgenossenschaft frei, das ebenso wie Schaffhausen 1501 beitrat. Die erfolgreichen militärischen Manöver der Eidgenossenschaft endeten mit der Niederlage bei Marignano 1515. Der Friedensschluss im folgenden Jahr verhalf ihr aber immerhin zu einigen ›Gemeinen Herrschaften‹, »die knapp dreihundert Jahre später den neuen Kanton Tessin bildeten« (REINHARDT 2010: 63; vgl. ebd.: 56-63).

HARDT 2010: 42) notwendig geworden. Zu diesem Zweck kam seit der zweiten Hälfte des 14. Jahrhunderts zuerst einmal jährlich die sog. Tagsatzung (französisch: diète; italienisch: dieta) zusammen, die Versammlung der Abgesandten der Orte bzw. später Kantone. Diese wurde von zwei Vertretern je Ort besucht, die ein sog. ›imperatives Mandat‹ hatten, d. h., sie waren an vorher gefasste Beschlüsse zu den einzelnen Tagesordnungspunkten gebunden. Gleichzeitig setzte sich eine Mischform aus Einstimmigkeit, z. B. für eine Bundesrevision, und Majoritätsprinzip, etwa für Angelegenheiten, welche die gemeinsam verwalteten Gebiete und Schiedsgerichte betrafen, durch. Neben den Mitgliedern der Eidgenossenschaft konnten aber auch die zugewandten Orte teilnehmen, die formal keine Mitglieder, aber eng assoziiert waren, z. B. das Wallis oder die ›Drei Bünde‹ (das spätere Graubünden). Als ›Vorort‹ agierte zunächst Luzern, welches sich diese Rolle nach der Reformation mit Zürich teilte (vgl. ebd.: 42-45; WÜRGLER 2014: o. S.).

Ab den 1520er-Jahren erschütterte die Reformation die Eidgenossenschaft. Die von dem Zürcher Prediger Huldrych Zwingli angeführte Glaubenserneuerung wurde von den innerschweizerischen Orten (Uri, Schwyz, Unterwalden, Luzern und Zug) bekämpft, von Bern, Basel und Schaffhausen aber befürwortet. Dies führte 1529 zu einem Bündnis der katholischen Orte mit Österreich und kriegerischen Auseinandersetzungen mit unterschiedlichen Ausgängen. Als eines der langfristigen Ergebnisse kann wohl die Landteilung von Appenzell Innerrhoden (katholisch) und Außerrhoden (reformiert) gelten, die sich bis heute in den beiden Halbkantonen manifestiert. Wie breit die Gräben waren, zeigt sich etwa an der Tagsatzung, die »seit zweihundert Jahren das Forum des eidgenössischen Gedankenaustauschs schlechthin« (REINHARDT 2010: 82) gewesen war und »in der ersten Hälfte des 17. Jahrhunderts Symptome der Entfremdung« zeigte (ebd.: 82).

Für die sog. »Spätzeit der Alten Eidgenossenschaft« (1713-1797) spricht Reinhardt (ebd.: 98) von einem »Spannungsverhältnis von Stabilität im Großen und vielfältigen Konflikten im Kleinen«. Stabilisierend wirkten insbesondere die Erhaltung der traditionell sehr kleinräumigen Selbstverwaltung sowie die enge Verflechtung der »Interessen der städtischen Eliten mit denen der dörflichen Oberschichten« (ebd.: 99). Neben Konflikten über die Frage der Vorherrschaft geistlicher oder weltlicher Gerichtsbarkeit gelangten zudem die neuen Ideen der Aufklärung in die Köpfe der führenden Politiker – nicht zuletzt in Form der amerikanischen Unabhängigkeitserklärung von 1776 und der Französischen Revolution von 1789 (vgl. ebd.: 98-109). ■

Wie weiter oben bereits angespochen, lässt sich in allen Varianten der Versammlungskommunikation typischerweise beobachten, dass nur bestimmte Personen als Redner*innen aktiv sind, die jedoch ihnen zugehörige Gruppen repräsentieren. Solche Repräsentant*innen sind ein typisches Phänomen jeder Kommunikation größerer Gruppen und sie prägen auch die massenmedial vermittelte Kommunikation (vgl. FÜRST/SCHÖNHAGEN 2020: 117-119; WAGNER 1995: 32-36, 235-262). Das Prinzip der *Repräsentanz* sorgt für eine Konzentration der Sprecher*innen, d.h., es muss nicht jede*r einzelne Teilnehmende sprechen bzw. vermittelt werden.[23] Letzteres würde einerseits Zeitprobleme, andererseits unnötige Wiederholungen der gleichen Standpunkte mit sich bringen. »Kommunikationsrepräsentanz bedeutet somit eine außerordentliche Vereinfachung und Abkürzung des Kommunikationsverlaufs« (WAGNER 1995: 34) und sorgt für Überschaubarkeit des kommunikativen Geschehens. Hier zeigt sich eine erste Rationalisierungstendenz, die auch für die weitere Entwicklung (und speziell für die Kommunikationsvermittlung durch Massenmedien) bedeutsam ist.

Versammlungskommunikation vollzog und vollzieht sich allerdings nicht nur als (zumindest prinzipiell) gesamtgesellschaftlicher *Austausch*. Man findet in der Geschichte auch viele Beispiele der »*Verkündigung vor* versammelter Menge« (RIEPL 2014: 79; Hervorh. d. Verf.). Dabei handelt es sich um eine einseitige Information, meist seitens der Obrigkeit an das Volk. In autoritären Gesellschaften ist dies typischerweise die vorherrschende Variante. Eher selten verlasen Herrscher oder Feldherren dabei selbst, was bekannt gegeben werden sollte. Meist wurde diese Funktion vielmehr von sog. Herolden wahrgenommen, etwa bei feierlichen Anlässen.[24]

Alle Varianten der *Versammlungskommunikation* sind durch bestimmte *Eigenschaften* bzw. Bedingungen charakterisiert, die ihr zugleich Grenzen setzen (WAGNER 2009: 106f.):

23 Häufig existieren bei der Versammlungskommunikation (informelle oder formelle) Regeln, wer wann das Wort ergreifen darf, damit alle Repräsentant*innen die Gelegenheit haben, sich zu äußern, aber kein Chaos entsteht. Solche Regeln werden häufig von speziellen Personen, die für die Leitung der Kommunikation verantwortlich sind, kontrolliert und um- bzw. durchgesetzt (vgl. SCHÖNHAGEN 2004: 136).

24 Bei Riepl (2014) findet sich, am Beispiel des antiken Nachrichtenwesens, eine umfangreiche Darstellung der unterschiedlichen Varianten von Kommunikation nach dem Prinzip der Versammlung.

- Die Kommunikationspartner sind am gleichen Ort physisch anwesend (Anwesenheit, »Einheit des Ortes«).
- Der kommunikative Austausch bzw. Mitteilung und Kenntnisnahme finden (quasi) gleichzeitig statt (»Gleichzeitigkeit oder die Parallelität der Kundgabe und Kenntnisnahme von Nachrichten«).
- Im Prinzip (von Ausnahmen wie gehörlosen Personen abgesehen) verfügen alle Beteiligten über die gleichen Medien (Sprache, Gestik, Mimik), derer sie sich selbst bedienen, um ihre Mitteilungen zu vermitteln (»allgemeine Medienverfügbarkeit«).

Ebenfalls schon seit der frühesten Menschheitsgeschichte vollzog sich Kommunikation teilweise auch über räumliche Distanzen hinweg, also als »*Fernkommunikation*« (HALBACH 1998: 277; HÖFLICH 1997: 204; Hervorh. d. Verf.), z. B. bei verstreut lebenden Gemeinschaften oder während Kriegszügen. Dabei kamen einfache Medien zum Einsatz: zunächst die Sprache in Form lauten Rufens, z. B. von Berg zu Berg, bzw. die Stimme wie z. B. bei Pfeifsprachen, etwa auf den Kanarischen Inseln (vgl. SEBEOK/UMIKER-SEBEOK 1976). Auch das Alp- bzw. Hirtenhorn wurde möglicherweise in verschiedenen europäischen Ländern als Stimmverstärker verwendet, etwa in der Schweiz (vgl. SCHÜSSELE 2000: 39, 174). Weiter wurden auch Feuer- und Rauchzeichen, Trommeln bzw. Trommelsprachen etc. genutzt (vgl. SCHÖNHAGEN 2004: 143f.). Das »*Universalorgan*« der Nachrichtenübermittlung war allerdings der *Bote*, lange Zeit v. a. mit mündlichem Bericht (RIEPL 2014: 105, Hervorh. i. O.). Die Ausdrucksmöglichkeiten dieser einfachen Medien sind jedoch begrenzt (vgl. KNIES 1857/1996; SEBEOK/UMIKER-SEBEOK 1976). Der Einsatz von Boten, die mündlich eine Nachricht überbringen, oder anderer Vermittler, die z. B. die Trommelsprache beherrschen, birgt zudem das *Problem der Zuverlässigkeit*: Es ist keineswegs sicher, dass genau das vermittelt wird, was jemand in Auftrag gegeben hat.

Solange Kommunikation über Distanz nicht der Normalfall war, sondern nur fallweise und eher spontan genutzt wurde, z. B. um Stammesmitglieder zu einer Versammlung zusammenzurufen, wogen diese Probleme nicht schwer. Mit der Versammlung als zentralem Kommunikationsort war es unproblematisch, gesellschaftliche Kommunikation umfassend und für alle überschaubar abzuwickeln. Sobald *Gesellschaften* aber derart *anwuchsen und sich ausdifferenzierten*, dass sie nicht mehr vorrangig oder ausschließlich in Form von Versammlungen kommunizieren konnten, erwuchsen ihnen erhebliche Schwierigkeiten (vgl. WAGNER 1995: 19). Es brauchte andere Lösungen, um den kommunikativen Austausch weiter umfassend und zuverlässig sicherzustellen, ohne dass die Beteiligten zur gleichen Zeit am gleichen Ort anwesend sein mussten. Die schrittweise Lösung dieses Problems kennzeichnet die weitere Entwicklung sozialer Kommunikation und ihrer Medien, wie im folgenden Kapitel dargelegt wird.

3. ZUNEHMENDE KOMMUNIKATION ÜBER DISTANZ

Wie in Kapitel 1 kurz skizziert, erfolgte die Lösung des oben angesprochenen Problems, dass Versammlungskommunikation in anwachsenden und differenzierten Gesellschaften an Grenzen stieß, in mehreren Schritten, an deren vorläufigem Ende die sog. ›Massenmedien‹ und der Journalismus stehen. Das folgende Kapitel (3.1) beleuchtet wichtige Voraussetzungen und die ersten Entwicklungsschritte zur Kommunikation über Distanz als zentraler Form gesellschaftlicher Kommunikation. Nachfolgend wird in Kapitel 3.2 das Aufkommen von periodischen, allgemein zugänglichen Zeitungen thematisiert.

3.1 Voraussetzungen und wachsende Bedeutung für Kommunikation über Distanz

Größere und stärker ausdifferenzierte Gesellschaften bildeten sich erstmals mit den *städtischen Hochkulturen* ab dem 6. Jahrtausend v. Chr. Nach Harald Haarmann (2011) entstand eine erste solche Hochkultur um 5500 v. Chr. im Donautal, nach einer Fluchtbewegung infolge einer Flutkatastrophe am Schwarzen Meer.[25] Solche Großsiedlungen weisen nach Haarmann (2017: 17-19) folgende typische Merkmale auf:

25 Haarmanns Erkenntnisse zur sog. Donaukultur sind in der Altertumswissenschaft offenbar umstritten (vgl. etwa GRONENBORN 2011) – wie so oft bei Positionen, die vom bisherigen Mainstream abweichen, der als erste Hochkulturen mit Schrift jene in Ägypten und Mesopotamien im 4. Jahrtausend v. Chr. betrachtet.

1. städtische Ausmaße,
2. Ackerbau und Vorratswirtschaft,
3. Netzwerk spezialisierter Handwerksberufe,
4. Metallverarbeitung,
5. differenziertes Repertoire an Kultursymbolen,
6. Schrift.

Die in diesen Gesellschaften entwickelte *Schrift* war eine wichtige Voraussetzung für die zunehmende Bedeutung von Kommunikation über Distanz und die folgenden Entwicklungen. Denn mit ihrer Hilfe konnte erstmals gesprochene Sprache detailgetreu fixiert und übermittelt werden (vgl. FISCHER 2004: 11; SCHMANDT-BESSERAT 1996: 1), was mit den bis dahin genutzten Medien wie z.B. Trommeln oder auch Boten, die mündlich Mitteilungen überbrachten, nur eingeschränkt möglich war. Allerdings wurde in der Donauzivilisation die Schrift vermutlich nur in religiösen Zusammenhängen verwendet, ähnlich wie später, seit ca. 1500 oder 1200 v. Chr., in Altchina (vgl. HAARMANN 2017: 21-23). In der fruchtbaren Euphratebene (Mesopotamien oder Sumer) sowie in Ägypten folgten ab dem 5. bzw. 4. Jahrtausend v. Chr. weitere städtische Hochkulturen. Dort hatte die Schrift nicht nur religiöse Funktionen, sondern diente insbesondere dem Handel und der Buchhaltung (siehe Abb. 2):[26] »Der frühe Schriftgebrauch Sumers war das Monopol der Tempeladministration, die unmittelbaren Nutzen aus der neuen Technologie zog, indem das Steuerwesen mittels der Schrift zu einem effektiven Instrument staatlicher Kontrolle über die Untertanen ausgestaltet wurde« (ebd.: 30; vgl. auch POE 2011: 71-77).[27] Die Schrift blieb somit zunächst Eliten vorbehalten, und sie stellte einen erheblichen Machtfaktor dar. Zugleich trug sie dazu bei, dass Gesellschaften weiter wachsen und sich stärker ausdifferenzieren konnten (vgl. GOODY 1997: 26; mit Beispielen aus dem Römischen Reich und Ägypten vgl. auch WARD-PERKINS 2007: 165-171). Insbesondere diente der

26 Diese Nutzung und die darauf basierende Weiterentwicklung zu sog. ›Tokens‹ oder ›Zählsteinen‹ und letztlich dem Alphabet beschreibt Schmandt-Besserat (1978a, 1978b, 1996) eindrücklich; vgl. auch Poe (2011: 66-71). Haarmann verwendet die deutsche Übersetzung »Symbolsteine« (2017: 15).

27 Es gibt Hinweise darauf, dass Vorläufer der Schrift bereits deutlich früher, um 35.000 v. Chr. oder sogar noch weiter zurückliegend, entwickelt worden sein könnten. Bestimmte grafische Zeichen in steinzeitlichen Höhlenmalereien, z.B. in der berühmten Höhle von Lascaux in Frankreich, könnten Symbole mit »communicative properties« sein, wie die kanadische Wissenschaftlerin von Petzinger (2017: 189) in ihrer Dissertation vermutet.

Schriftgebrauch der *Speicherung* von Informationen, also der Überwindung *zeitlicher* Distanzen. Zwar wurde die Schrift teilweise auch schon zur Fernkommunikation, also zur Überwindung *räumlicher* Distanzen eingesetzt (z. B. zwischen Machtzentrum und dezentralen Verwaltungseinheiten; vgl. GOODY 1997: 26), jedoch nur in sehr kleinen gesellschaftlichen Bereichen und keinesfalls für die gesellschaftliche Kommunikation im Allgemeinen. Dies hing auch mit den nicht vorhandenen Schreib- und Lesefähigkeiten der breiteren Bevölkerung zusammen: Im Alten Ägyptischen Reich (ab dem 3. Jahrtausend v. Chr.) z. B. konnte vermutlich nur »maximal 1% der Bevölkerung lesen und schreiben« (HIEBEL et al. 1999: 44). Mit Blick auf den erwähnten Machtfaktor der Schrift lag dies durchaus in der Absicht der Obrigkeiten.

ABBILDUNG 2
Tontäfelchen mit sumerischer Schrift (um 3200-3000 v. Chr.)

Für einen breiteren Einsatz von Schrift mussten, neben der Schreib- und Lesefähigkeit weiterer Schichten, geeignete und effiziente *Beschreibstoffe* vorhanden sein, was im Alten Ägypten mit dem Papyrus zumindest teilweise der Fall war (vgl. FISCHER 2004: 46f.). Insbesondere kann als solches aber das *Papier* gelten, zumal dieses auch »weitaus billiger« (MITTERAUER 2004: 257) war als das aus Tierhäuten hergestellte Pergament. Papier wurde seit dem 2. Jahrhundert n. Chr. in China hergestellt (vgl. HIEBEL et al. 1999: 55; FISCHER 2004: 104) und im 8. Jahrhundert n. Chr. von den Arabern in Ägypten eingeführt, wo es den Papyrus verdrängte. Den Europäern gelang es erst im 12. Jahrhundert, »sich das bis dahin sorgsam gehütete Geheimwissen der Araber anzueignen« und im 13. Jahrhundert eine eigene Papierindustrie aufzubauen, zunächst in Italien (HAARMANN

2017: 67). Die erste Papiermühle im deutschsprachigen Raum wurde 1390 in Nürnberg in Betrieb genommen (vgl. WILKE 2008: 46; MITTERAUER 2004: 257), in der Schweiz entstand die erste 1411 in Marly bei Freiburg/Fribourg (vgl. VUARNOZ 1963: 78). Mit der Verbreitung von Papiermühlen stieg die Produktion deutlich, womit eine wichtige »Grundlage für vermehrte Schriftlichkeit – vor allem in der Verwaltung sowie im Rechtsleben und im Handelsverkehr« – geschaffen war (MITTERAUER 2004: 258).[28]

Um schriftliche Nachrichten regelmäßig austauschen zu können, war daneben die Etablierung von *Botensystemen* notwendig. Vermutlich gab es bereits um 2000 v. Chr. »ein postähnliches System in Ägypten« (HIEBEL et al. 1999: 46). Gesichert ist dies erst für das antike Persien, das ab dem 6. Jahrhundert v. Chr. über ein *staatliches Postsystem* verfügte. Ebenso gab es im Islamischen Reich des 9. Jahrhunderts eine nicht-öffentliche, staatliche Kalifen-Post (vgl. WEINTRITT 2008: 187f.). Was das Gebiet des heutigen Europas betrifft, sieht Riepl (2014: 93f., Hervorh. i. O.) den Übergang vom Prinzip der Versammlung zu jenem der Versendung mit dem Anwachsen des antiken Römischen Reichs gegeben, während in »den ältesten Zeiten Roms, *als der Staat noch mit der Gemeinde zusammenfiel*, im eigentlichen *Stadtstaat*, [...] wie unter den Verhältnissen der *griechischen Kleinstaaterei*, [...] die *gesamte* politische Bürgerschaft zur Versammlung zusammenzurufen« noch unproblematisch gewesen sei. Riepl nennt hier keinen genauen Zeitraum, aber spätestens ab dem 4. Jahrhundert v. Chr., mit der Expansion Roms, dürfte sich dies geändert haben: Im letzten vorchristlichen Jahrhundert führte der römische Kaiser Augustus den sog. ›Cursus publicus‹ ein, eine Stafettenpost mit Relaisstationen entlang des römischen Fernstraßennetzes, die im 4. Jahrhundert n. Chr. eine Gesamtlänge von 120.000 Kilometern aufwies (vgl. BONJOUR 1949: 10). Hiebel et al. (1999: 51) dagegen sehen bereits im Griechenland des 5. Jahrhunderts v. Chr. eine deutliche Zunahme von Kommunikation »über große räumliche und zeitliche Distanzen hinweg« und konstatieren zugleich gegen Ende des Jahrhunderts »eine allgemeine Schreib- und Lesekundigkeit der (männlichen) athenischen Vollbürger«.[29]

28 Für eine weite Verbreitung war auch ein umfangreicher Papierhandel notwendig. Vgl. dazu den Forschungsbericht von Zawrel (2017).

29 Goody und Watt (1997: 83) betrachten die »Stadtstaaten Griechenlands und Ioniens« im sechsten und fünften Jahrhundert v. Chr. als die »erste Gesellschaft, die man als Ganze mit Recht als literal bezeichnen kann«, und sehen eine verbreitete »Literalität im öffentlichen Leben Griechenlands und Ioniens« seit dem 6. Jahrhundert v. Chr. (ebd.: 85). Sie ergänzen: »[I]m

Wie man am römischen Cursus publicus sieht, waren eine Voraussetzung für solche Postsysteme ausgebaute *Verkehrsnetze*, die ihre Entstehung einerseits militärischen Zwecken, andererseits dem Handel verdankten (vgl. WAGNER 2014b: 231; WILKE 2008: 9). Sie waren also ursprünglich »zur Beförderung von Menschen und Waren« eingerichtet, erlaubten es aber auch, den kommunikativen Austausch »*vom Versammlungsplatz buchstäblich auf die Straße*« zu verlegen (WAGNER 2014b: 231; Hervorh. i. O.) – mit weitreichenden Folgen für die gesellschaftliche Kommunikation. Anfangs wurden Boten typischerweise nach Bedarf losgeschickt, sei es mit mündlichem Bericht oder mit Briefen bzw. Schriftstücken (vgl. RIEPL 2014: 135ff.; KNIES 1857/1996: 8f., 13; BENZINGER 1970: 299). Teilweise wurden zusätzlich auch Schreiber beschäftigt. Diese Boten und Schreiber standen zunächst im Dienste der jeweiligen ›Absender‹, daher spricht Wagner von »partnereigener« bzw. »Ausgangsvermittlung« (WAGNER 1995: 22; vgl. auch ders. 2014b: 221). Ein solches System der Kommunikation mittels je eigener Boten aller an der Kommunikation Beteiligter ist aufwendig sowie, wie schon Karl Knies (1857/1996: 8) bemerkte, »zeitraubend [...] und auch im Widerspruch mit den handgreiflichen Vortheilen der Arbeitstheilung«.[30] Im Zuge der weiteren Entwicklung etablierten sich Boten und Schreiber in Form eines professionellen Vermittlungsgewerbes, dessen Dienste von unterschiedlichen Auftraggebern in Anspruch genommen werden konnten. Hier wird ein Schritt der Rationalisierung der Nachrichtenübermittlung sichtbar: von der »Ausgangs-« zur »Auftragsvermittlung« (WAGNER 1995: 24; vgl. auch WAGNER 2014b: 222ff.; SCHÖNHAGEN 2004: 148ff.). Die Vermittlung erfolgte damit nicht nur effizienter, sondern es wurde auch denjenigen, die sich kein eigenes Vermittlungspersonal leisten konnten, zumindest prinzipiell eine Teilnahme am Nachrichtenaustausch ermöglicht (vgl. WAGNER 1995: 23).

Nach dem endgültigen Zusammenbruch des Weströmischen Reichs Ende des 5. Jahrhunderts n. Chr., im Kontext der Völkerwanderungen, und damit auch dem Ende seines Nachrichtenwesens (vgl. PESCHKE 2012: 50-71, 128-133),[31] dauerte es bis zum Mittelalter, bis wieder ähnliche Boten-

fünften Jahrhundert [v. Chr.] gibt es eine Fülle von Hinweisen auf Schulen, in denen Lesen und Schreiben gelehrt wurden [...] sowie auf eine Bücher lesende Öffentlichkeit« (ebd.: 85).

30 Im Beitrag von Jörg (2005) wird dies am Beispiel der Boten von Stadträten (Reichsstädte) im 15. Jahrhundert erkennbar.

31 Unter anderem kam der »kontinuierliche Arbeitsprozess des Ausbaus und der Reparatur des Straßennetzes« zum Erliegen. »[E]s gibt keine Belege, dass dies[er] auf eine systematische Art

systeme zustande kamen. Es waren zunächst vor allem Herzöge, Fürsten, Bischöfe, die Kirche, Klöster, Orden, Universitäten und Wissenschaftler (sowie später die Reformatoren), die auf der Basis verbesserter Verkehrswege wieder einen zunehmend regelmäßigen und systematischen Nachrichtenaustausch in Form von *Briefwechseln* (vgl. BENZINGER 1970: 299ff.; mit vielen Beispielen: WERNER 1975; FAULSTICH 1996: 252ff.) etablierten.[32] Sie bauten dazu private Postsysteme mit eigenen Boten auf. Obrigkeitliche Briefzeitungskreise sind in der Schweiz am Anfang des 16. Jahrhunderts aus Basel, Bern, Luzern, Schaffhausen und Zürich bekannt, »mit regelrechten handgeschriebenen Kanzleizeitungen, die den befreundeten Obrigkeiten die in Erfahrung gebrachten neuesten Nachrichten auf schnellstem Weg zuführten« (WEISZ 1954: 27).

Da die Fürsten den Aufbau einer eigenen Papierindustrie in Europa förderten, stand außerdem seit dem 13. und verstärkt im 14. und 15. Jahrhundert ein effektiver und relativ preiswerter Beschreibstoff in größeren Mengen für Briefwechsel zur Verfügung (vgl. WERNER 1975: 10). In der Folge, seit dem 14. Jahrhundert, wurde es zunehmend üblich, in privaten Briefen einzelne *Nachrichten von allgemeinem Interesse* zu übermitteln: Seit dem 15. Jahrhundert dienten dazu immer häufiger gesonderte Blätter, sog. *Cedulae* (Singular: ›Cedula‹; STEINHAUSEN 1895/2017: 175), die unabhängig vom persönlichen Teil des Briefes an andere Personen weitergegeben werden konnten. Diese Cedulae hatten also bereits einen gewissen öffentlichen Charakter, auch wenn sie nur innerhalb begrenzter Bevölkerungskreise kursierten.

Die meisten Menschen erfuhren im Mittelalter allerdings Neuigkeiten nur unregelmäßig und eher zufällig, vor allem durch Reisende, Pilger und Händler, die manchmal auch Botengänge übernahmen (vgl. WAGNER 2014b: 219). Daneben erfüllten vor allem fahrende *Sänger und Spielleute* eine wichtige Rolle in der »*allgemeinen* Nachrichtenbefriedigung« (BAUMERT 1928/2013: 46; Hervorh. i. O.), indem sie das öffentliche Vortragen von Nachrichten zu ihrem Beruf gemacht hatten (vgl. GESTRICH 1994: 141ff.; siehe auch Abb. 3). Im Gegensatz zu Herolden oder Sängern, die in herrschaftlichen Diensten standen (z. B. an Fürstenhöfen), verbreiteten die fahrenden

und Weise über das frühe 6. Jahrhundert hinaus fortgeführt worden wäre« (WARD-PERKINS 2007: 139f.).

32 Auf die qualitative wie quantitative Dimension von Briefwechseln weist auch Wagner (2017b: 276-281) hin und stützt sich dabei auf Mauelshagen (2005).

Sänger Nachrichten nicht im Auftrag (und im Sinne) Herrschender, sondern von diesen unabhängig. Man kann sie aufgrund dieser Autonomie der Nachrichtenvermittlung, wie im Weiteren noch klarer werden wird, durchaus als »Zeitungen des Mittelalters« (D'ESTER 1928: 13) oder gar als »wandernde Journalisten« (SCHERER 1949: 58) bezeichnen. Genauer sind sie jedoch deren *Vorläufer*, denn sie verbreiteten eher zufällig Informationen, die ihnen gerade zur Kenntnis kamen, und betrieben noch keine systematische Nachrichtensammlung.[33] Ähnlich wie später Massenmedien befriedigten sie zusammen mit der Information auch Unterhaltungsbedürfnisse der Bevölkerung (vgl. auch SCHUBERT 1995).

ABBILDUNG 3
Volkssänger

33 Tatsächlich erläutert Scherer (1949: 58; Hervorh. d. Verf.): »Journalist ist, wer *von Zeit zu Zeit*, in kürzeren oder längeren Pausen, das Publikum über wichtige Vorgänge der Gegenwart unterrichtet«, was der Tatsache des nur punktuellen Unterrichtens entspricht. Es fehlte eben noch die regelmäßige, systematische Nachrichtensammlung mit dem Ziel eines Überblicks.

Im Laufe des Spätmittelalters wurden dann Handelsmetropolen wichtige Zentren der Nachrichtenvermittlung; sie waren dort entstanden, wo es die Logistik erforderte und wo Knotenpunkte verschiedener Verkehrswege bestanden (vgl. PIEPER 1995; WAGNER 2014b: 231). Gilden, Zünfte und Kaufleute – die zunehmenden Einfluss erwarben und dazu beitrugen, die festgefügten gesellschaftlichen Strukturen des Mittelalters aufzubrechen (vgl. FAULSTICH 1996: 28) – »förderten die Entwicklung des ›Botengeschäfts‹« (ebd.: 264). In Nürnberg etwa, damals ein »Nachrichtenzentrum ersten Ranges«, war »die *Kaufmannskorrespondenz* im 14. Jahrhundert schon sehr rege« (SPORHAN-KREMPEL 1975: 1002; Hervorh. d. Verf.).[34] Denn der Handel war auf Informationen dringend angewiesen, zumal angesichts zunehmender Kriege und Konflikte, die u.a. Handelsrouten behinderten (vgl. GESTRICH 1994: 168). Die entstehenden Nachrichtennetze – welche die »europäischen Souveräne«, aber auch »das akademisch gebildete Bürgertum«, die »Gelehrten« und die Kaufleute, zu einer »Kommunikationsgemeinschaft« verbanden (GESTRICH 1994: 236; vgl. auch ebd.: 168)[35] – wirkten sich förderlich auf den Handel und damit wiederum auf die Optimierung und Erweiterung der Verkehrsnetze aus. In der Schweiz schlossen sich z.B. die St. Gallener Kaufleute zusammen und etablierten im 15. Jahrhundert einen regelmäßigen Austausch mit süddeutschen Städten, insbesondere mit Nürnberg, sog. »Nürnberger Ordinari« (BONJOUR 1949: 12). Im 16. Jahrhundert kam eine Verbindung via Zürich und Genf nach Lyon hinzu (Lyoner Ordinari) (vgl. ebd.; KLÖTI 2004: 164f.). Es sind aber auch Verbindungen der Basler Irmischen Handelsgesellschaft nach »Mailand, Frankreich, Oberdeutschland und den Niederlanden« (WERNER 1975: 13) überliefert. Laut Behringer (2003: 134) öffneten sich ab den 1570er-Jahren die städtischen Botendienste der Kaufleute auch für Privatbriefe, wurden also allgemein zugänglich. Typischerweise etablierten sich später in solchen städtischen Zentren, wie z.B. auch im Venedig oder Antwerpen des 16. Jahrhunderts, die ersten Zeitungs- oder Avisenschreiber bzw. Novellanten und Korrespondenten, die gegen Bezahlung *für unterschiedliche Auftraggeber* Nachrichten sammelten und ihnen meist regelmäßig per Brief zusandten (vgl. PIEPER 1995). Ein bekanntes Beispiel dieser systematisch erstellten *Briefzeitungen* sind die sog. ›Fuggerzeitungen‹,

34 Faulstich (1996: 265) weist weiter darauf hin, dass sich »Ende des 14. Jahrhunderts [...] in den Städten Botenkorporationen« bzw. Genossenschaften der Boten herausbildeten.

35 Zu »Europa als Kommunikationsraum in der Frühen Neuzeit« vgl. auch Maurer (2009).

welche die Augsburger Kaufmannsfamilie Fugger im 16. und 17. Jahrhundert von mehreren Korrespondenten bezog (vgl. BAUER, O. 2011: 101-107, 112-119; D'ESTER 1940; WERNER 1975: 36; WILKE 2008: 19). Für die Schweiz, speziell Zürich, gibt es Hinweise auf ähnliche Briefzeitungen von Händlern, jedoch ist ein regelmäßiger Austausch noch nicht belegt worden (vgl. WEISZ 1954: 8). Sicher scheint dagegen, dass Briefzeitungen aus Deutschland und Frankreich bezogen wurden (vgl. ebd.: 11).

In den Briefzeitungen trugen erstmals Vermittler Nachrichten aus unterschiedlichen Quellen und von unterschiedlichen Urhebern zusammen und wählten dabei jene Informationen aus, für die sie ein Interesse ihrer Auftraggeber annahmen. Dabei wurden auch Informationen zusammengefasst und ggf. ihre Herkunft oder Hintergründe erläutert. Folglich gab es also bereits eine gewisse *Bearbeitung* oder *Redaktion* von Nachrichten. Für die Auftraggeber wurden in diesen Briefzeitungen die Vorgänge sowie Äußerungen von zentralen Akteuren bzw. Diskussionen in den sie interessierenden Gesellschaftsbereichen *in einem Medium* überschaubar gemacht. Ein derartiger Überblick ermöglicht Orientierung über aktuelle Vorkommnisse innerhalb der Gesellschaft mit ihren Interessengruppen, womit er zugleich eine Voraussetzung darstellt, um am (kommunikativen) Geschehen sinnvoll teilnehmen zu können. In der Versammlungskommunikation ergab sich dieser Überblick durch den Austausch ›vor aller Augen‹ quasi von selbst, er ging aber mit den wachsenden räumlichen Distanzen zunächst verloren. Die Briefzeitungen leisteten nun wieder eine solche überblicksartige Orientierung, allerdings jeweils nur für einen stark begrenzten Personenkreis – denn sie waren keine allgemein zugänglichen bzw. öffentlichen Medien.

Eine wichtige Voraussetzung für diese gewerbsmäßige und geplante Nachrichtensammlung war ein ausgebautes, *allgemein zugängliches Postsystem*. Auf dessen Basis konnten die Novellanten sowohl *regelmäßig* Nachrichten aus vielen Orten beziehen als auch ihre Briefzeitungen an die Auftraggeber versenden. Ein solches öffentliches Postwesen[36] entstand ab dem »ersten Jahrzehnt des 16. Jahrhunderts« (BEHRINGER 2003: 70) in der Mitte Europas, im sog. Heiligen Römischen Reich Deutscher Nation (vgl. Historischer Hintergrund II). In England z. B. war der Postdienst dagegen erst

36 Wobei es noch starke Einschränkungen für die Gegner des Kaisers, und das hieß zugleich die Gegner des katholischen Glaubens, gab (vgl. WAGNER 2017a: 27; BEHRINGER 2003: 102).

ab 1635 öffentlich zugänglich (vgl. POPPLOW 2008: 98f.). Auf dem Gebiet der heutigen Schweiz durften ab dem 16. Jahrhundert die sog. ›Stadtläufer‹ bzw. ›Landläufer‹, die der Obrigkeit unterstanden, ihre Dienste auch Privatpersonen gegen Bezahlung anbieten (vgl. BUSER 1903: 5-17). Zum Staatsregal, d. h. zum Monopol »auf dem eigenen Hoheitsgebiet« (KRONIG/ KLÖTI 1991: I), wurde das Postwesen in der Schweiz dagegen erstmals 1675 in der Republik Bern (etwa die heutigen Kantone Bern, Aargau, Waadt) auf Initiative Beat Fischers (1641-1698), der für 25 Jahre eine Monopollizenz erhielt (MÜLLER 1917: 46-66).[37] Mit kurzen Unterbrechungen bestand dieses Familienmonopol über mehrere Generationen bis 1798; während des gesamten 18. Jahrhunderts »war [...] [die Fischer'sche Post, d. Verf.] die wichtigste Postverwaltung des Landes« (BONJOUR 1949: 15).[38] Damit fügt sich die Entwicklung des Postwesens in der Schweiz in die allgemeine Entwicklung ein. Denn Behringer (2010: 50) konstatiert für »das europäische Postsystem des 17. Jahrhunderts: Dies war das Netzwerk der Netzwerke, für jeden zugänglich und damit öffentlich«.

EXKURS II

Historischer Hintergrund II: Heiliges Römisches Reich (Deutscher Nation) (800/843-1806)

Das Heilige Römische Reich bestand aus verschiedenen politischen und kirchlichen Herrschaftseinheiten und existierte vom 9. Jahrhundert n. Chr. bis 1806. Die Bezeichnung ist seit der Mitte des 12. Jahrhunderts belegt, der Zusatz ›Deutscher Nation‹ seit dem 15. Jahrhundert. Als Gründungsdaten gelten in der Literatur die Kaiserkrönung Karls des Großen im Jahr 800 sowie die Teilung des Karolinger-Reiches in einen westlichen und einen östlichen Teil 843 n. Chr. Die wichtigsten Institutionen neben dem Kaiser waren seit 1495 der in unterschiedlichen Städten stattfindende Reichstag (zuerst in Worms, ab 1663 dauerhaft in Regensburg) sowie das Reichskammergericht in wechselnden Reichsstädten (zuerst Frankfurt a. M., ab 1690 in Wetzlar). Wichtige Orte waren ferner Klöster (z. B. Fulda, St. Gallen), Bi-

37 Zu den Hintergründen vgl. ausführlich Klöti (2004).

38 Daneben spielten nur die Postverwaltungen von Basel und Zürich eine gewisse Rolle (vgl. BONJOUR 1949: 15).

schofssitze (Köln, Mainz, Trier) sowie Pfalzen, also Burganlagen, die den Herrschern als Unterkünfte während ihrer Reisen dienten (vgl. HERBERS 2010a: 10-13; HERBERS 2010b: 25f.; NEUHAUS 2010: 197f.).

Geografisch erstreckte sich das Heilige Römische Reich westlich von Antwerpen bis Basel, im Norden bildete die Nordsee eine natürliche Grenze, die östliche Grenze verlief von der Kieler Bucht nach Süden bis zur Elbe und folgte deren Verlauf, danach der Saale bis zum Fichtelgebirge durch den Böhmerwald und Bayrischen Wald, entlang der Donau und weiter südlich bis zum heutigen Rijeka (Kroatien). Im Süden verlief die Grenze von Grado/Triest über die Julischen Alpen und die Dolomiten über das Engadin, das Aaretal bis nach Basel. Allerdings gab es in dem langen Zeitraum auch immer wieder größere und kleinere Veränderungen (vgl. HERBERS 2010a: 17-19).

Die wichtigsten Verkehrswege bildeten entsprechend Flüsse, insbesondere der Rhein, die Rhone, der Main, aber auch Elbe, Oder, Weichsel und Donau, sowie Landwege. Wichtige Verbindungen waren die »Hohe Straße« (HERBERS 2010a: 16), die von Mainz über Fulda und Eisenach nach Erfurt führte (und bis Kiew weiterlief), sowie der »Hellweg« (ebd.). Dieser verband das Rheinland über das Ruhrgebiet mit Magdeburg. Nach Süden wurden die Alpenpässe, etwa »der San Bernardino [...], der Gotthard-Paß [...], der Mont-Cenis [...], Reschen oder [...] Brenner« genutzt (ebd.: 17). Ein weiterer bedeutender Alpenpass war zudem der Große Sankt Bernhard.

Das Heilige Römische Reich zerfiel im Anschluss an die Französische Revolution von 1789 bzw. mit den sich anschließenden Revolutionskriegen. In der Literatur wird dafür unter anderem ein Separatfrieden zwischen Preußen und dem revolutionären Frankreich verantwortlich gemacht, durch den die europäische Phalanx zur Unterstützung der französischen Monarchie gebrochen wurde (vgl. NEUHAUS 2010: 284). Der Versuch, damit einhergehende Gebietsverluste der weltlichen Fürsten im sog. Reichsdeputationshauptschluss (1803) durch die Auflösung von Klöstern (Säkularisierung) auszugleichen, verfehlte sein Ziel und beraubte den Kaiser zusätzlich seiner Machtbasis. Das Ende des Heiligen Römischen Reichs wurde durch die Niederlegung der Kaiserkrone durch Kaiser Franz II. am 6. August 1806 nach einem französischen Ultimatum besiegelt. Dieses Ereignis wurde »nicht in einem als Staatsakt zu verstehenden Reichsakt [verkündet] [...], sondern [...] in der Samstag-Ausgabe der ›Wiener Zeitung‹ am 9. August 1806« bekannt gemacht (ebd.: 291; vgl. ebd.: 282-291 sowie EPKENHANS 2008: 26-29). ■

Bevor die Weiterentwicklung der Briefzeitungen zu allgemein zugänglichen (Wochen-)Zeitungen näher betrachtet wird (siehe Kap. 3.2), gilt es, eine weitere wichtige Innovation und deren Folgen zu erwähnen: das von Johannes Gensfleisch zum Gutenberg (genannt Gutenberg) im Mainz der 1430/1440er-Jahre entwickelte *Druckverfahren* mit *beweglichen Lettern* (Typen) (vgl. HIEBEL et al. 1999: 75ff.). Ein ähnliches Verfahren des »Typendrucks« (MITTERAUER 2004: 261) bzw. der Typografie, das dem Gutenbergs stark ähnelte, existierte in China bereits seit dem 11. Jahrhundert, mit Ton-, später Holztypen.[39] Das Spezifische an Gutenbergs Verfahren waren die aus Blei gegossenen Lettern (vgl. HIEBEL et al. 1998: 52) bzw. das dafür entwickelte Handgießinstrument (vgl. STÖBER 2014: 20f.), mit dem die Typen einfach herzustellen waren und nach Abnutzung wieder eingeschmolzen werden konnten. Auch wenn diese Drucktechnik, trotz ihrer für die damalige Zeit relativ schnellen Ausbreitung (vgl. MITTERAUER 2004: 262ff.; STÖBER 2014: 30f.), nicht unmittelbar zu einer Umwälzung des gesellschaftlichen Nachrichtenverkehrs geführt hat, so hatte sie doch tiefgreifende *soziale* Folgen.[40] Neben primären Folgen, wie u. a. der gesteigerten Publizität von Druckwerken, sind hier vor allem die sekundären Folgen von Bedeutung: die gesteigerte Lesefähigkeit (siehe auch den Abschnitt zur Alphabetisierung am Ende dieses Kapitels) sowie damit eine vertiefte Bildung und Individualisierung sowie schließlich der soziale Wandel mit der Reformation und Aufklärung (vgl. WILKE 2008: 14-16).

Zunächst wurde die neue Drucktechnik vor allem für die Herstellung von Büchern, insbesondere der Bibel, genutzt. Diese hatte man zuvor mühsam von Hand vervielfältigen müssen (häufig eine Arbeit von Mönchen und Nonnen; vgl. FAULSTICH 1996: 110). Rudolf Stöber (2014: 23) zeigt auf, dass ein mittelalterlicher Kopist für das Abschreiben *einer* Bibel ca. 12-36

39 Vor der Einführung der Typografie wurde der sog. Blockdruck oder Holzschnitt verwendet, bei dem die zu druckenden Formen in einen Holzblock geschnitzt wurden, was insbesondere im Falle von Alphabetschrift deutlich zeitaufwendiger war. Vgl. zur Bedeutung dieser Druckverfahren in Europa und Asien Mitterauer (2004: 260ff.).

40 Erstmals hat dies Eisenstein (1979) umfassend herausgearbeitet. Siehe zur Bedeutung des Buchdrucks auch die detaillierte Studie von Giesecke (2006) sowie die Ausführungen von Mitterauer (2004: 270ff.). Man könnte wohl sagen, dass die Typografie als eine Art Katalysator für schon vorher im europäischen Raum angelegte gesellschaftliche Entwicklungen gewirkt hat. Prokop (2001: 79) verweist im Zusammenhang des Buchdrucks, d. h. der Reproduktion von Schrift, darauf, dass die technische Reproduktion von Bildern (Kupferstichverfahren) eine ebenso wichtige Weiterentwicklung darstellte. Vgl. zum Bilddruck auch Mitterauer (2004: 257f.).

Monate brauchte, während Gutenberg Mitte des 15. Jahrhunderts für den Druck von *180 Exemplaren* 13,5 Monate benötigte. Die Typografie beschleunigte also wesentlich die Produktion von Druckwerken, was wiederum deren Verbreitung erhöhte.

Die neue Technik wurde im Weiteren auch zur Herstellung der *ersten gedruckten Nachrichtenmedien* genutzt, die allerdings nicht regelmäßig, sondern nur punktuell produziert wurden. Bereits im späten *15. Jahrhundert*, ab ca. 1480, erschienen *Einblattdrucke* mit Nachrichten, ebenfalls gewerbsmäßig und marktorientiert erstellt, die sog. *Newen Zeytungen*.[41] Diese Einzelblätter, die spätestens seit 1502 ›Newe Zeytungen‹ genannt wurden (vgl. BÖSCH 2019: 42), enthielten meist nur eine Nachricht (typischerweise illustriert, bisweilen sogar von Hand koloriert) und wurden insbesondere im Straßenverkauf abgesetzt. Sie erschienen unregelmäßig immer dann, wenn ein Drucker Kenntnis von einem entsprechenden Ereignis erhielt, das er für publikationswürdig und marktgängig hielt; so publizierte z. B. der Zürcher Drucker Froschauer Ereignisse und Entwicklungen der Reformation (vgl. WEISZ 1954: 17ff.). Seit 1566 sind vereinzelt Newe Zeytungen in Form sog. ›Serienzeitungen‹ bekannt, »in denen über ein bedeutendes Ereignis [über einen gewissen Zeitraum hinweg; d. Verf.] fortlaufend berichtet wird und deren einzelne Ausgaben durchnummeriert sind« (SCHRÖDER 1995: 16; vgl. WILKE 2008: 33f.). Ansatzweise bestand somit zwar eine kontinuierliche Berichterstattung, jedoch nur in Bezug auf Einzelereignisse. Grundsätzlich kann man jedoch mit Dieter Paul Baumert (1928/2013: 47) sagen, dass die Herstellung der Newen Zeytungen »keine journalistische«, sondern nur eine »mechanische Leistung« erforderte, da schlicht einzelne Nachrichten, die meist als Zeitungslieder oder in Briefform (Cedulae, s. o.) kursierten, per Druck vervielfältigt wurden. Dabei handelte es sich in erster Linie um kriegerische und militärische Vorgänge, Verbrechen, sensationelle Naturereignisse und Ähnliches. Sie erreichten trotz eher geringer Auflagen von durchschnittlich 1.000 bis 1.500 Exemplaren, etwa durch Vorlesen

41 Wir übernehmen hier, wie in der Literatur häufig der Fall, die damals verbreitete Schreibweise (für ›Neue Zeitungen‹), um dieses Medium klar von den eigentlichen, späteren Zeitungen abzugrenzen. Als älteste bekannte Überlieferung mit der »Bezeichnung ›Newe zeytung‹« (BOCKWITZ 1920: o. S.) gilt die »Newe zeytung von orient und auff gange« (ebd.) aus dem Jahr 1502 (ohne Angabe von Druckort oder Drucker) (vgl. auch WILKE 2008: 20). Dabei handelt es sich genau genommen nicht um den Titel, sondern um eine Zwischenüberschrift auf der zweiten Seite, die weitere Meldungen einleitet, die nach zwei längeren Briefen abgedruckt wurden (vgl. BOCKWITZ 1920).

und Weitergabe, zwar breite Bevölkerungsschichten (vgl. WILKE 2008: 21; WEISZ 1954: 20f.), ähnlich wie die Spielleute. Sie boten jedoch genau wie diese keinen Nachrichtenüberblick, sondern sehr zufällige Schlaglichter auf einzelne Geschehnisse, die stark unterhaltenden Charakter hatten.

In gewisser Weise ähnelten die Newen Zeytungen mit ihren Inhalten, den meist sensationshaltigen Überschriften und ihrer Bebilderung heutigen Boulevardzeitungen.[42] Da die Illustrationen häufig wie Bildergeschichten angelegt waren (siehe Abb. 4), wurden auch Leseunkundige angesprochen. Eine der wohl umfangreichsten Sammlungen solcher Newen Zeytungen in Europa hat der Zürcher Pfarrer Johann Jakob Wick in der zweiten Hälfte des 16. Jahrhunderts angelegt (vgl. MAUELSHAGEN 2011: 13).[43] Neben Zürich war Basel der wichtigste Schweizer Druckort für diese Produkte. Daneben wurden sie auch in Neuchâtel hergestellt. Außerdem gibt es Hinweise darauf, dass z. B. aus Schaffhausen und Willisau besondere Ereignisse berichtet worden sind (vgl. HARMS 2008a: 48, 2008b: 123; SCHILLING 2008a: 77, 2008b: 106, 2008c: 354, 349).

Die Newen Zeytungen – wie schon die Nachrichtenverbreitung der mittelalterlichen Sänger und Spielleute – beruhten bereits auf einer weiteren Form der Kommunikationsvermittlung: der autonomen »Fremdvermittlung« (WAGNER 1995: 26, 2014b: 228). Diese setzte sich allerdings erst mit den späteren Wochenzeitungen durch (siehe Kap. 3.2). Gemeint ist damit, dass die Vermittlung nicht mehr »im Auftrag« erfolgte, sondern »auf eigenes Risiko, aber auch mit Aussicht auf eigenen Gewinn« (WAGNER 1995: 25), also »unabhängig von einzelnen Nachrichteninteressenten« und am »Nachrichten-Markt« orientiert (WAGNER 2014b: 227f.). Im Unterschied zu den späteren Wochenzeitungen leisteten Newe Zeytungen, ebenso wie die bereits erwähnten Spielleute, jedoch *keinen regelmäßigen und systematischen Nachrichtenüberblick*, weshalb sie keinen Ersatz für Versammlungskommunikation darstellten. Die Newen Zeytungen fanden zwar auch Eingang in erste periodische Druckmedien, aber dabei handelte es sich nicht um aktuelle Nachrichtenmedien: Dies waren zuerst Jahreschroniken oder *Kalender*, die im 16. Jahrhundert aufkamen (vgl. BÜCHER 1893/2017: 222); sie erschienen jährlich und riefen z. B. mittels des Abdrucks Newer Zeytungen

42 Darauf macht auch Poe (2011: 112) am Rande aufmerksam.

43 Diese Sammlung ist in einer zweibändigen Edition zugänglich (vgl. HARMS/SCHILLING 2005, 1997).

ABBILDUNG 4

Newe Zeytung aus dem Böhmerwald (1609)

Warhafftige vnd zuuor vnerhörte new: Zeitung / so sich im Böhmer waldt / in einem Wirtzhauß zum Stock begeben den 5 Meyen vom Böhmischen Brott zwischen Wien vnd Prag: Wie ein Metzger vnnd ein Nachrichter vngefahr auff der Strassen zusammen kamen / in disem Wirtzhauß einkehrt / der Wirt aber ein Mörder sampt neun seiner Gesellen / dise zwen ermorden wollen / wie sie Gott wunderbarlich errett / wie euch bericht werd ihr im Gesang vernemen / geschehen Anno 1609. Im Thon: Hilff Gott daß mir gelinge.

WOlt jhr Wunder vernemen / jhr Christen jung vnd alt / wz sich im Landt zu Böhmē / ja auff dem Böhmerwaldt / gar newlich zugetragen hat / wie ich euch will anzeigen / ein vnerhörte that.

Ein Metzger ist gezogē / auß Wien der werthen Statt / warhafftig vnerlogen / nach Prag verlangē hat / ein Scharpffrichter gantz ohngefehr / auff dem Weg zu jhm kame: nach Prag auch zoge er.

Dise beyde Geferdten / gantz frembd auff diser Straß / gute Gesellen werden / reisen also fürbaß / mit einander denselben Tag / jhn beyden stieß zuhanden / schröcken vnnd vngemach.

Doch thet sie Gott errettē / in solcher noth vnd gefahr / daß sie kamē auß nöthen / schröcklich vnd wunderbar / wie ich daß jetzt anzeigen will / nun hört jhr Mann vnd Frawen / vnd seyt ein wenig still.

Als sie denselben Tage / jhr Reiß hatten vollbracht / zu eim Wirtzhauß ich sage / kamēs ein stund in die Nacht / daß liegt mitten im Böhmerwaldt / daruor sie dañ anklopffel / mā thet jn auff gar bald.

Die Wirtin kam gegangen / was jhr beger sie fragt / sie beyde mit verlangē / antworten vbernacht begeren wir Herberg zuhan / vmb vnser Gelt zuzehren / die Wirtin sprach mein Man.

Ist nit daheim jetzunde / sonder ist inn der Statt / vnd kōpt gleich auff der stunde / vil Gäst er bey jhm hat / welche Herberg bestellet han / ich kan euch nit behalten / darumb ziecht weiter fortan.

Der Metzger aber batte / sie wolten han fürgut / sie weren müd vnd matte / ein maß Wein bringen thut / sprach er daß wir zutrinckē han / mich dürstet mächtig sehre / dann ich nicht warten kan.

Wolan so thut da bleiben / sagt die Wirtin vnd holt Wein / ich kan euch nicht außtreiben / geht in Stuben nein / sie trug Essen vnd Trincken her / die zwen sassen in ängsten / jhr hertzen waren schwer.

Die Wirtin thet sie trösten / der Wirt kam bald zu Hauß / mit sein Gsellen vnd Gästen / vnnd sach gantz sawer auß / neun starcke Gsellen bey jm hett / die zwen ein Trunck jn bottē / bald an derselbē stett.

Der Wirt sich zu jhn setzet / mit sampt den andern all / mit jn fein freundlich schwetzet / selb zehent an der zahl / die zwen sassen in traurigkeit / die Haar gen Berg in stunden / gar klein war da jhr freud.

Am Tisch vor jnen beeden / die neun bald fingen an / mit dem Wirt Rothwelsch zureden / sie wolten sie heim thō / daß ist so vil auff Teutsch gesagt / daß sie wolten ermörden / die zwen dieselben Nacht.

Dise wort hat verstanden / der Nachtrichter gar wol / wie daß in allen Landen / ein jeder Scharpffrichter soll / vnd muß han diser Sprach verstandt / weil vil solcher Gesellen / jhn kommen vnder d'hand.

Der Nachrichter zu hande / sich gar nicht mercken ließ / daß er die Sprach verstande / mit dē Fuß den Metzger stieß / damit stund er bald auff vom Tisch / das Wasser abzuschlagen / der Metzger folgt jhm risch.

Als sie hinauß sind kommen / die beede gar allein / der Nachtrichter in summen / dem Metzger erkläret fein / was sie am Tisch han Red thon / sie beyde zu ermörden / er soll gut Achtung hon.

Daß hab er wol vernommen / es sind Mörder vnd Dieb / wañ sie in d'Stuben kommen / vnd jhm sein Leben sey lieb / soll er nur acht haben auff jhn / vnd daß Liecht wol verwarn / er hab erdacht ein sinn.

Daß sie jhr Leben erretten / durch Gottes hilff vñ macht / sonst werd man sie ertödten / vnd vmbringen die nacht / er woll auß vnuerzagtē muth / ein gefährliches Kampffstuck wagē / zu erretē Gut vñ Blut.

Als sie inn jhren zechen / wider sassen zu Tisch / thet der Nachrichter sprechen / zum Wirth gantz schnell vñ frisch / Herr Wirt bringt mir ein viertel Wein / wir wollen wacker trincken / die Kannen ist zu klein.

Als der Wirt den Wein bringet / setzt er jhn auff den Tisch / der Nachrichter sich auff schwinget / vñ nam die Kandtē frisch / sprach Wirt ich bring euch jetzt ein Trunck / den must jhr mir thun bescheyde / gab der Kandten ein schwung.

Thet jhnen den Wein giessen in d'Augen vnders Gsicht / d' Metzger war geflissen / griff behend nach dē Liecht / der Scharpffrichter mit seim Schwerd sehr gut / thet grimmig vmb sich hawen / auß vnuerzagtem muth.

Das Schwerdt mit beyden Händen / er sehr meisterlich schwang / Köpff / Arm vñ Bein behende / von jn zur Erdē sprang / auß freudig vnuerzagtem muth / hawt er sie all darnider / herfloß das rothe Blut.

Der Wirt der wolt entrinnen / springen zu Fenster nauß / thet er sich nicht lang besinnen / hieb jhn mit grossem grauß / hindwerts die Spanader ab / daß er must bleiben ligen / daß war ein rechte prob.

Die sechs seynd gleich todt bliben / die vier gar hart verwundt / von eim Man auffgeriben / in einer viertel stund / das war jhr recht verdienter Lohn / Weib / Kind vnd Gsind außrissen / flohen liessen daruon.

Als sie die That verricht / giengē sie ohne grauß / auß disem Ort verrichtet / vnd auß dem Mörders hauß / bey diser gantz finstern Nacht / biß daß sie waren kommen / zu morgens an dem Tag.

Zum Böhmischen Brott hineine / welches ligt vor dem Walt / vnd ist ein Stättlein kleine / der Obrigkeit alsbald / sie solches angezeiget hā / ist mā gleich nauß gefallen todt vnd lebendig zehen Mann.

Hat man hinein geführet / die vier verwundten drat / hat man justificiret / gerichtet mit dem Rad / zehen Räder wurden auffgericht / vnnd sie darein geflochten / nun höret jhr vrgicht.

Die vier theten außsagen / sie habens zehen Jar / getriben vnd erschlagen / manchen Menschen mit gfahr / vber die zweyhundert Person / ach Gott laß dichs erbarmen / in deinem höchsten Thron.

Den Scharpffrichter man verehret / mit einem reichē Geschenck / weil er sich so gewehret / O Christen Mensch gedenck / wie manches fromes Mutter kind / offtmals so wirds verlohren / das mans nicht wider findt.

Erstlich gedruckt zu Prag.

Ereignisse aus dem Vorjahr in Erinnerung. Kalender waren neben Bibel und Gebetbuch in der Frühen Neuzeit die am weitesten verbreiteten und gelesenen Druckschriften (vgl. HERBST 2009: 189).[44] Mit den sog. *Messrelationen* verkürzte sich dann der Erscheinungszeitraum solcher Nachrichtenrückblicke auf ein halbes Jahr. Diese Sammlungen, die stark auf Newen Zeytungen beruhten und etwa 100 Seiten umfassten, erschienen zu den halbjährlich stattfindenden Handelsmessen in Frankfurt a. M. und Leipzig sowie ein drittes Mal zur Leipziger Neujahrsmesse (vgl. KÖRBER 2016a: 11). Die erste Messrelation wurde im Jahr 1583 zur Frankfurter Messe herausgebracht, die *Relatio Historica* von Michael von Aitzing, gedruckt in Köln (vgl. KÖRBER 2016: 46-57).[45] Der Titel verweist auf die Funktion als historische Darstellung (Chronik).

In der Literatur finden sich zudem – wenn auch unsichere (vgl. SCHRÖDER 1995: 22) – Hinweise auf einige *monatlich* erschienene Nachrichtensammlungen, erstmals wohl 1587 in Nürnberg (gefolgt von Straßburg 1592, Prag 1597 und Wien 1598) – es sind jedoch keine Exemplare überliefert. Gesichert dagegen ist, dass im Jahr 1587 eine derartige Monatsschrift in Rorschach am Bodensee gedruckt und von einem Literaten und Dichter, Samuel Dilbaum, in Augsburg herausgegeben wurde. Sie wird in der Literatur, entsprechend der ersten Zeile ihres umfangreichen Titels, als *Annus Christi* bezeichnet. Weiter bezeichnet der Titel die Publikation als »Historische Erzählung«, was einen Hinweis darauf liefert, dass trotz der monatlichen Erscheinungsweise auch hier die Funktion als *Chronik* im Vordergrund stand. Andererseits zeichnet sie sich durch eine stärkere Bearbeitung der Nachrichten aus, d. h. eine gewisse inhaltliche Strukturierung, modernere Sprache und teilweise Überschriften bzw. Marginalien (Randbemerkungen) mit dem Charakter einer Überschrift (vgl. BARTH 1976: 27f.). Daher wird sie in der Literatur teilweise als Schritt in der Entwicklung zur gedruckten Wochenzeitung betrachtet (vgl. ebd.: 30f.; BOLLINGER 1999: 38). Tatsächlich gab es aber keinen direkten Übergang zu einer häufigeren Erscheinungsweise bzw. einer Wochenzeitung; sie erschien

44 Nach Tschui (2006: 63) lassen sich in der Schweiz »seit dem 17. Jahrhundert in jedem Kanton mindestens ein, meist aber mehrere Jahreskalender nachweisen«.

45 Körber (2016: 41) berichtet zudem von einem Basler Druck aus dem Jahr 1576, den sie als »Vorläufer der Messrelationen« bezeichnet, weil er eine ganze Reihe von Merkmalen aufweist, mit denen die späteren Messrelationen charakterisiert werden, so u. a. eine Zusammenstellung von Neuigkeiten eines Halbjahres (August 1575 bis März 1576).

zudem nur während eines Jahres. Angesichts der zur gleichen Zeit bereits existierenden handgeschriebenen *Wochen*zeitungen (siehe Kap. 3.2) ist davon auszugehen, dass Personen mit einem echten Bedürfnis nach *aktuellen* Nachrichten, wie etwa Händler, auf die wesentlich aktuelleren wöchentlichen Zeitungen abonniert und derartige Monatsschriften daher zur aktuellen Information weniger von Interesse waren. Vielleicht hatten diese deshalb nur geringen Erfolg, was möglicherweise (mit) erklären könnte, warum der *Annus Christi* nur ein Jahr lang erschien und dass keine weiteren Monatsschriften erhalten geblieben sind. Darüber ist jedoch nichts Genaueres bekannt.

Vor allem im Zusammenhang mit der *Reformation* – einer Bewegung, die Kritik an der traditionellen katholischen Kirche bzw. Glaubenslehre übte und schließlich zur Abspaltung der Reformatoren führte – wurden zudem seit den 1520er-Jahren zahlreiche *Flugblätter und -schriften* publiziert. Sie dienten im Gegensatz zu den Newen Zeytungen weniger der Verbreitung von Nachrichten als vielmehr der *Kommentierung* von Ereignissen aus einer bestimmten Perspektive (vgl. BEYER 1994: 175). Auch sie erschienen punktuell, nicht periodisch; ihr Umfang variierte von einem Blatt bis zu mehrseitigen Schriften (vgl. MÖRKE 1995: 16). Während die Newen Zeytungen vor allem eine Einnahmequelle für Drucker darstellten, wurde dieser Typ von Flugblättern als *Instrument im öffentlichen Glaubens- bzw. Meinungskampf* eingesetzt. Sie werden deshalb – was ihre Abgrenzung von anderen Einblattdrucken oder Flugblättern erleichtert – auch *Pamphlete* genannt (vgl. MÖRKE 1995). Sie wurden meist in Eigen-, Ausgangs- oder Auftragsvermittlung erstellt, bisweilen allerdings von geschäftstüchtigen Druckern auch ohne Erlaubnis ihrer Urheber (also in Fremdvermittlung) weiterverbreitet, wie es etwa bezüglich einiger Schriften des deutschen Reformators Martin Luther überliefert ist (vgl. WAGNER 1995: 24). In jedem Fall verwirklichten sie spezifische Kommunikationsinteressen, z. B. der Reformatoren, und vermittelten *nicht* unterschiedliche Mitteilungen und Ansichten aus der Gesellschaft im Überblick. Allerdings machten sie in ihrer *Gesamtheit* solche Interessengegensätze für eine relativ breite Bevölkerung sichtbar, womit sie nach Olaf Mörke (vgl. 1995: 17, 31) zur Entstehung eines öffentlichen Meinungskampfes sowie zur Etablierung einer pluralistischen politischen Kultur in Westeuropa wesentlich beigetragen haben. Auch Daniel Bellingradt (2011: 257) ist der Ansicht, dass »die Flugdrucke als eine ›Schule des Räsonnements‹« fungierten. Für die Publikation von Meinungspositionen waren die Pamphlete noch bis mindestens zum Beginn des 18. Jahrhunderts zentral (vgl. ebd.: 257, 367ff.) – danach übernahmen mehr und mehr Zeitschriften diese Funktion (vgl. Kap. 4.1).

Pamphlete enthielten, wie die Newen Zeytungen, häufig Abbildungen, nicht selten mit dem Charakter von Bildergeschichten.[46] Dies hängt damit zusammen, dass viele Menschen noch nicht lesen konnten.[47] Die Abbildungen ermöglichten ihnen somit, zumindest in gewissem Umfang, die Rezeption solcher Blätter (vgl. GESTRICH 1994: 142). Allerdings war damals auch das Vorlesen (und Vorsingen) eine gängige Praxis (vgl. ebd.; SCRIBNER 1981: 67ff.), sodass insgesamt betrachtet durchaus breite Schichten von beiden Typen der Einblattdrucke erreicht wurden. Eine breitere *Alphabetisierung* dürfte in Europa seit dem 17. Jahrhundert stattgefunden haben; Historiker äußern sich dazu aufgrund eines Mangels an zuverlässigen Quellen jedoch eher vorsichtig (vgl. HOUSTON 2002: 125-139). Man geht davon aus, dass »das Schulwesen die zentrale Institution der Alphabetisierung gewesen ist, wenn gleich auch nicht die einzige« (LE CAM 1999: 203). Und das Schulwesen wurde im 17. Jahrhundert deutlich ausgebaut, wie etwa Jean Luc Le Cam für das Herzogtum Braunschweig-Wolfenbüttel nachweist. So wurde dort noch während des Dreißigjährigen Krieges mit der Reform der Schulgesetzgebung begonnen, und der Herzog hatte bereits »im Jahre 1617, als er noch Fürst von Dannenberg war, [...] für die Kleinstadt Hitzacker die allgemeine Schulpflicht« eingeführt (ebd.: 205). Im gesamten Herzogtum wurde die Schulpflicht um die Mitte des Jahrhunderts verkündet und in einer Schulordnung im Jahr 1651 bestätigt sowie um weitere Maßnahmen ergänzt. Eine Studie von Marie-Louise von Wartburg-Ambühl (1981) zur Alphabetisierung in einer ländlichen Region der Schweiz zeigt, dass dort im letzten Viertel des 17. Jahrhunderts die Anzahl der Lesefähigen bereits bei 40-50 Prozent der Bevölkerung lag – gegenüber um die 20 Prozent im zweiten Viertel des Jahrhunderts. Auch sie erwähnt vermehrte Bildungsanstrengungen als wichtigen Grund, namentlich »das durch die Gegenreformation erneuerte Grundschulsystem der katholischen Kirche im 17. Jahrhundert« (ebd.: 197). Überall in Europa verbesserte sich in ähnlicher Weise die Bildungssituation und mit ihr die Literalität zwischen 1500 und 1800. Um 1800 bestand in Teilen Nordwesteuropas bereits eine breite Lesefähigkeit (vgl. ENGELSING

46 Diese glichen den Bildergeschichten in den Newen Zeytungen, siehe Abb. 4 weiter oben.

47 Nach Gestrich (1994: 142) muss man auf dem Gebiet des heutigen Deutschland im 16. Jahrhundert »für die ländlichen Bezirke noch von einer Analphabetenquote von 95% der Bevölkerung« ausgehen.

1973: 56; HOUSTON 2002: 166; POE 2011: 105), wozu auch der Buchdruck und die damit deutlich verbesserte Zugänglichkeit zu Lektüre beitrugen. Nach Ansicht Martin Welkes (1993: 8) war die Lesefähigkeit »bereits im 17. Jahrhundert in den meisten deutschen Staaten« stark verbreitet. In England war dies nach Marshall Poe (2011: 105, 292) sogar noch etwas früher der Fall.[48]

3.2 Periodische, allgemein zugängliche Zeitungen als neues Forum gesellschaftlicher Kommunikation

Wie in Kapitel 3.1 dargelegt, erstellten im 16. Jahrhundert Novellanten periodische Briefzeitungen im Auftrag einzelner Interessenten. Im späten 16. Jahrhundert begannen diese gewerbsmäßigen Zeitungsschreiber oder Korrespondenten solche Nachrichtensammlungen, die sie bislang nur für ihre Auftraggeber zusammengestellt hatten, öffentlich anzubieten, etwa in Nürnberg mit regelrechten ›Zeitungsbüros‹ (vgl. SPORHAN-KREMPEL 1975: 1015, 1022) sowie in Venedig (WERNER 1975: 24-29).[49] Sie erkannten, dass sie so mit nahezu dem gleichen Aufwand bei der Nachrichtenbeschaffung einen deutlich größeren Markt erschließen und somit ihre Einnahmen steigern konnten. Die Verfasser erstellten und vervielfältigten diese Blätter nun aus eigener Initiative und auf eigene Rechnung, d. h. am Markt orientiert (vgl. auch SCHRÖDER 1995: 11). Die Vermittler von Nachrichten verselbstständigten sich also, d. h., sie sammelten und verbreiteten Nachrichten nicht mehr im Rahmen von Auftrags-, sondern von autonomer Fremdvermittlung.[50] Die entsprechenden Produkte werden in der Literatur überwiegend als *handgeschriebene Zeitungen* bezeichnet. Sie erschienen meist wöchentlich, entsprechend dem Rhythmus der Postkurse, mit denen einerseits Korrespondenzen und damit Stoffzulieferungen bei den Produzenten eingin-

48 Houston (2002: 146-155) macht jedoch auf z. T. erhebliche Unterschiede zwischen Stadt und Land, Männern und Frauen oder auch einsprachigen und zweisprachigen Regionen aufmerksam.

49 Werner (1975: 27) sieht hierin, entsprechend unseren folgenden Ausführungen, ebenfalls die Anfänge der modernen (italienischen) Presse.

50 Möglicherweise fand eine solche Verselbstständigung der Vermittlung schon deutlich früher einmal statt, im antiken Rom: Um 50 v. Chr. trug ein freigelassener Sklave namens Chrestus Nachrichten zusammen, vervielfältigte sie handschriftlich und verkaufte sie anscheinend an jeden, »der sich darauf abonnieren wollte« (RIEPL 2014: 163; vgl. auch WAGNER 2014b: 226). Die Quellen scheinen jedoch nicht ganz eindeutig, evtl. produzierte er auch nur für bestimmte Auftraggeber. Jedenfalls verliert sich die Spur dieser Zeitung. Offenbar bestand sie nur für begrenzte Zeit.

gen und womit Letztere andererseits ihre Blätter versenden konnten. Sie wurden typischerweise im Abonnement vertrieben. Hier zeigt sich, wie weiter oben bereits angesprochen, die große Bedeutung des Postwesens für das Entstehen periodisch erscheinender Zeitungen (vgl. BEHRINGER 2003: 658ff.; MÜLLER 2013: 292f.; BÖNING 2005: 108).

Die handgeschriebenen Wochenzeitungen oder ›Avisen‹, auch ›Ordinari-Zeitungen‹, in Frankreich und der Westschweiz »*Nouvelles à la main*« oder in England »*News Letters*« genannt (BÜCHER 1893/2017: 218; LÜCKEMEIER 2001: 19, Hervorh. i. O.), waren im neuzeitlichen Europa somit die *ersten regelmäßig erscheinenden* (periodischen) *und öffentlich zugänglichen Nachrichtenmedien*. Sie zielten (wie schon die Spielleute) auf die *Befriedigung eines allgemeinen Nachrichtenbedarfs*, denn um am Markt erfolgreich zu sein, bot es sich an, möglichst breite Interessen zu bedienen, also vielseitige Inhalte zu vermitteln. So wurde mit den handgeschriebenen Wochenzeitungen ein aktueller Nachrichtenüberblick für prinzipiell jede*n und mittels nur eines Mediums zugänglich – hier zeigt sich somit ein weiterer, entscheidender Schritt der Rationalisierung und Konzentration der Vermittlung. Faktisch wurden diese Blätter jedoch, wie schon die Briefzeitungen, aufgrund ihres relativ hohen Preises nur von begrenzten Bevölkerungskreisen – insbesondere Kaufleuten, Fürsten und städtischen Oberschichten (vgl. GESTRICH 1994: 181; SPORHAN-KREMPEL 1975: 1015) – bezogen. Das darin bereits deutlich werdende *Potenzial* der autonomen Fremdvermittlung, einen allgemein zugänglichen, vielseitigen Überblick über aktuelle Nachrichten und die gesellschaftliche Kommunikation zu geben, kam erst mit der größeren und billigeren Vervielfältigung mittels der Typografie voll zum Tragen.

Die Umstellung von der handschriftlichen auf die gedruckte Vervielfältigung war eine technisch und »betriebswirtschaftlich bedingte Rationalisierungsmaßnahme« (BEHRINGER 2003: 349), die nach heutigem Kenntnisstand in Europa erstmals am Anfang des 17. Jahrhunderts vom Straßburger Verleger, Buchhändler und Drucker Johann Carolus realisiert wurde.[51] Dieser stellte im Jahr 1605 ein Gesuch an den Rat der Stadt Straßburg, in dem er um das Privileg (Vorrecht) zum Druck wöchentlicher Zeitungen ersuchte. Darin heißt es, in heute eher fremd erscheinendem Deutsch (zit. nach WEBER 1992: 259):

51 Zu seiner Biografie sowie den rechtlichen, wirtschaftlichen und politischen Rahmenbedingungen in Straßburg zu dieser Zeit vgl. ausführlich Welke (2008: 66-83).

> Nach dem Ich [...] die Wochentlichen gewissen
> Avisen An mich gebracht / hab ich [...] / dieselbigen
> ettlichen herren / umb ein gewisß Jahrgelt Alle
> wochen bißhero communiciret unnd mitgetheilet /
> Dieweil es aber mit dem Abschreiben langsam
> Zugangen / unnd vil Zeit darmit Zugebracht
> werden müßen / Unnd Ich aber [...]
> weylandt Thobiae Jobins seligen Truckerey
> hoch unnd theuer an mich erkaufft / [...]
> [...] / Als hab Ich nun ettliche wochen her /
> unnd jetzt das zwölffte mahl / gleich=
> wol nicht ohne sondere mühe / Inn dem Ich Jedes
> mahl die formen von den Presßen Außsetzen
> muß / Aber allein Zu befürderung unnd gewinnung
> der Zeit / Inn meiner Truckerey dieselbigen
> setzen / ufflegen unnd trucken lassen
> [...]

Dieser Ausschnitt aus Carolus' Gesuch kann in doppelter Hinsicht als Schlüsseltext im Zusammenhang mit der Geschichte der Massenmedien aufgefasst werden: Zum einen wird hier deutlich, dass Carolus bereits wöchentliche Zeitungen herausgab, bevor er diese zu drucken begann: Er belieferte seit geraumer Zeit »ettliche herren« mit handgeschriebenen Nachrichtensammlungen, also Briefzeitungen. Deren Erstellung hatte sich, wie erläutert (siehe Kap. 3.1), bereits im vorhergehenden Jahrhundert als »öffentliches Dienstleistungsgewerbe« etabliert (WEBER 1992: 262) – noch unabhängig vom Druckwesen. Zum anderen zeigt das Beispiel, dass Innovationen im Medienbereich, wie hier die Vervielfältigung der Zeitungen durch Drucken statt Abschreiben, häufig Rationalisierungsmaßnahmen sind. Sie dienen der Vereinfachung, Beschleunigung und Verbilligung des gesellschaftlichen Nachrichtenverkehrs: Ein Zeitungsschreiber konnte pro Woche ca. 20 mit der Hand geschriebene Exemplare anfertigen, die Auflage gedruckter Zeitungen lag etwa 20 Mal darüber (vgl. WEBER 2010: 14f.).[52]

52 Wie in Kapitel 1 angesprochen, kann letztlich die gesamte Geschichte der gesellschaftlichen Kommunikation und ihrer Medien als eine Reihe von aufeinander aufbauenden Rationalisierungsprozessen verstanden werden (vgl. WAGNER 1995, 2014b). Dies gilt auch, obwohl Welke (2008: 87-89) in Carolus' Fall Zweifel an einer Rationalisierung anmeldet, weil die Umstellung auf den Druck wegen der zunächst geringen Abonnentenzahlen (Welke geht von einer einstel-

Carolus' Gesuch wurde offenbar, wenn auch nur bedingt,[53] stattgegeben, denn aus dem gleichen Jahr 1605 ist ein Exemplar dieser wohl ersten gedruckten Wochenzeitung in Europa, der *Relation* (WEBER 1992: 257), überliefert. Sie erschien in deutscher Sprache. Carolus' Produktionsweise wurde in der Folge auch von anderen aufgegriffen, sodass nach und nach *gedruckte Wochenzeitungen* an die Stelle der handgeschriebenen traten, wobei sie diesen inhaltlich, im Aufbau und mit Blick auf den Vertrieb (v.a. Abonnement) noch sehr stark ähnelten. Letztere bestanden im Übrigen noch eine Zeit lang neben den gedruckten weiter (vgl. SCHRÖDER 1995: 12; BÜCHER 1893/2017: 218; GESTRICH 1994: 169, 180ff.).[54] Die gedruckten Wochenblätter erschienen typischerweise im sog. ›Quartformat‹ (entspricht etwa dem heutigen Format DIN A5), mit meist vier oder acht Seiten. Die aus unterschiedlichen Städten, vor allem Handelszentren wie Venedig, Köln oder Antwerpen eingehenden Korrespondenzen mit üblicherweise jeweils mehreren Nachrichten wurden, wie bei den handgeschriebenen Zeitungen,

ligen Zahl aus) gerade keine rationellere Arbeitsweise ermöglicht habe. Diese Einschränkung kann jedoch nur für den unmittelbaren Beginn gelten, weil grundsätzlich die Herstellung einer deutlich größeren Zahl von Exemplaren möglich wurde, die von Schreibern bzw. Kopisten nicht in derselben Zeit erreicht werden konnte. 1618 verzeichnete die *Relation* schätzungsweise 100 Abonnenten (vgl. WEBER 2008: 113f.).

53 Nach Welke (2008: 64) »lehnte der Rat das von Carolus eingereichte Gesuch um Nachdruckschutz ›runde‹ ab, ließ ihn aber seine zwölf Wochen zuvor begonnene Zeitung weiterdrucken« (vgl. auch ebd.: 84-93).

54 In allen drei oben genannten Quellen wird darauf hingewiesen, dass die geschriebenen Zeitungen auch deshalb noch interessant waren, weil sie einfacher die Zensur umgehen und somit bisweilen auch »wertvollere ›geheime‹ Informationen« (SCHRÖDER 1995: 12) oder Kritik enthalten konnten. Nach Gestrich (1994: 182) veränderten sie angesichts der gedruckten Zeitungen ein Stück weit ihre Funktion, indem sie verstärkt über lokale Ereignisse berichteten, die in den gedruckten Zeitungen wegen der Zensur weniger vorkamen. Sie waren somit »den Obrigkeiten [...] ein Dorn im Auge«, aber schwer zu unterdrücken. Eher am Rande sei erwähnt, dass es in der Schweiz noch bis 1809 eine solche handschriftliche Zeitung gab, die wöchentlich (bis 1798) bzw. monatlich (ab 1798) erschien. Der Redaktor des Blattes, der *Nova Tigurina* (später: *Zürchersche geschriebne Zeitung*), war der Lehrer Johann (Hans) Jakob Hirschgartner, der neben Auszügen der Zürcher Ratsprotokolle vor allem sensationelle Meldungen über Ehebrüche, Morde und Raubüberfälle aufnahm, daneben aber auch kurze Meldungen aus anderen Schweizer Städten. Kurioserweise zog er für die Vervielfältigung der Zeitung seine Schüler in der Kirchgemeinde St. Peter heran, welche die Zeitung als Schreibübung vervielfältigten. Da Inlandnachrichten bis 1798 nicht gedruckt werden durften, soll diese Publikation bis dahin sehr begehrt gewesen sein (vgl. WEISZ 1933: 3f., 1954: 38; MARTI-WEISSENBACH 2007).

in der Abfolge ihres (Post-)Eingangs schlicht aneinandergereiht;[55] Rubriken und Überschriften gab es noch keine (siehe Abb. 5).[56]

ABBILDUNG 5

Erste Textseite aus der Straßburger *Relation* (1609)

1.

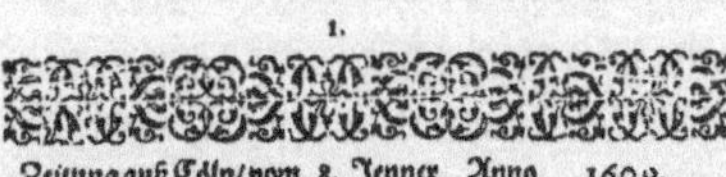

Zeitung auß Cöln/vom 8. Jenner Anno 1609.

DJe Spannische Besatzung den Rhein hinab / vnd der orten schreyen starck nach Gelt vnd wollen einmal bezahlt sein/weil sie vernommen daß die Flotta in Spannia reich einkommen/vnd fordern die Teutschen allein 9. Thonnen Gold für jhren außst[and] vnd man besorgt aber sie werden schwerlich dritthalb darvon bekommen/das wirdt wider ein newen auffstand verursachen/wie sich dann schon etlich darzu vermercken lassen/vnd weil der anstand inner 3. tag auß/vnd man nichts gewiß von weiterm hört/wird das Brandschätzen vnd Plündern wider angehen.

Seider jüngst haben wir nichts besonders vernommen/allein melden die Brieff auß Holland/den biß *Vltimo Frebruarij prolongirten Treves* oder Stillstand/zwischen den Spannischen vnd Stadischen/darbey angezeigt wird/das von beyden theilen abermals ein newe zusammenkunfft auff *Primo Februarij* zu Breda angestelt worden/vmb zu ersuchen/ob vielleicht die sachen möchten verglichen werden/dessen Beschluß öffnet zeit. Der Raht allhie hat sich bißhero auff jüngst angezeigten puncten/der Statt beschwerden vnd rechnung belangend/ noch nicht *Resolvirt*, sagen aber/daß sie sich beschweren/der Statt *Secreten* der gantzen Burgerschafft/vnd in sonderheit den Zünfften zuerkennen zugeben/zubesorgen die Gemeine sich damit nicht werde *Contentiren* lassen/sagt vnd gibt vor/soll sie bezahlen/wölle sie auch wissen/wo die beschwerden vnd *gravamina* herkommen/wie es nun ablauffen wird lehret zeit. Mann sagt Kay: May: habe der Churfürsten von Trier vnd Maintz gesandten/in dieser sachen zwischen dem Raht vnd der Gemeinde vnderhandlung zu pflegen/ *deputirt*, vnd weil die Burgerschafft von jren habenden *privilegien* vnd Freyheiten im geringsten nit weichen will/sondern ires inhalts/deß verbundbrieffs/ welcher sie den weg klerlich weist/zu halten gedenckt. Vergangen Drey König Abend hat ein Erbar Raht eine *Procession* nach S. Mergen/vnd zun heyligen Drey Königen in Thum gehalten/welche *Procession* im *Transfix* Brieff Jährlichen zuhalten verordnet/vnnd gleichwol in 80. jahren oder mehr nicht geschehen/also haben sie diesen puncten im *Transfix* Brieff ein genügen gethan/da sie nun in allem so fein folgenden/ ist nicht zu zweifeln/das alle streittige sachen in der still/vnd mit gutem frieden möchten verglichen werden.

Auß Andorff vom 26. Decemb.

Vom hieländischen wesen ist nicht viel guts zuschreiben/dann sich die sachen mehr zum Krieg als Fried oder anstand ansehen last/weil man gewisse nachrichtung/daß der Konig in Spannia bereit schon viel Kriegsvolck für diese Land werben lassen/so künfftigen Früling ankommen solle/vngeacht aber dessen handelt man beiderseits noch einen langen anstand zutreffen/vnd wie man fürgibt/haben die Stade/weil der *Treves* zu end diß jahr auß ist wider 20. tag verlengert/wiewol etlich von 3. Monat reden/das ist aber allein ein solches außgeben/darauff nichts

55 Wie in Abb. 5 ersichtlich, orientierte sich die Reihenfolge an den verschiedenen Korrespondenzorten, von wo sie eintrafen, also z. B. »Auß Cöln« fast zwei Wochen nach jener »Auß Andorff« (Antwerpen) (vgl. auch eine grafische Veranschaulichung dieser Struktur bei SCHRÖDER 1995: 55).

56 So stützte sich die *Relation* zu Beginn auf eine geschriebene Zeitung aus Augsburg, die Carolus druckte; ab 1609 kamen weitere Quellen hinzu, zunächst eine Korrespondenz aus Köln (vgl. WELKE 2008: 97f.). Weber (2008: 102f.) weist aber darauf hin, dass Carolus bereits Tippfehler korrigierte, Fremdwörter in Antiqua setzte (der Haupttext wurde in Fraktur gesetzt) und gelegentlich erklärte, sowie die Kalenderdaten näher bezeichnete, die teils nach dem sog. ›alten Stil‹, teils nach dem ›neuen Stil‹ angegeben wurden, je nach Herkunftsort der Meldung.

Der Inhalt bestand vor allem aus militärisch-politischen Nachrichten aus dem In- und Ausland, weitere Themen waren u. a. Handel, Verbrechen und Hinrichtungen, Naturereignisse und bisweilen Sensationsmeldungen. Lokalnachrichten enthielten sie nicht, was zum einen an den kleinräumigen Lebensumständen lag, wo sich im Nahbereich Nachrichten mündlich schneller verbreiteten, zum anderen war dies eine Folge der (Selbst-)Zensur.[57] Man muss bedenken, dass diese Zeitungen unter den Bedingungen eines absolutistischen Herrschaftssystems erschienen und folglich stark kontrolliert wurden (siehe dazu mehr gegen Ende dieses Kapitels).

Auf die *Relation* in Straßburg (im heutigen Frankreich) folgte im Jahr 1609 mit dem *Aviso* in Wolfenbüttel (im heutigen Deutschland) eine weitere Wochenzeitung. Auf dem heutigen Gebiet der *Schweiz* erschien die erste, die *Ordinari Wochenzeitung*, im Jahr 1610 in Basel (vgl. BOGEL 1973: 66; TRÉFÁS 2016: 12; MANGOLD 1900: 1f.).[58] Danach folgte spätestens ab 1623 in Zürich eine Zeitung gleichen Namens (am Mittwoch, bis 1681). Zusätzlich gab es dort ab 1672 eine *Montags-Zeitung* (vgl. BOGEL 1973: 28; MAISSEN 2005: 20) und zwei Jahre später eine dritte, die *Freitags-Zeitung* (bis 1914) (vgl. BOGEL 1973: 35, 46; MAISSEN 2005: 20). Die *Montags-Zeitung* ist die Vorläuferin der seit 1780 und noch heute erscheinenden *Neuen Zürcher Zeitung* (NZZ) (vgl. BOGEL 1973: 34; MAISSEN 2005: 20ff.). Ab 1655 erschien in Bern die *Ordinari-Zeitung* und 1664 in Schaffhausen die *Sonntagszeitung* (vgl. BOGEL 1973: 47-51, 87f.). Offenbar wurden zudem »um das Jahr 1700« herum von Druckereien »an den Graubündner Pässen« Zeitungen herausgegeben (WEBER 1933: 23), wobei Wanderdrucker bedeutsam waren. Ab 1700 sei die *Gasetta ordinaria da Scuol* auf »romanisch« (ebd.) erschienen, ab 1715 eine *Gazetta die Mercoledi* in Chur.[59] Die erste Zeitung im Tessin kam erst 1746 heraus, die *Nuove di diverse corti e paesi* in Lugano, wo lange das »Zentrum der kant.[onalen] Zei-

57 Nach Weber (2008: 106-111) gibt es keinen Hinweis auf eine ständige Zensur der *Relation* und sie wurde nur in einem einzigen dokumentierten Fall vorläufig verboten. Dabei reichte den städtischen Behörden für die neuerliche Druckerlaubnis die Zusicherung, dass Carolus sich künftig selbst zensieren würde.

58 Dieses Blatt erschien jedoch nur bis 1611; offenbar gab der Herausgeber auf, nachdem ein Beitrag dem »Berner Rat missfallen hatte« und er zur Strafe »›getürmt‹, d.h. in den Turm gesteckt« wurde (WEBER 1933: 18; vgl. auch ebd: 21).

59 Nach Candreia (1896: 471) erschien das Blatt in Scuol in »ladinisch-romanische[r] Sprache« möglicherweise schon im 17. Jahrhundert, aber mangels überlieferter Exemplare bleibt dies unklar. Weber (1933: 22) betont als Charakteristikum des frühen »bündnerischen Zeitungswesens« dessen Mehrsprachigkeit.

tungspresse« blieb (vgl. MENA 2015: o. S.).[60] In immer schnellerer Folge erschienen Zeitungen zudem auch in weiteren Ländern Europas, z. B. 1618 in den Niederlanden und 1631 in Frankreich,[61] wo es aufgrund des politischen Zentralismus allerdings lange Zeit nur ein Blatt mit Monopolstellung gab (*Gazette*). Weiter folgten seit 1636 Blätter in Italien (Florenz), 1641 in Spanien, 1645 in Schweden (eine erste schwedischsprachige), 1661 in Polen sowie 1665 in England, wo bereits 1695 und damit deutlich früher als überall sonst das Lizenzsystem für Zeitungen abgeschafft wurde, sowie ab 1666 in Dänemark (erste dänischsprachige) (vgl. WILKE 2008: 66f.; BÖSCH 2019: 60-64; WEBER 2005: 10f. mit z.T. abweichenden Angaben; RIES 2001: 242, 258; TISCHER 2011: 455; CLAVIEN/SCHERRER 2015: o. S.). Im Jahr 1690 kam zudem die erste amerikanische Zeitung in Boston heraus (vgl. WILKE 2008: 67). Aufgrund der oben erläuterten Zusammenhänge des Nachrichtenwesens mit dem Verkehrsnetz waren Zeitungen von Beginn an vor allem »ein städtisches, urbanes Phänomen« (WILKE 2008: 54). Dies gilt aber nicht ausschließlich; Gestrich (1994: 172) legt dar, dass »ein nicht unbeträchtlicher Anteil der städtischen Zeitungsproduktion im Umland abgesetzt wurde«.

Im deutschsprachigen Raum[62] gab es Ende des 17. Jahrhunderts rund 60 politische Zeitungen (vgl. WEBER 2010: 15f.). Dies überstieg bei weitem die Zahl »der gleichzeitig in allen anderen europäischen Ländern erscheinenden Zeitungen zusammengenommen« (WILKE 2008: 49). Dafür gab es mehrere Gründe, deren wichtigster der starke Partikularismus des Heiligen Römischen Reichs war: Die Zersplitterung führte zu Interessengegensätzen zwischen Kaiser und Landesherren und zu kultureller Vielfalt. Im Gegensatz zu zentralistischen Ländern, wie z. B. Frankreich, entstanden

60 Zur Tessiner Zeitungsgeschichte vgl. auch Bertoni und Colombi (1896). Für die Westschweiz wird in der Literatur meist der *Mercure suisse* in Genf als erste Zeitung erwähnt (vgl. BLASER 1956: 649; BOLLINGER 1986: 79), tatsächlich handelte es sich jedoch um eine (gelehrte) Zeitschrift (vgl. CLAVIEN 2017: 20; siehe auch Kap. 4.1). Clavien (2017: 21f.) erwähnt zwei gescheiterte Versuche früher Zeitungen in Genf und Neuchâtel und führt die Konkurrenz der *Nouvelles des divers endroits* als Grund dafür an; diese wurde von 1689 bis 1798 von Beat Fischer (dem Inhaber der Postlizenz im Kanton Bern) herausgegeben und auch in der Westschweiz sowie in Frankreich gelesen. 1778 änderte sich deren Titel zu *Gazette de Berne* (vgl. ANDREY 2014: 33). Weber (1933: 22) schreibt, diese »Gazette« sei »ursprünglich« eine Gründung von französischen Flüchtlingen gewesen. Insofern waren in der Westschweiz die sog. ›Intelligenzblätter‹ die ersten Zeitungen (vgl. Kap. 4.1).

61 Nach Clavien und Scherrer (2015: o. S.) kam in Paris schon »1620 der ›Courant d'Italie et d'Almaigne‹ nach dem Vorbild des Amsterdamer ›Courante uyt Italien‹ heraus«.

62 Dazu zählten zu dieser Zeit neben dem Reichsgebiet auch die deutschsprachige Schweiz, Dänemark und das Baltikum (vgl. WEBER 2005: 10).

so in den diversen Territorien des Deutschen Reichs je eigene Zeitungen, die zudem ganz unterschiedlich kontrolliert wurden. Dazu kamen die Lage in der Mitte Europas[63] und der Postlinien sowie die »konfessionelle Spaltung« infolge der Reformation (WILKE 2008: 44), die wiederum politische und militärische Konflikte, wie insbesondere den Dreißigjährigen Krieg (1618-1648, vgl. KAMPMANN 2008), zur Folge hatten. In Kriegszeiten stieg die Zahl der Zeitungen meist wegen einer verstärkten Nachfrage nach Informationen sowie der Existenz zusätzlichen Stoffs an, um dann wegen kriegsbedingter wirtschaftlicher Not wieder zurückzugehen. Seit den 1630er-Jahren erhöhten zudem einige Zeitungen ihre Erscheinungsfrequenz auf zwei bis drei bzw. sogar vier bis fünf Ausgaben pro Woche (vgl. WEBER 2010: 15f.). Als erste Tageszeitung gelten die seit 1650 täglich herausgegebenen *Einkommenden Zeitungen* in Leipzig. Behringer (2003: 667) weist darauf hin, dass die tägliche Erscheinungsweise, die sich gegen Ende des 18. Jahrhunderts in Europa zunehmend verbreitete, auch eine Folge des (geänderten) Rhythmus der Postkurse war.[64]

Die gedruckten Zeitungen erlangten somit eine deutlich größere Verbreitung oder Reichweite (Publizität) als die handgeschriebenen. Die Publizität ist eines der von Otto Groth bereits in den späten 1920er-Jahren formulierten ›Wesensmerkmale‹ der Zeitung, die meist noch heute herangezogen werden, um den Begriff ›Zeitung‹ zu bestimmen (vgl. BOSSHART 2017: 36ff.): Darunter wird üblicherweise ein Medium verstanden, das periodisch (also regelmäßig) erscheint, aktuelle und universelle Inhalte (also vielseitige Themen bzw. vermittelte Standpunkte) aufweist sowie allgemein zugänglich ist (Publizität). Diese Merkmale trafen weitgehend bereits auf die handgeschriebenen Wochenzeitungen zu, mit Ausnahme der Publizität (wegen der kleinen Auflagen und des hohen Preises, bedingt durch die zeitaufwendige handschriftliche Vervielfältigung).

63 Eine Tatsache, die sich auch schon früher bei den brieflichen Korrespondenzen bemerkbar machte. Für die briefliche Kommunikation im 15. Jahrhundert bezeichnet Werner (1975: 13) etwa Nürnberg als »Mittelpunkt Europas«.

64 In diesem Zusammenhang weist Behringer (2003: 658-668) darauf hin, dass sich durch den engeren Erscheinungstakt das Zeitbewußtsein der Menschen insgesamt veränderte. Langfristig sollte sich dieses veränderte Zeitbewußtsein auch auf andere Prozesse wie die Säkularisierung und die Demokratisierung von Gesellschaften auswirken (vgl. ROSA 2005: 161-167; TAYLOR 2002: 188f., 198-205). Der Eindruck einer Beschleunigung ist somit auch kein neues, mit dem Internet aufgekommenes Phänomen.

Tatsächlich hatten die gedruckten (politischen) Zeitungen des 17. Jahrhunderts insgesamt betrachtet bereits eine große und breite *Leserschaft*, auch wenn die durchschnittliche Auflage pro Titel nur bei etwa 350-400 Exemplaren lag; einzelne Blätter erschienen mit bis zu 1.500 Exemplaren (z. B. eine Hamburger Zeitung um 1630; vgl. WILKE 2008: 63f.). Jedes Exemplar wurde jedoch von deutlich mehr Personen gelesen als heute (vgl. GESTRICH 1994: 171ff.). Zwar handelte es sich bei den Leser*innen in erster Linie um die gebildeten Schichten,[65] aber auch einfache Leute wurden erreicht, u. a. durch die verbreitete Praxis des Vorlesens, z. B. in der Kirche von der Kanzel, aber auch in Wirtshäusern (vgl. ebd.: 130ff.), wo oft auch Exemplare auslagen. Zudem war, wie bereits in Kapitel 3.1 erwähnt, die Lesefähigkeit »bereits im 17. Jahrhundert in den meisten deutschen Staaten so verbreitet, daß die Alphabetisierungsfrage in Hinsicht auf die Benutzung der Zeitung eine zu vernachlässigende Größe darstellt« (WELKE 1993: 8). Nur die Bibel und einige andere religiöse Schriften erreichten im Reich eine entsprechende Leserschaft wie *alle Zeitungen* zusammengenommen. So hält Holger Böning (2008: 293) fest, dass »schon um die Mitte des 17. Jahrhunderts [...] die Zeitung zum wichtigsten weltlichen Lesestoff geworden war.«

Somit gab es bereits ab Mitte des 17. Jahrhunderts eine flächendeckende und regelmäßige Publizität des Politischen (insbesondere im deutschen Sprachraum),[66] die zudem eine internationale Dimension hatte. Dies führte »[s]chleichend, doch unaufhaltsam« bei den Leser*innen zu »einem Mentalitätswandel«, einer »Säkularisierung des Politischen«, wie Johannes Weber (2010: 19) anschaulich beschreibt:

> »Der Blick über den Tellerrand des eigenen Territoriums nivellierte nolens volens den Vorrang und die besondere Dignität der lokalen Herrschaft, die ja stets beansprucht hatte, von nicht menschlicher Dimension, sondern von ›Gottes Gnaden‹ zu sein. Vor dem Aufkommen der periodischen Nachrichtenblätter strahlten die ›Welthändel‹ der Mächtigen in einer Aura des Höheren und Exorbitanten [...]. Nun aber, in der sich hinschleppenden, oft

65 Das hatte auch mit dem Preis für ein Zeitungsabonnement zu tun, wobei dieser bei den gedruckten Zeitungen schon deutlich tiefer lag als noch bei den handgeschriebenen. Gestrich (1994: 172) errechnet, dass z. B. ein »Abonnement der Hamburger Zeitung [...] einen durchschnittlichen Kölner Handwerker [...] knapp zwei Prozent seines Jahreseinkommens gekostet [hätte]. Dies ist selbst gemessen an heutigen Standards nicht übermäßig viel.«

66 Für die USA wird z. B. berichtet, dass noch Mitte des 19. Jahrhunderts Zeitungen in den westlichen Bundesstaaten nur unregelmäßig erschienen, weil noch kein regelmäßiger Postdienst etabliert war (vgl. HOLTORF 2013: 238).

> sogar ermüdenden und langweiligen, kleinteiligen Tagesberichterstattung, nun fällt ein beständiges, doch zugleich ziemlich flaches Licht auf das politische Treiben der Herren. Es erscheint als mühevolles Alltagsgeschäft wie jedes andere [...]. Wenn die Politik und ihre Akteure nicht mehr im höheren Glanz des Ungewöhnlichen, sondern als durchaus irdisch erscheinen, werden sie für die Untertanen zu diskussionsfähigen und diskussionsbedürftigen Objekten. Das aber ist eine sozialpsychologisch fundamentale Voraussetzung von Aufklärung und politischer Moderne«.

Insofern waren die (gedruckten) Wochenzeitungen eine der Ursachen für gesellschaftlichen Wandel, zugleich waren sie aber auch eine Folge solcher Veränderungen (u. a. Renaissance und Humanismus, siehe dazu mehr weiter unten). Durch ihre weite Verbreitung und Zugänglichkeit konnten die Zeitungen bald als eine Art *papierener Foren* dienen, um ähnlich wie vorher die Versammlung den kommunikativen Austausch innerhalb der Gesellschaft öffentlich zu machen. Und da sie autonom sowie marktorientiert waren, vermittelten sie im Prinzip alle Positionen und Meinungen (vgl. SCHRÖDER 1995: 318, 324, 334ff.) – dies war ein Aspekt des Unparteilichkeitskonzepts des frühen Journalismus (siehe weiter unten). Somit ermöglichten die Zeitungen jeder und jedem Einzelnen eine (politische) Orientierung innerhalb der unterschiedlichen Interessen in der Gesellschaft. Dies ist eine Voraussetzung dafür, dass über diverse Themen ein breiter kommunikativer Austausch in der Gesellschaft erfolgen kann, der dann wieder Gegenstand der Vermittlung werden kann etc. (vgl. auch SCHÖNHAGEN 2016: 349f., 353). Dass die Zeitung zu einer Art Forum sozialer Kommunikation werden und in der beschriebenen Weise Orientierung bieten konnte, lag vor allem an den *redaktionellen Leistungen* der Zeitungsmacher. Eine Überschaubarkeit der vermittelten Kommunikation ist, wie weiter oben bereits kurz angesprochen, nur durch Auswahl (Selektion) und Konzentration zu erreichen.[67] Eben dies ist die wesentliche Leistung der autonomen Fremdvermittlung des *Journalismus*. Es wurden daher bereits in den frühen Zeitungen vorwiegend Mitteilungen von Repräsentanten vermittelt, was einer Konzentration auf der Ebene der vermittelten Urheber von Aussagen entspricht. Zudem wurden einzelne Aussagen und Nachrichten gekürzt (Konzentration auf der Ebene

67 Gestrich (1994: 170) weist zusätzlich darauf hin, dass sich »bei der wachsenden Konkurrenz« von Zeitungen »auf die Dauer nur einigermaßen professionell gemachte, zuverlässige« behaupten konnten – also nur solche, die eben redaktionelle Leistungen erbrachten.

der Mitteilungen). Zwar erfolgten diese Vermittlungsleistungen noch in geringerem Maße als heute, weil der Selektionsdruck aufgrund der verfügbaren Informationsmenge geringer war und weil sie zu weiten Teilen schon auf der Stufe der Korrespondenten erbracht wurden. Trotzdem charakterisierten sie bereits die Tätigkeit der sog. »Zeitunger« (SCHÖNHAGEN 1998: 39). Wenn diese auch häufig noch im Nebenberuf tätig waren, so können sie aufgrund dieser Leistungen sowie der Autonomie ihrer Vermittlungstätigkeit durchaus bereits als *Journalisten* bezeichnet werden. Denn genau diese Eigenschaften kennzeichnen nach heute verbreitetem Verständnis den Journalismus (vgl. BOSSHART 2017: 19ff.; FÜRST/SCHÖNHAGEN/BOSSHART 2015: 334; ALTMEPPEN 2000: 133f.).

Interessanterweise erwartete auch die damalige Leserschaft eine neutrale Präsentation, um eine eigenständige Meinungsbildung zu ermöglichen (vgl. SCHÖNHAGEN 2008a: 56; GESTRICH 1994: 176). Aus diesen Gründen waren viele politische Wochenzeitungen des 17. (und im deutschen Sprachraum auch noch des 18.) Jahrhunderts dem Konzept der *Unparteilichkeit* verpflichtet (vgl. SCHÖNHAGEN 1998). Zwar wurde dies auch von der Zensur insofern begünstigt, als diese z. B. journalistische Kommentare verbat. Andererseits konnte eine »allseitige Vermittlung«, wie es damals hieß (ebd.: 291), der Obrigkeit keinesfalls recht sein, denn die Zensur zielte ja gerade auf eine eher einseitige Berichterstattung – im Sinne der jeweiligen Obrigkeit. Die ›allseitige‹, also pluralistische Vermittlung gehörte jedoch, wie u. a. auch die Trennung von Nachricht und Kommentar, zu den Handlungsnormen oder Kriterien, die von den Journalisten des 17. Jahrhunderts erstmals entwickelt wurden und die noch heute als zentrale Qualitätsmerkmale des *Informations*journalismus gelten (vgl. FÜRST/SCHÖNHAGEN/BOSSHART 2015: 335). Diese Normen wurden offensichtlich vielfach auch umgesetzt, aber selbstverständlich nicht bei allen Zeitungen (vgl. BÖSCH 2019: 65f.).

EXKURS III

Zum Begriff ›Zensur‹

Zensur (von lat. ›censura‹ = schätzen, beurteilen, prüfen) »im Rechtssinne [...] liegt nur und immer dann vor, wenn der Staat die Veröffentlichung von Publikationen unter einen Genehmigungsvorbehalt stellt, ihre Zulässigkeit also davon abhängig macht, dass vor ihrem Erscheinen eine staatliche Erlaubnis (›Imprimatur‹) eingeholt worden ist« (BRANAHL 2013: 387).

Neben dieser neuzeitlichen Definition der *Vorzensur* gibt es weitere Mittel: die *Nachzensur* sowie das Publikationsverbot für bestimmte Autor*innen, Verlage oder Inhalte. Auch weitere Bestimmungen wie die Forderung einer Stempelsteuer und von Kautionen sowie die Gewährung von Druckprivilegien und Konzessionen werden zu den Mitteln der Zensur gezählt (vgl. WÜRGLER 2013: 122f.). Bei Verstößen drohten durchaus erhebliche Strafen, so etwa seitens der Kirche die in der damaligen Zeit folgenreiche Exkommunikation. Auf Landesebene waren häufige Maßnahmen die Beschlagnahmung und Vernichtung von Druckschriften, Geld- und Haftstrafen, Berufsverbote oder auch der Landesverweis.[68] Vor diesem Hintergrund gab es zudem immer Formen der Selbstzensur. ■

Wie weiter oben erwähnt, wurden die frühen Zeitungen im absolutistischen Herrschaftssystem stark kontrolliert, was ihre Forumsfunktion natürlich, trotz des verbreiteten Grundsatzes der Unparteilichkeit, einschränkte. Andererseits waren vielseitig berichtende Zeitungen durchaus auch für die absolutistischen Herrscher von Interesse, einerseits um sich selbst zu informieren, andererseits als Wirtschaftsfaktor (vgl. GESTRICH 1994: 176, 182; SCHRÖDER 1995: 7ff.). Insofern wurden sie nicht unterbunden, aber unterlagen der *obrigkeitlichen Kontrolle*. Es gab keine Gewerbefreiheit; für die Herausgabe eines Presseprodukts benötigte man, wie schon erwähnt, eine landesherrliche Erlaubnis oder Lizenz, ein *Privileg*. Mit diesem wurden von vornherein Bedingungen verbunden, z. B. dass der Herausgeber keine eigenen Meinungsbeiträge veröffentlichen durfte. In den meisten Kleinstaaten des Reichs herrschten zudem strenge *Zensurvorschriften*. Meistens musste vor der Veröffentlichung ein Exemplar jedes Druckwerks zur Prüfung an den Zensor abgeliefert werden (Vorzensur). Ausgeübt wurde die Zensur teilweise von spezifischen Kommissionen, häufig aber auch von Beamten, Lehrern, Geistlichen oder Universitätsprofessoren im Nebenamt (vgl. KÜNZLER 2013: 193f.; BÖSCH 2019: 46; RIES 2001: 237f.). Dabei wurde die Durchführung sehr unterschiedlich gehandhabt, bisweilen waren nebenamtliche Zensoren auch überfordert. Teilweise, insbesondere in reformierten Städten oder Regionen, herrschte weniger strenge Vorzensur, wie etwa im 18. Jahrhundert in Hamburg, wo es dann meist zu einer besonderen Blüte des Pressewesens kam

68 Bösch (2019: 46) berichtet von einem Fall einer Todesstrafe in Preußen, was jedoch eine seltene Ausnahme darstellt.

(vgl. WILKE 2008: 81, 129; BÖNING 2002: 130-139). Das Zensursystem umfasste neben der landesherrlichen zwei weitere *Ebenen*: Schon seit dem späten 15. Jahrhundert hatte die Kirche, in Reaktion auf den Gutenberg'schen Buchdruck, Zensurmaßnahmen wie etwa Bücherverbote erlassen (vgl. WILKE 2008: 35). Dazu kamen Kontrollmaßnahmen und Verbote auf Reichsebene, wie etwa ein Erlass Karls V. beim Wormser Reichstag von 1521, das sog. ›Wormser Edikt‹, das Luthers Schriften verbot »sowie alle anderen, die nicht mit der herrschenden katholischen Lehre überinstimmten« (BOLLINGER 2015: o. S.; vgl. auch WILKE 2008: 36). Dallmeier (1987: 252) weist zudem darauf hin, dass die kaiserliche Post (Thurn und Taxis) bis 1806 eine zentrale Rolle für die staatliche Zensur spielte, weil sie die Verbreitung von Publikationen effektiv verhindern konnte.

Ab den 1520er-Jahren setzten die »eidg.[enössischen] Orte [...] Zensurbehörden ein« (BOLLINGER 2015: o. S.), so etwa Zürich im Jahr 1523 und Bern 1524; eine Berner Zensurverordnung des Jahres 1539 war z. B. eine direkte Reaktion auf ein Pamphlet (vgl. LÜTHI 1933: 16). Freiburg/Fribourg »verbot den Bücherdruck bis 1584 gänzlich« (BOLLINGER 2015: o. S.). Und das Erscheinen der ersten periodischen Zeitungen führte »zu neuen obrigkeitl.[ichen] Zensurverordnungen, die sich auf die Veröffentlichung polit. Nachrichten bezogen« (ebd.: o. S.). Die Zensurvorschriften richteten sich in erster Linie gegen Druckerzeugnisse, obwohl auch öffentliche Reden, Predigten oder Theateraufführungen von der Zensur betroffen sein konnten (vgl. WÜRGLER 2013: 123).

EXKURS IV

Weitere Entwicklung der Zensurmaßnahmen

Die staatliche Pressekontrolle blieb bis ins 19. Jahrhundert bestehen: In der Schweiz gewährte zwar die »Verfassung der 1798 gegründeten Helvet.[ischen] Republik [...] auch die Pressefreiheit; trotzdem unterdrückte die helvet. Regierung von Anfang an ihr nicht genehme Blätter« (BOLLINGER 2015: o. S.; vgl. auch SCHANNE 1993: 18).[69] Ende desselben Jahres wurde die

69 Dies war z. B. im November 1798 für die *Helvetischen Annalen* der Fall, die von Karl Ludwig von Haller (1768-1854) publiziert wurden, der darin die Helvetische Republik heftig kritisierte (vgl. KÄSTLI 1998: 191).

Pressefreiheit zudem wieder abgeschafft und 1801 die Vorzensur erneut etabliert (KLAGES 1945: 20). Nach dem Ende der Helvetischen Republik (1803 mit der Mediationsakte, vgl. Historischer Hintergrund IV) wurde die Zensur in den meisten Kantonen nach und nach wieder eingeführt und nach einem Erlass (dem sog. ›Pressekonklusum‹) der schweizerischen Tagsatzung (siehe Historischer Hintergrund I) 1812 verschärft (vgl. KLAGES 1945: 21-23). Allerdings schrieb Genf »[a]ls einziger Schweizer Kanton [...] schon 1814 die Pressefreiheit in der Verfassung fest« (BOLLINGER 2015: o. S.; vgl. auch KÄSTLI 1998: 217; MAISSEN 2015: 183). Im Bundesvertrag von 1815 fehlte sie jedoch; und mit dem ›Press- und Fremdenkonklusum‹ von 1823 wurde die Zensur noch verschärft (vgl. KÄSTLI 1998: 258; MAISSEN 2015: 185). Das »Press- und Fremdenkonklusum« wurde formal 1829 außer Kraft gesetzt (vgl. SCHANNE 1993: 18), jedoch gab es wegen der Souveränität der Kantone auch zuvor begrenzte Freiräume: Ab Ende der 1820er-Jahre proklamierten immer mehr Kantone die Pressefreiheit, zuerst Glarus im Jahr 1828 (vgl. MAISSEN 2015: 185), ab 1829/1830 dann die weiteren sog. ›regenerierten Kantone‹ mit neuen liberalen Verfassungen (vgl. Historischer Hintergrund IV; BOLLINGER 2015: o. S.). Im Jahr 1848 wurde die Pressefreiheit schließlich in der Bundesverfassung verankert (vgl. KREIS 2015: o. S., 1973: 20-21).

Auch in Deutschland wurde, mit der Verfassung des Deutschen Reichs im Jahre 1848 bzw. 1849, erstmals prinzipiell umfassende Pressefreiheit gewährt – aufgrund der politischen Reaktion jedoch nicht verwirklicht. Mit dem Reichspressegesetz vom 1. Juli 1874 wurden schließlich die landesrechtlichen Bestimmungen ersetzt und Pressefreiheit unter gewissen Einschränkungen garantiert (vgl. WILKE 2008: 25f.; BÖSCH 2019: 108). In Österreich wurde die Pressefreiheit 1867 in der Verfassung festgeschrieben (vgl. MELISCHEK/SEETHALER 2016: 170). Im Ersten Weltkrieg (1914-1918) führten jedoch beide Länder, ebenso wie die Schweiz, das System der Pressekontrolle wieder ein (vgl. WILKE 2008: 257; KOSZYK 1972: 14-19; LEIDINGER 2016: 243; KREIS 2014: 72-76), und auch Filme wurden (in der Schweiz bis mind. 1921) vorab kontrolliert (vgl. GERBER 2017: 30; DUMONT 1987: 34f., 251f.). Im Vorfeld und während des Schweizerischen Landesstreiks 1918 wurde deshalb auch die Wiederherstellung der Pressefreiheit gefordert (vgl. ROSSFELD/KOLLER/STUDER 2018: 12). Die Phase relativer Pressefreiheit nach dem Ende des Ersten Weltkriegs währte jedoch nur kurz: Bereits ab 1922 konnten in der Weimarer Republik auf der Grundlage von Notverordnungen sowie des (ersten) Republikschutzgesetzes Publikationen verboten werden (vgl. KOSZYK 1972: 338-342).[70] Ab Oktober 1931 bestand »ein lückenloses Preß-Verfolgungs- und Preß-Unterdrückungsrecht« (Misch 1931, zit. nach KOSZYK 1972: 342). Auch in Österreich schränkten Notverordnungen die Pressefreiheit Anfang der 1930er-Jahre ein (vgl. MOSER 2019: 38-42). Ebenso wurde in der Schweiz 1934 per Beschluss des Bundesrates die Möglichkeit »behördlicher Maßnahmen [...] als ultima ratio in Notfällen« (KREIS 1973: 23) vorgesehen. Für die Dauer des Zweiten Weltkriegs (1939-1945) galt das sog. »Pressenotrecht« (KREIS 1973: 25), welches für den Textteil der Zeitungen eine Nachzensur vorsah,[71] während Bilder, Filme und nicht zuletzt der Hörfunk wie in anderen Ländern prinzipiell der Vorzensur unterstanden (vgl. KREIS 2015: o. S., 1973: 23-32; JECKER 2009: 49f.).[72] ■

3.3 Journalistisch vermittelte Kommunikation als europäische Innovation?

Nach diesem Exkurs zur Zensur sei mit Blick auf die Entwicklung gesellschaftlicher Kommunikation *zusammenfassend* nochmals festgehalten, dass im späten 16. und beginnenden 17. Jahrhundert mit den handgeschriebenen, vor allem aber den gedruckten Wochenzeitungen in Europa ein *revolutionärer Umbruch* in der gesellschaftlichen Kommunikation erfolgte. Spätestens mit der Verbreitung gedruckter Zeitungen fand (gesamt-)gesellschaftliche Kommunikation nicht mehr hauptsächlich von Angesicht zu Angesicht, sondern im Wesentlichen über räumliche Distanzen hinweg statt. Dies veränderte, wie in der Einleitung bereits angesprochen, grundlegend die Strukturen gesellschaftlicher Kommunikation. Die Eigenschaften der Versammlungskommunikation wurden geradezu ins Gegenteil verkehrt (vgl. WAGNER 2009: 106f.), indem die *journalistisch vermittelte Kommunikation* gekennzeichnet ist durch:

- Abwesenheit der Kommunikationspartner (statt Anwesenheit),
- Sukzessivität der Mitteilungen bzw. von Mitteilung und Kenntnisnahme (statt Gleichzeitigkeit) sowie

70 Verbote wurden gegen die »nationalsozialistische und völkische« sowie einen großen »Teil der kommunistischen Presse« ausgesprochen (vgl. KOSZYK 1972: 340).

71 In Einzelfällen konnte auch eine Vorzensur vorgenommen werden (vgl. KREIS 1973: 66-69).

72 Ein allgemeiner Überblick zur Entwicklung von Zensurbestimmungen für einen Großteil der europäischen Staaten findet sich bei Wilke et al. (2020).

- Medienkonzentration (statt allgemeiner Medienverfügbarkeit) durch das zunehmende Einschalten von professionellen Vermittlern sowie eine Medienverwaltung durch Spezialisten.

Mit dem Prinzip der autonomen, am Markt orientierten Fremdvermittlung wurde es möglich, Kommunikation auf Distanz unabhängig und umfassend im Dienste der gesamten Gesellschaft zu vermitteln.[73] In der systematischen Sammlung und konzentrierenden Bearbeitung von Nachrichten sowie ihrer Verbreitung an eine breite Öffentlichkeit liegen auch die Anfänge des Journalismus. Deshalb wird hier von journalistisch vermittelter Kommunikation gesprochen.[74]

Es drängt sich abschließend die Frage auf, warum die Entwicklung zur journalistisch vermittelten Kommunikation *nachhaltig* nur im Europa der Frühen Neuzeit zustande gekommen ist. Dies ist auch deshalb spannend, weil in China die notwendigen *materiellen* Voraussetzungen für Zeitungen (Papier, Typografie) schon früh bestanden, allerdings mit Ausnahme eines allgemein zugänglichen Postsystems; die Medienentwicklung blieb trotzdem lange auf der Stufe *staatlicher*, also interessengebundener Bekanntmachungsorgane stehen (vgl. WAGNER 1995: 65). Im 12. und 13. Jahrhundert gab es nach Yangming He (2015) jedoch für eine gewisse Zeit in der (auch räumlich begrenzten) Südlichen Song-Dynastie (1127-1279) unabhängige, gedruckte Zeitungen, die allerdings ausschließlich illegal erschienen, die »xiao pao« (ebd: 548).[75] Dass Journalismus und Massenkommunikation

73 Dies soll keineswegs implizieren, dass dies auch (immer) der Fall war oder ist; die Umsetzung dieser Möglichkeit unterlag und unterliegt zahlreichen Einflüssen, wie bereits z.T. angesprochen (z.B. der Zensur, ökonomischen Interessen der Verleger*innen etc.).

74 Dies auch in Abgrenzung zu anderen Formen gesellschaftlicher Kommunikation; mit Wagner (1995: 42f.) lässt sich mit dieser Kommunikationsform, die auf den Leistungen unabhängiger journalistischer Vermittlung beruht, Massenkommunikation klar definieren, und die Medien, die diese realisieren, können entsprechend als *Massenmedien* bezeichnet werden. In der Fachliteratur wird aber häufig ein breiteres und weniger präzises Verständnis von Massenkommunikation und -medien verwendet, das generell Medien einschließt, die sich an ein breites Publikum wenden, wie z.B. auch Bücher, Musikträger etc. (vgl. PÜRER 2014: 77ff.). Damit lassen sich jedoch Massenmedien, die journalistische Nachrichten- bzw. Kommunikationsvermittlung leisten, nicht von Publikationen abgrenzen, die keine aktuelle Nachrichtenvermittlung in diesem Sinne betreiben (Musik-DVDs, Bücher, Unternehmensmagazine etc.). Vgl. für eine ausführliche Diskussion dieser Begriffe auch Schönhagen (2004: 59ff., sowie dort die Fußnoten 109 auf S. 156f. und 67 auf S. 209f.).

75 He (2015: 550) erwähnt vergleichbare Blätter sogar schon aus dem Jahr 1066 in Kaifeng (Nördliche Song-Dynastie), allerdings scheint diesbezüglich die Literaturlage weniger klar zu sein. An dieser Stelle sei nochmals auf den ehemaligen römischen Sklaven Chrestus verwiesen, der vermutlich bereits 50 n. Chr. autonom Nachrichten sammelte und zum Verkauf anbot, wenn

sich somit nur in Europa zu Beginn der Neuzeit dauerhaft durchsetzten, muss neben materiellen noch weitere Gründe haben. Diesbezüglich kann man an die sozial-politische »*Sonderentwicklung*« *Europas* (MITTERAUER 2004: 274; Hervorh. d. Verf.) anknüpfen. Das frühneuzeitliche Europa war demnach von einem spezifischen »Faktorenkomplex« geprägt (ebd.: 278), den es so weder in Asien noch anderswo gegeben hat. Imhof (2006: 53, Hervorh. i. O.) spricht von einer besonderen »Spannung zwischen Kognition und Glauben« bzw. einer »konfliktreiche[n] und spannungsgeladenen[n] *Verbindung von Welterkenntnis und Weltbeherrschung*«, mit »ausschlaggebender Bedeutung für die okzidentale Entwicklung«.[76] Michael Mitterauer (2004) veranschaulicht ein komplexes Geflecht materieller und ideeller Faktoren, die auf besondere Weise in Wechselwirkung standen. Sie umfassen soziale, politische, religiöse sowie wirtschaftliche Entwicklungen, die hier nicht im Einzelnen dargelegt werden können. Aber es seien einige Aspekte angesprochen, die mit Blick auf kommunikationshistorische Entwicklungen besonders interessant erscheinen.

Zum einen war das europäische Mittelalter durch den sog. ›Kommunalismus‹ (MITTERAUER 2004: 284ff.) geprägt, womit eine gewisse Autonomie städtischer und ländlicher Gemeinden bezeichnet wird. Die Schweizerische Eidgenossenschaft ging z. B. aus einem Zusammenschluss solcher Kommunen hervor. Diese waren typischerweise von Mitspracherechten ihrer Vollmitglieder gekennzeichnet,[77] wie dies etwa bei mittelalterlichen Dorf- oder Volks- und Gerichtsversammlungen der Fall war (siehe Kap. 2). Es gab also in Europa eine Tradition des umfassenden Austauschs (im Modus der Versammlungskommunikation), was mit Blick auf die oben dargelegte Entwicklung hin zu Zeitungen als Foren gesellschaftlichen Austausches spannend ist.[78] Zum anderen erwähnt Mitterauer (2004: 282)

auch nur für kurze Zeit und nicht in Form gedruckter Zeitungen (vgl. RIEPL 2014: 163; WAGNER 2014b: 226). Siehe auch Kap. 3.2, FN 50.

76 Imhof zeigt in seiner Analyse der Entwicklung zur Moderne auch auf spannende Weise den Wandel des Öffentlichkeitsverständnisses in diesem Kontext auf, wobei v. a. bemerkenswert ist, dass er (gewisse) Parallelen des Verständnisses von Öffentlichkeit im 16. Jahrhundert (wie auch später wieder in der Aufklärung) mit dem Weltbild von Stammesgesellschaften (vgl. IMHOF 2006: 163f.) sowie dem republikanischen Öffentlichkeitsverständnis des antiken Athens (vgl. ebd.: 170) anführt – also von Gesellschaften mit Versammlungskommunikation als zentraler Form des allgemeinen Austauschs.

77 Somit ähneln sie einer »republikanischen Form des Gemeinwesens« (MITTERAUER 2004: 286).

78 In diesem Zusammenhang kommen somit auch Wechselwirkungen zwischen den Kommunikationsformen und der politischen Verfassung von Gesellschaften in den Blick, denn solche

den Einfluss des Frühkapitalismus, für den die Drucker und die wirtschaftlich motivierte Produktion gedruckter Wochenzeitungen ein Beispiel sind (vgl. GESTRICH 1994: 170).

Weiter ist zu ergänzen, dass das frühneuzeitliche Europa von einem weltanschaulichen Wandel geprägt war, der u. a. in der Renaissance und dem Humanismus zum Ausdruck kommt: Die Renaissance »charakterisierte Jacob Burckhardt als ›Epoche der Entdeckung der Welt und des Menschen‹«, und der Humanismus brachte »die Bedeutung der menschlichen Individualität ins Gefühl und ins Bewusstsein« (WAGNER 2005: 5). Protestantismus und Calvinismus führten dazu, dass die diesseitige Welt und irdischer Erfolg wichtiger wurden als das erlösende Jenseits. Georg Thürer (1977: 197) hat ebenfalls angemerkt, dass die Zeitung »nicht von ungefähr ein Kind der Neuzeit« sei: »Die Renaissance mit ihren Entdeckungen richtete den Sinn auf das Diesseits und das Zeitliche, weniger auf das Jenseits und das Ewige wie das Mittelalter«. Vor diesem Hintergrund ist es nicht verwunderlich, dass die Nachfrage nach ›weltlichen‹ Informationen und Nachrichten anstieg, wozu außerdem die zahlreichen (religiösen) Konflikte und Kriege beitrugen (vgl. SCHÖNHAGEN 2008a: 57).[79]

Spannend ist, dass die Südliche Song-Dynastie, die auch als »Chinesische Renaissance« bezeichnet wird (HE 2015: 559), einige Parallelen mit den erwähnten Faktoren aufweist: Sie war ebenfalls von verstärktem Handel, Kriegen sowie einem zumindest relativ offenen politischen Klima gekennzeichnet. Hauptstadt war Hangzhou – mit vermutlich mehr als zwei Millionen Einwohner*innen die damals größte Stadt der Welt und politisches, ökonomisches sowie kulturelles Zentrum (vgl. HE 2015: 548). Zudem kamen in der Südlichen Song-Dynastie, nicht lange vor dem Erscheinen der erwähnten illegalen Zeitungen, »private Unternehmer im Buchdruck« auf, während zuvor in China der Buchdruck »eine Sache der Beamtenschaft« war (MITTERAUER 2004: 262). Diese Faktoren könnten somit das Erscheinen der erwähnten unabhängigen, aber illegalen Zeitungen begünstigt haben. Eine Parallele mit den europäischen Zeitungen besteht darin, dass beide »compilations of news, printed on paper and sold for profit« waren, und von »ordinary people« gekauft wurden (HE 2015: 548,

Mitspracherechte, die auch im antiken Athen vorhanden waren, sind sicher eine Voraussetzung für das Entstehen (tendenziell) demokratischer Gesellschaften.

79 Vgl. Mitterauer (2004: 263ff.) zu weiteren Gründen.

557). Anders als in Europa stellten diese ›xiao pao‹ jedoch nur ein kurzes Intermezzo dar, das mit der Südlichen Song-Dynastie und ihren Besonderheiten im späten 13. Jahrhundert endete; danach erschienen in China wiederum nur staatliche Zeitungen, die es bereits ab dem 2. Jahrhundert n. Chr. gab (vgl. WAGNER 1995: 65) und die auch während der Südlichen Song-Dynastie weiter dominiert hatten (vgl. HE 2015: 549).

Man kann also schließen, dass die spezifischen »sozialökonomischen Entwicklungen und die Konfliktstrukturen der frühen Neuzeit« (IMHOF 2006: 11) das legale (wenn auch obrigkeitlich kontrollierte) und kontinuierliche Erscheinen unabhängiger Zeitungen in Europa seit dem späten 16. bzw. frühen 17. Jahrhundert begünstigten. Zudem breiteten sie sich, unter dem Einfluss des Kolonialismus (vgl. MITTERAUER 2004: 295), von dort nach und nach über die ganze Welt aus.

Mit dem Aufkommen und der Ausbreitung der gedruckten Zeitungen blieb die Entwicklung jedoch nicht stehen. Im weiteren Verlauf lässt sich eine Diversifizierung der Massenmedien beobachten, wie im Folgenden dargelegt wird.

4. JOURNALISTISCH VERMITTELTE KOMMUNIKATION

Mit der oben angesprochenen Diversifizierung der Presse- bzw. Medienlandschaft ging häufig auch ein Funktionswandel bereits eingeführter Medien einher, wie bereits bezüglich der handgeschriebenen Zeitungen, nach dem Aufkommen ihrer gedruckten Pendants, deutlich wurde. Dies entspricht dem von Riepl (2014: 70) formulierten »Grundgesetz der Entwicklung des Nachrichtenwesens«. Es besagt, dass einmal eingeführte Medien typischerweise nicht »gänzlich und dauernd verdrängt« werden, »sondern sich neben diesen [den neuen Medien, d. Verf.] erhalten, nur dass sie genötigt werden, andere Aufgaben und Verwertungsgebiete aufzusuchen«, d. h., dass sich typischerweise ihre Funktion ändert. Dieser Grundsatz wird meist kurz als das *»Riepl'sche Gesetz«* bezeichnet (PÜRER 2014: 304; Hervorh. d. Verf.).[80] Auch wenn es sicher nicht in jedem Fall gilt, so hat es sich bei der Einführung zahlreicher jeweils neuer Medien bestätigt: Bekanntlich hat weder das Radio die Zeitung oder die Zeitschrift verdrängt noch das Fernsehen das Radio und/oder den Kinofilm, und alle diese ›klassischen‹ Massenmedien sind auch im Internetzeitalter noch lebendig. Weitere Beispiele für den von Riepl beschriebenen Funktionswandel finden sich in den folgenden Kapiteln.

In der zweiten Hälfte des 17. Jahrhunderts erschienen erstmals Zeitschriften, die für eine Ausweitung des Leserkreises der Presse sorgten – insbesondere mit Blick auf Frauen sowie die Landbevölkerung. Dazu trugen auch die im 18. und 19. Jahrhundert verbreiteten Lesegesellschaften bei,

80 Vgl. zu den komplexen Veränderungs- und Adaptionsprozessen bei der Einführung ›neuer Medien‹ auch Beck (2019: 12, unter Berufung auf CHADWICK 2013).

die mit ihren Diskussionen zudem die Politisierung der Gesellschaft beförderten (vgl. BÖSCH 2019: 83-86). Diese standen zunächst nur Männern offen, Frauen hatten erst gegen Ende des 18. Jahrhunderts Zugang (vgl. MAAR 1995: 178; SCHÖN 2008: 404). Im Laufe des 19. Jahrhunderts entstanden spezifische »Damenlesehalle[n]« (BEYRER/DALLMEIER 1994: 137).[81]

ABBILDUNG 6
Damenlesehalle

Weiter entwickelten sich neben Zeitungen mit den beschriebenen forumsartigen Charakteristika (vgl. Kap. 3.2) vermehrt auch solche, die als politische Instrumente im Kampf um Grundrechte und Weltanschauungen dienten. Diese erfüllten somit eine vergleichbare Funktion wie ein Teil der Zeitschriften. Weiter veränderten sich diese Pressemedien im Zuge der Industrialisierung an der Wende zum 19. Jahrhundert, die neue technische sowie sozial-politische Rahmenbedingungen mit sich brachte.

81 Zudem wurde es üblich, dass Frauen ihren Männern vorlasen (vgl. SCHÖN 2008: 402). In der Westschweiz entstand die erste Lesegesellschaft (von Männern), Le Cercle de la Rive, 1754 in Genf, weitere folgten 1759 in Neuchâtel und 1761 in Lausanne (vgl. CLAVIEN 2017: 19).

Der gesellschaftliche Wandel führte zu neuen bzw. veränderten Kommunikationsbedürfnissen und einer entsprechenden Nachfrage nach erweiterten Medien(inhalten). Neben Medien zur Befriedigung eines allgemeinen Nachrichtenbedarfs, wie den politischen Zeitungen, entstanden daher auch Medien, die spezielleren Informationsbedürfnissen dienten, wie z.B. die Gelehrtenjournale der wissenschaftlichen Kommunikation. Zum anderen ermöglichten die veränderten Rahmenbedingungen und technischen Entwicklungen die Schaffung neuer sowie die Optimierung bestehender Medien. Außerdem spielten Unterhaltungsfunktionen zunehmend eine Rolle. Mit der Nutzung der Elektrizität veränderte sich schließlich die Medienlandschaft nochmals deutlich.

Das folgende Kapitel 4.1 befasst sich zunächst mit Entwicklungen der Presselandschaft im 17. und 18. Jahrhundert, Kapitel 4.2 beleuchtet die Entstehung der sog. Massenpresse im Kontext der Industrialisierung und Kapitel 4.3 ist schließlich den elektronischen Medien gewidmet.

4.1 Ausweitung der Presselandschaft im 17. und 18. Jahrhundert und Meinungsjournalismus

Das frühe Zeitschriftenwesen wurde von den oben kurz erwähnten Gelehrtenjournalen sowie dem Typus der *historisch-politischen Zeitschrift* geprägt. Dabei gehörte der größte Teil dieser frühen *Zeitschriften* »der Sparte der historisch-politischen Journale« an (GESTRICH 1994: 185). Sie entstanden aus dem Bedürfnis, die aktuellen Nachrichten in ihrer Bedeutung zu erörtern, aber auch im Sinne aktueller Geschichtsschreibung einzuordnen (vgl. BÖNING 2005: 118f.). Es lassen sich bei diesen Blättern, die häufig als »Merkure« bezeichnet wurden, unterschiedliche Ausrichtungen unterscheiden: Es gab eher dokumentierende, die insbesondere auf die »Sammlung von politischen Dokumenten« zielten, sowie die stärker »räsonierenden«, die »ihre Aufgabe [...] in der Kommentierung des Zeitgeschehens« sahen (GESTRICH 1994: 188). Die Erörterungen – damals Räsonnement genannt – in den letzteren waren nicht nur politischer, sondern häufig auch historischer Natur. Bisweilen hatten sie den Charakter einer »monatliche[n] staatenkundliche[n] Vorlesung« (ebd.: 188f.). Recht häufig wurden aktuelle Themen auch *in Form von Gesprächen* historischer Persönlichkeiten diskutiert, was für die Zensur schwer angreifbar war (vgl.

ebd.: 190ff.).[82] Vorbild für diesen Typ der räsonierenden Zeitschrift »war die aktuelle politische Flug- und Streitschrift« (MENZ 1941: 1710) bzw. das Pamphlet (vgl. MÖRKE 1995: 24). Dieses hatte eine entsprechende Funktion erfüllt, die nun zunehmend die historisch-politische Zeitschrift übernahm; die starke Abnahme der Menge von Pamphleten in der zweiten Hälfte des 17. Jahrhunderts (vgl. WÜRGLER 1996: 34 zur Schweiz; WILKE 2008: 21f. zu Deutschland) hängt sicher damit zusammen. Im Unterschied zu den Pamphleten erschienen die Zeitschriften periodisch und hatten eine größere inhaltliche Breite (Universalität); manche hatten auch einen eher unterhaltenden und satirischen Charakter (vgl. GESTRICH 1994: 190f.). Letztlich zielten diese räsonierenden Blätter, wie schon die Pamphlete, auf politische Einflussnahme in der Öffentlichkeit, wobei sie meist von einer bekannten Herausgeberpersönlichkeit geprägt wurden (vgl. MENZ 1941: 1714). Sie trugen zur Stärkung der öffentlichen Diskussionskultur bei, zu deren Entstehen die Pamphlete einen wesentlichen Beitrag geleistet hatten (siehe Kap. 3.1). Mit diesen Zeitschriften deutet sich die Entwicklung zu einem politisch engagierten oder *Meinungsjournalismus* an, der gegen Ende des 18. sowie vor allem im 19. Jahrhundert auch für das Zeitungswesen prägend werden sollte. In der Schweiz entstanden im 18. Jahrhundert insgesamt ca. 100 Zeitschriften, die meist nur kurz existierten. Davon erschien mehr als die Hälfte in Zürich (vgl. BÜRGER 1997: 19, 25-27; MAISSEN 2005: 17; LANG 1939: 146-157).[83]

82 Nach Gestrich (1994: 189) unterlagen diese Blätter »keiner so strengen Zensur wie die Zeitungen. Das exklusivere Publikum ließ sie nicht so gefährlich erscheinen, auch waren sie – da intellektuell anspruchsvoller – nicht so leicht zu zensieren.« Paradoxerweise kamen sie trotzdem häufig mit den Obrigkeiten in Konflikt, wurden verboten oder beschlagnahmt (vgl. ebd.).

83 Eine Übersicht über Zeitschriften in der Schweiz am Beginn des 19. Jahrhunderts, während der Zeit der Helvetik (1798-1803) und der Mediation (1803-1813), findet sich bei Klages (1945). Zur Westschweiz vgl. auch Clavien (2017: 23f.).

ABBILDUNG 7
Der *Verkleidete Götter-Both Mercurius* (Titelblatt, 1674)

Der Verkleidete
Götter-Both/
MERCURIUS,
Welcher durch Europa wandernd / einige wichtige Discoursen / Muthmassungen und Meynungen / so bey denen Teutschen / als Benachbarten dieses Welt-Theils begriffenen / und in jetzigem Krieg mit interessirenden Höffen und Ständen / unter vornehmen und geringen Standes-Persohnen vernommen / warhafftig der Welt zum Nachricht entdecket / und verlässet.

Gedruckt im 1674sten Christ-Jahr.

Als erste *historisch-politische Zeitschrift* gilt in der Literatur häufig *Der Verkleidete Götter-Both Mercurius*, der 1674/75 in Nürnberg erschien und in der damals gebräuchlichen Gesprächsform kontroverse Diskussionen zu politischen und historischen Vorgängen enthielt (vgl. WILKE 2008: 76; WEBER 1994: 52, 148-153; siehe Abb. 7). In Zürich wurde unter der Leitung von Johann Heinrich Geßner von 1694 bis 1723 der *Historische und Politische Mercurius* publiziert (vgl. MARTI/ERNE 1998: 9, 17). Dabei handelte es sich größtenteils um die Übersetzung des in Den Haag erscheinenden *Mercure historique et politique* – »eines der wichtigsten dieser Journale« (GESTRICH 1994: 188). Allerdings wurde die Zürcher Publikation um lokale und teilweise auch andere schweizerische Angelegenheiten erweitert (vgl. WEISZ 1954: 37; WÜRGLER 1996: 37; LANG 1939: 22-28). In Neuchâtel kam von 1732 bis 1784 der *Mercure Suisse* heraus, »le cousin helvétique du Mercure de France« (ZELLWEGER 1986: 37; vgl. auch ebd.: 38), dessen Titel sich später mehrfach änderte. Er ist jedoch eher zu den Gelehrtenzeitschriften zu zählen, die im Folgenden näher betrachtet werden. Nach Rodolphe Zellweger (1986: 37) nahm er den ersten Platz unter den Schweizer Zeitschriften der Zeit ein und war die »phare neuchâtelois de l'âge des Lumières«. Alain Clavien (2017: 20) bezeichnet ihn als »version suisse du Journal des Savants« (siehe zu Letzterem den nächsten Absatz) und betont ebenfalls, dass er »l'un des rares lieux de rencontre et d'expression des intellectuels suisses du XVIIIe siècle« gewesen sei. Dies gelte für West- wie Deutschschweizer, wobei letztere ebenfalls französischsprachige Beiträge lieferten. Sein Umfang betrug pro Ausgabe zwischen 132 und 160 Seiten (vgl. CLAVIEN 2017: 18, 20).

Solche *Gelehrtenjournale* wurden vor allem »von Gelehrten für Gelehrte geschrieben« (MENZ 1940: 1202). Ab dem Jahr 1665 erschien in Paris die erste Zeitschrift dieses Typs, das *Journal de Sçavans* (frz. ›sçavans‹, heute ›savants‹: Gelehrte), das von einem Pariser Adligen und Freigeist gegründet wurde.[84] Das Blatt wurde schnell in anderen Ländern nachgeahmt: In London wurden im selben Jahr von der Royal Society erstmals die *Philosophical Transactions* herausgebracht, in Italien 1668 das *Giornale de' Letterati*, in Amsterdam 1684 die *Nouvelles de la république des lettres*, um nur einige zu nennen. Vielfach gab es auch Übersetzungen des *Journal de Sçavans* oder der *Philosophical Transactions*. In Deutschland kam 1670 ein erstes eigenständiges Blatt eines Breslauer Verlegers, gedruckt in Leipzig, heraus, die *Miscellanea curiosa medico-physica Academiae naturae curiosorum*. Bekannter wurden die *Acta Eruditorum*, die seit 1682 von Otto Mencke, einem Leipziger Professor, in lateinischer Sprache publiziert wurden und in ganz Europa angesehen waren (vgl. MENZ 1940: 1209f.). Sie existierten (ab 1732 als *Nova Acta Eruditorum*) fast 100 Jahre lang.[85] Da diese Zeitschriften vorwiegend dem wissenschaftlichen Austausch eines relativ kleinen Kreises von Gelehrten dienten, der jedoch häufig internationalen Charakter hatte, erschienen viele in Latein (vgl. HABEL 2007: 58), das neben dem Französischen damals, ähnlich wie heute das Englische, die internationale Wissenschaftssprache war. Dagegen gründete ein weiterer Leipziger Professor, Christian Thomasius, einige Jahre später (1688) erstmals eine solche Zeitschrift in *deutscher* Sprache, deren langer Titel meist als *Monatsgespräche* abgekürzt wird. Sie beschäftigte sich allerdings nicht nur mit Werken von Gelehrten, sondern auch mit Belletristik und gilt daher als erste *literarische Zeitschrift* in Deutschland (vgl. WILKE 2008: 75). In

84 Es erscheint übrigens noch immer, allerdings nur noch halbjährlich als Organ einer wissenschaftlichen Académie (vgl. SCHOCK 2009: 119; BEHMER 2015: 138).

85 Die letzte Ausgabe stammt aus dem Jahr 1776, wurde aber erst 1882 veröffentlicht (vgl. HABEL 2007: 57f.).

der Schweiz kam erstmals in Genf ab 1693 eine Literaturzeitschrift mit dem Titel *Les dépêches du Parnasse ou la Gazette des Savans* heraus (vgl. CANDAUX 1972: 138), die jedoch wegen unerlaubter Nachdrucke in Lyon schon im folgenden Jahr aus finanziellen Gründen eingestellt wurde. Generell waren derartige Westschweizer Zeitschriften, bis auf den oben angeführten *Mercure suisse*, nicht sehr langlebig – das Zielpublikum las die französischen Blätter (vgl. CLAVIEN 2017: 18f.). Im deutschsprachigen Landesteil erschien von 1702 bis 1715 eine Literaturzeitschrift namens *Nova Literaria Helvetica* in Zürich, die fast »ausschliesslich oder wenigstens grösstenteils Literaturhinweise und Rezensionen« enthielt (MARTI/ERNE 1998: 11).

Viele Gelehrtenjournale waren thematisch breit ausgerichtet, wie das *Journal de Sçavans*, in dessen Programm diverse Inhalte angekündigt wurden: Rezensionen wissenschaftlicher Veröffentlichungen, Nachrufe auf bedeutende Gelehrte, »Berichte über physikalische und chemische Experimente [...], die neuesten Entdeckungen in den Künsten und Wissenschaften, über Maschinen und nützliche oder überraschende Erfindungen [...], astronomische Erscheinungen, wie die Meteore, über die Fortschritte der Anatomie der Tiere«, bedeutende Gerichtsurteile und überhaupt alle europäischen Vorkommnisse, die »für Gelehrte interessant sein könnte[n]« (zit. nach HABEL 2007: 50f.). Es gab aber auch stärker spezialisierte Blätter, neben Literaturzeitschriften früh schon naturwissenschaftlich-medizinische, wie z.B. die oben angeführten *Miscellanea*. In der Schweiz erschien ab 1705 die *Seltsamer Naturgeschichten des Schweizerlandes wochentliche Erzehlung*. In dieser »ersten natur- und landeskundlichen Schweizer Zeitschrift« wurden »gebildeten bürgerlichen Lesern naturwissenschaftliche Beobachtungen sowie experimentelle Befunde in populärer Form zugänglich gemacht, ferner Sagen überliefert und andere, oft seltsame Geschichten erzählt« (MARTI/ERNE 1998: 11). Hier handelte es sich um eines jener (selteneren) Blätter, die sich einem breiteren Publikum »jenseits der elitären Gelehrtenrepublik« öffneten (SCHOCK 2009: 121).[86]

Man kann an den Gelehrtenzeitschriften auf der Mikroebene eine ganz ähnliche Entwicklung beobachten wie in der Kommunikationsgeschichte im Ganzen, also auf der Makroebene (vgl. Kap. 1). Auch hier ist der Ausgangspunkt nämlich Versammlungskommunikation: briefliche »Gelehr-

86 Nähere Einblicke in diese »Republik der Gelehrten [...] im ausgehenden 17. und frühen 18. Jahrhundert« bietet Gestrich (1994: 100ff.).

tenkorrespondenz« (SCHOCK 2009: 120) sowie Erörterungen und Sitzungen der gelehrten Gesellschaften und Akademien, deren Ergebnisse in *Protokollen* festgehalten wurden. Teilweise erschienen Letztere auch in Form von Sammelbänden – die erwähnten *Miscellanea* gingen sogar direkt aus solchen hervor (vgl. MENZ 1940: 1203). Abwesende Mitglieder konnten so die Kommunikation mitverfolgen, wenn auch zeitversetzt. Diese Zeitschriften hatten somit eine ähnliche Forumsfunktion wie die Zeitungen, jedoch nur für einen kleinen Gesellschaftsbereich. Neben diesem Zweck, die aktuelle Kommunikation in den jeweiligen Gelehrtengemeinschaften über räumliche Distanzen hinweg aufrechtzuerhalten, dienten sie auch der Dokumentation wissenschaftlicher Ergebnisse und von Literatur. Diese wurden entsprechend brieflich an die Herausgeber der Gelehrtenzeitschriften mitgeteilt und von diesen publiziert (vgl. SCHOCK 2009: 120f.).[87] Auch die Rationalisierung der Vermittlung findet sich hier auf der Mikroebene wieder: Die Gelehrtenzeitschriften wurden zunächst vor allem von Gelehrtengesellschaften, Akademien und Hochschulen selbst herausgegeben, entsprachen also mehrheitlich dem Typus der Ausgangs- oder Auftragsvermittlung. »Im Laufe der Zeit« gewannen sie jedoch auch »als privatverlegerische Unternehmungen an Interesse und Bedeutung« (MENZ 1940: 1202), wurden dann also in Form der Fremdvermittlung publiziert.

Hintergrund für die Blüte von gelehrten bzw. wissenschaftlichen Zeitschriften waren die Entwicklung sowie die Popularisierung der (Natur-) Wissenschaften, insbesondere gegen Ende des 18. Jahrhunderts:[88] Richard Hamblyn (2003: 13f.) beschreibt eindrucksvoll am Beispiel englischer Städte, insbesondere Londons, wie präsent um diese Zeit öffentliche Darbietungen naturwissenschaftlicher Erkenntnisse waren:

> »Mit dem hereinbrechenden Abend versammelten sich die Menschen, und Entdeckungen wurden präsentiert [...]. Es gab Vorführungen von Feuerwerk, hydraulischer Kraft, Magnetismus und Mathematik; es wurden Apparate aufgebaut, die den Umlauf der Planeten zeigten, den Ausbruch von Vulkanen oder das verborgene Wirken des menschlichen Herzens. [...] Am Ende des 18. Jahrhunderts hatten solche Veranstaltungen einen festen Platz im öffentlichen Leben, und zwar, weil sie zu gleichen Teilen dem

87 Zu einem Spezialbeispiel für teils umfangreiche Korrespondentennetzwerke vgl. Schock (2017).
88 Einen weiteren Popularisierungsschub, unter anderem im Zeitschriftenwesen, hat Daum (1998: 337-376) für das 19. Jahrhundert herausgearbeitet.

> Wunsch nach Vergnügen und nach Belehrung und der Anregung der Vorstellungskraft dienten. Die Naturwissenschaften waren seit hundert und mehr Jahren im Aufstieg begriffen und hatten nun einen Punkt erreicht, an dem sie die kulturelle Atmosphäre des Zeitalters prägten.«

Trotz dieser Entwicklungen ist zu bedenken, dass die Zeitschrift »während des gesamten 18. Jahrhunderts [noch; d. Verf.] kein ›Massenmedium‹« war (GESTRICH 1994: 185), also nicht von breiten Bevölkerungsschichten genutzt wurde – das änderte sich erst im 19. Jahrhundert.

Noch im 18. Jahrhundert fanden jedoch *gelehrte Artikel* auch Eingang in die politischen *Zeitungen* (vgl. WILKE 2010: 359). Dabei handelte es sich um Buchbesprechungen bzw. -kritiken, wissenschaftliche oder kulturelle Beiträge und Ähnliches. Manche Blätter beschäftigten dafür sogar schon einen eigenen Redakteur, wie der *Holsteynische*, später *Hamburgische unpartheyische Correspondent*, eine im 18. Jahrhundert weit verbreitete Zeitung, die erstmals einen solchen gelehrten Artikel brachte (vgl. WEBER 2010: 126). Ansonsten änderten sich die Zeitungen formal und inhaltlich wenig, ihre Zahl stieg jedoch bis zum Jahr 1800 auf über 200 Titel an (vgl. WILKE 2010: 361ff.; WELKE 2008: 11).

Eine größere Bedeutung erreichten die gelehrten Beiträge jedoch innerhalb eines anderen, neuen Presseprodukts des 18. Jahrhunderts, in den sog. *Intelligenzblättern* (vom lateinischen ›intellegere‹: einsehen). Es handelte sich um Anzeigenblätter, in Frankreich und der Westschweiz auch ›Feuilles d'avis‹ genannt, deren Vorläufer und Ursprung wiederum in einem Kommunikations*ort* zu finden ist: dem Intelligenz- oder *Anzeigenbüro*.[89] Ein solches entstand erstmals 1628 in Paris (Bureau d'adresse et de rencontres, vom französischen ›s'adresser‹: sich wenden an), gegründet von einem Arzt namens Théophraste Renaudot, der damit einen Beitrag zur Bekämpfung der Armut, insbesondere durch Arbeitsvermittlung, leisten wollte (vgl. JUBERT 2005: XXXVI; BLOME 2006: 6; TISCHER 2011: 458).[90] Dort konnten Kleinanzeigen (Kauf und Verkauf, Stellenanzeigen und -gesuche, etc.) hinterlegt werden, die Interessierte gegen eine geringe Gebühr – »für Arme unentgeltlich« (BLOME 2006: 7) – einsehen konnten. Schon im ersten Jahr machten davon um die 15.000 Personen Gebrauch (vgl. JUBERT 2005:

89 In der Westschweiz waren die Begriffe ›bureau d'avis‹ und ›bureau d'adresses‹ gebräuchlich (CLAVIEN 2017: 12).

90 Es existierten weitere »Dienstleistungsangebote des Adressbüros« Renaudots, u.a. die »Vermittlung einer kostenlosen bzw. kostenreduzierten medizinischen Versorgung für Bedürftige« (BLOME 2006: 7).

xxxvi). Man führte die Anzeigen in Listen, die ab 1629 auch gedruckt publiziert wurden (vgl. ebd.: lx). Nach Gründung der ebenfalls von Renaudot herausgegebenen französischen Zeitung *Gazette* (1631) wurden sie zudem dieser beigelegt (vgl. WILKE 2008: 116f.), um eine breitere Öffentlichkeit zu erreichen – hier sieht man erneut den Schritt von ortsgebundener zu Fernkommunikation. Ein ähnliches Büro gab es wahrscheinlich 1637 in London (vgl. BÖNING 1999: 90).[91] Im deutschsprachigen Raum entstanden im 18. Jahrhundert zahlreiche solche Frag- und Berichtshäuser, Adress-Comptoirs oder Anzeigenbüros vor dem Hintergrund der Aufklärung und der davon geprägten absolutistischen Wirtschaftspolitik, dem sog. ›Merkantilismus‹. Ein erstes gab es nach Astrid Blome (2006: 16) seit 1689 in Berlin, ein weiteres 1707 in Wien; es folgten 1721 Dresden, 1722 Frankfurt a. M. und in der Schweiz 1729 Basel (vgl. WILKE 2008: 117f.).

Die *ersten Intelligenzblätter* entstanden entsprechend an diesen Orten. Gesichert ist die Existenz der *Wochentliche[n] Frag- und Anzeigungs-Nachrichten* in Frankfurt a. M. seit 1722 (vgl. BÖNING 1999: 90) und in Basel seit 1729 (*Avis-Blättlein*). Ein Jahr später erschien auch in Zürich (*Donnstags-Nachrichten von Zürich*) und Schaffhausen (*Hoch Oberkeitlich begünstigtes Kundschafts-Blättlein*) je ein Intelligenzblatt (vgl. LANG 1939: 9-12; CATTANI 1956; TANTNER 2015: 118-121) sowie seit 1729 oder 1731 in Bern.[92] In der Westschweiz machte Fribourg/Freiburg im Januar 1737 den Anfang mit einem *Feuille d'avis* (vgl. ANDREY 2014: 31f.; siehe auch Abb. 8), das dort die erste Zeitung überhaupt war. Im Oktober desselben Jahres folgte Neuchâtel/Neuenburg (*Feuille d'avis*), kurz vor Lausanne, wo 1737/38 für einige Monate ein *Feuille de commerce* erschien (vgl. ebd.);[93] ein dauerhaftes Blatt (*Feuille d'Avis de Lausanne*), der Vorläufer der heutigen *24heures*, kam erst 1762 heraus (vgl. ebd.; MAISSEN 2005: 20; BOLLINGER 1986: 55f.). In schneller Folge erschienen solche Blätter auch in anderen Städten, meist auf der Basis von Anzeigenbüros und nicht selten mit der Vorstufe gedruckter Anzeigenlisten, ähnlich wie bei dem Pariser Vorläufer (vgl. BLOME 2006: 12f.; LANG 1939: 9-12, 16f.; WILKE 2008: 115-127).

91 Blome (2006: 12) erwähnt ein erstes »Office of Entries« dort allerdings erst für das Jahr 1649.

92 Laut Andrey (2014: 31) kam es 1731 heraus, aber Lang (1939: 11) sowie Blaser (1940: 16) nennen 1729 als Gründungsjahr.

93 Nach Clavien (2017: 12) erschien dieses ab 1737 unter dem Titel *Gazette de commerce*, aber er macht keine Angaben zur Erscheinungsdauer; zudem gibt er für das *Feuille d'avis de Neuchâtel* 1738 als Erscheinungsdatum an; es erschien offenbar nur kurze Zeit, »remplacée en 1740 déjà par la *Gazette utile et curieuse*, dont la trace se perd rapidement« (ebd.: 17; Hervorh. i. O.). Bollinger (1986: 55) gibt hingegen an, dass es sich dabei lediglich um eine Änderung des Titels handelte.

ABBILDUNG 8
Titelblatt des *Feuille d'avis* aus Fribourg/Freiburg (1738)

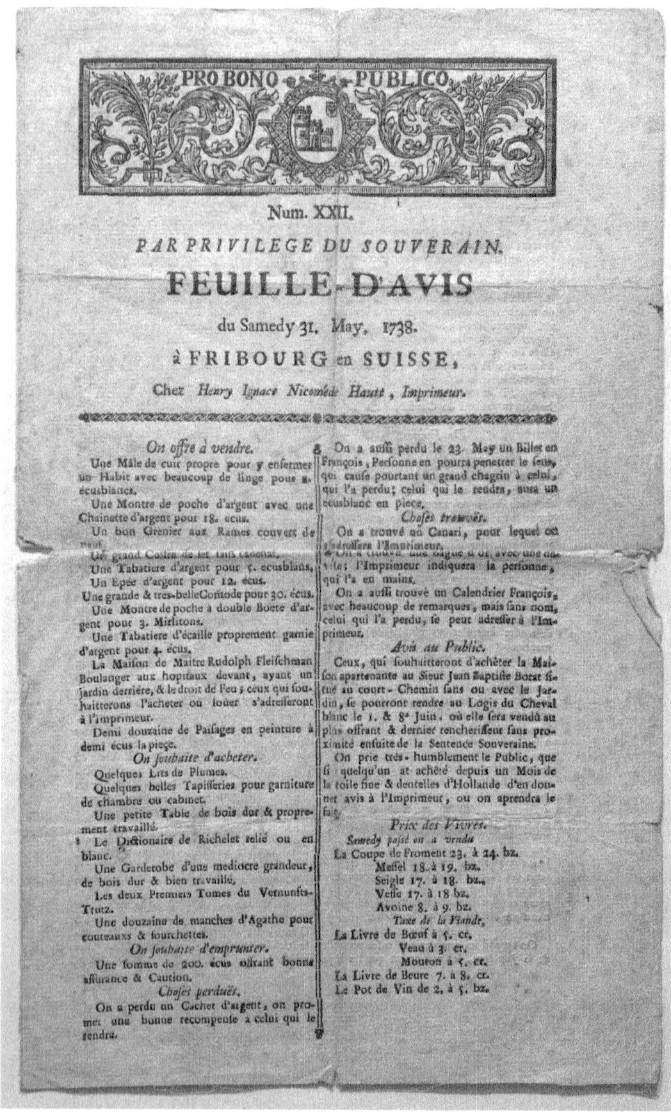

PRO BONO PUBLICO

Num. XXII.

PAR PRIVILEGE DU SOUVERAIN.

FEUILLE-D'AVIS

du Samedy 31. May, 1738.

à FRIBOURG en SUISSE,

Chez *Henry Ignace Nicomède Hautt, Imprimeur.*

On offre à vendre.

Une Mâle de cuir propre pour y enfermer un Habit avec beaucoup de linge pour 8. ecusblancs.

Une Montre de poche d'argent avec une Chainette d'argent pour 18. ecus.

Un bon Grenier aux Rames couvert de neuf.

Un grand Coffre [illegible]

Une Tabatiere d'argent pour 5. ecusblans.

Un Epée d'argent pour 12. ecus.

Une grande & tres-belle Comode pour 30. écus.

Une Montre de poche à double Boete d'argent pour 3. Mirlitons.

Une Tabatiere d'écaille proprement garnie d'argent pour 4. écus.

La Maison de Maitre Rudolph Fleischman Boulanger aux hopitaux devant, ayant un jardin derriére, & le droit de Feu; ceux qui souhaitterons l'acheter ou loüer s'adresseront à l'imprimeur.

Demi douzaine de Paisages en peinture à demi écus la piece.

On souhaite d'acheter.

Quelques Lits de Plumes.

Quelques belles Tapisseries pour garniture de chambre ou cabinet.

Une petite Table de bois dur & proprement travaillé.

Le Dictionaire de Richelet relié ou en blanc.

Une Garderobe d'une mediocre grandeur, de bois dur & bien travaillé.

Les deux Premiers Tomes du Vernunfts-Trutz.

Une douzaine de manches d'Agathe pour couteaux & fourchettes.

On souhaite d'emprunter.

Une somme de 200. écus offrant bonne assurance & Caution.

Choses perduës.

On a perdu un Cachet d'argent, on promet une bonne recompense à celui qui le rendra.

On a aussi perdu le 23. May un Billet en François, Personne en pourra penetrer le sens, qui cause pourtant un grand chagrin à celui, qui l'a perdu; celui qui le rendra, aura un ecusblanc en piece.

Choses trouvées.

On a trouvé un Canari, pour lequel on s'adressera l'Imprimeur.

On a trouvé une bague [illegible] vite; l'Imprimeur indiquera la personne, qui l'a en mains.

On a aussi trouvé un Calendrier François, avec beaucoup de remarques, mais sans nom, celui qui l'a perdu, se peut adresser à l'Imprimeur.

Avis au Public.

Ceux, qui souhaitteront d'achèter la Maison apartenante au Sieur Jean Baptiste Borat situé au court-Chemin sans ou avec le Jardin, se pourront rendre au Logis du Cheval blanc le 1. & 8e Juin. où elle sera vendû au plus offrant & dernier rencherisseur sans proximité ensuite de la Sentence Souveraine.

On prie trés-humblement le Public, que si quelqu'un at achèté depuis un Mois de la toile fine & dentelles d'Hollande d'en donner avis à l'Imprimeur, ou on aprendra le fait.

Prix des Vivres.

Samedy passé on a vendu

La Coupe de Froment 23. à 24. bz.
Messel 18. à 19. bz.
Seigle 17. à 18. bz.
Vesse 17. à 18 bz.
Avoine 8. à 9. bz.

Taxe de la Viande,

La Livre de Bœuf à 5. cr.
Veau à 3. cr.
Mouton à 5. cr.
La Livre de Beure 7. à 8. cr.
Le Pot de Vin de 2. à 5. bz.

Insbesondere in *Preußen* war dieser Zeitungstyp stark verbreitet, indem er als Mittel zur Förderung der Wirtschaft staatlich unterstützt wurde (das sog. ›Intelligenzwerk‹ als staatliches Institut). Dies gelang vor allem mithilfe des sog. *Intelligenzzwanges*, der ein Anzeigenmonopol für die Intelligenzblätter verordnete, sowie eines *Bezugszwangs* für bestimmte Berufsgruppen und Institutionen wie Beamte, Advokaten, Pfarrer, Ärzte, Zünfte, Gasthäuser, Schulen, Universitäten, Klöster und Behörden. Zudem erhielten die Anzeigenblätter Portofreiheit. Mit dem Anzeigenmonopol traten sie in Konkurrenz zu den politischen Zeitungen, die insbesondere seit der zweiten Hälfte des 17. Jahrhunderts ebenfalls Anzeigen enthielten, wenn auch noch in geringem Umfang. Die Einnahmen der preußischen Intelligenzblätter wurden häufig für gemeinnützige Zwecke wie z. B. die Finanzierung von Waisen- oder Armenhäusern genutzt. Während die Blätter anfangs nur amtliche Bekanntmachungen und private Anzeigen enthielten, erweiterten sie bald ihre *Inhalte* um nützliche Mitteilungen wie Börsenkurse, Wetterberichte und Fahrpläne, die weiter oben erwähnten gelehrten Artikel – zu deren Zulieferung nicht selten Universitätsprofessoren verpflichtet wurden (vgl. BÖNING 1999: 96) – sowie unterhaltende Elemente wie Rätsel und Gedichte. Solche Unterhaltungselemente ebenso wie belehrende bzw. moralisierende Berichte und Servicebeiträge wie Rezepte, Gesundheitsratschläge und Ähnliches wurden nicht zuletzt durch die Moralischen Wochenschriften (siehe weiter unten) angeregt (vgl. SCHÖNHAGEN 1995: 19). Seltener enthielten Intelligenzblätter auch politische oder Auslandsnachrichten (vgl. WILKE 2008: 117-127).

Insgesamt betrachtet hatten diese Anzeigenblätter eine enorme Reichweite, zum einen, da sie aufgrund der Inserate stark lokal ausgerichtet waren und auch – nicht selten als einzige Zeitungen – auf dem Lande erschienen und gelesen wurden (vgl. BÖNING 1999: 92). Zum anderen gab es sie an sehr vielen verschiedenen Orten. Sie leisteten daher einen erheblichen Beitrag zur *Aufklärung*, zu einem Emanzipationsprozess der Bürger im 18. Jahrhundert, der sich mit Stichworten wie Säkularisierung, Liberalisierung, vernunftgemäßem Denken sowie Bürger- und Menschenrechten grob umreißen lässt (vgl. IM HOF 2012: o. S.). Unter anderem machten die Intelligenzblätter aufgrund der wirtschaftlichen Meldungen erstmals ein breites Publikum mit Hintergründen des Geschäfts- und Handelswesens vertraut (vgl. BÖNING 1999: 94ff.). Viele dieser Intelligenzblätter entwickelten sich im 18. bzw. 19. Jahrhundert weiter zu Lokalzeitungen, die in der Literatur meist als Heimatzeitungen bezeichnet werden (vgl. SCHÖNHAGEN 1995: 19).

Wie oben erwähnt kam mit den *Moralischen Wochenschriften* im 18. Jahrhundert ein weiterer *Zeitschriftentyp* auf, der unterhaltenden sowie belehrenden bzw. erzieherischen Charakter hatte. Damit waren auch sie ein typisches Produkt der Aufklärung und des Protestantismus. Sie spielten eine wichtige Rolle für das Aufkommen des Bürger- und Kleinbürgertums sowie für das Entstehen einer bürgerlichen Identität. Zugleich waren sie »Ausdruck eines sich rapide entwickelnden bürgerlichen Strebens nach gesellschaftlicher Mitsprache und Mündigkeit moralisch-ethischen Urteilens« (BÖNING 2013: 111; vgl. auch MARTENS 1971: 285-292, 321-326). Dabei zielten sie insbesondere auf »ein Publikum, dem die Lektüre ›gelehrter‹ Texte fremd war«, und präsentierten »die Ergebnisse von Wissenschaft und Gelehrsamkeit in eingängiger und unterhaltsamer Verpackung«; damit legten sie auch »den Grundstein für das, was im modernen Journalismus als ›Infotainment‹ bezeichnet wird« (MAAR 1995: 14). Sie hatten entsprechend eine breitere Leser*innenschaft als die Gelehrtenjournale und die historisch-politischen Zeitschriften, und sie erreichten auch speziell eine »weibliche Lesergruppe« (ebd.: 18). Sie gingen ebenfalls aus *Gesprächskreisen*, die z. B. in Kaffeehäusern zusammenkamen, hervor (vgl. BÖSCH 2019: 83f.). Manche der Titel deuten dies noch an, so der berühmte englische *Tatler* (engl. ›to tattle‹: schwatzen, plaudern), der 1709-1711 erschien und als erste Moralische Wochenschrift im eigentlichen Sinne gilt (vgl. MAAR 1995: 34). Aber auch Titel wie jener der *Discourse der Mahlern* in Zürich (1721-1723) (vgl. BODMER/BREITINGER 1721-1723/1969), *Die vernünftigen Tadlerinnen* (Halle/Leipzig, 1725/26) oder *Das Courieuse Caffee-Haus zu Venedig* (Leipzig, 1698) weisen darauf hin. Letzteres wird als Vorstufe der Moralischen Wochenschriften betrachtet; als unmittelbarer Vorläufer gelten die seit 1676 in Hamburg herausgegebenen *Erbaulichen Ruh-Stunden*, die in Gesprächsform menschliche Tugenden und Torheiten, nützliche Dinge und Lehrreiches in erzieherischer Absicht behandelten (vgl. WILKE 2008: 103f.; BÖNING 2005: 124).[94] In der Literatur wird zudem die Vorbildfunktion der englischen Titel hervorgehoben, die von den kontinentalen Verfassern nicht nur gelesen, sondern in vielen Fällen auch übersetzt und ergänzt wurden. Allerdings gab es daneben im »deutschsprachigen Medienbereich« (MAAR 1995: 34) zusätzliche Vorbilder wie etwa die weiter oben erwähnten *Acta*

94 Als erstes deutsches Blatt nennt Maar (1995: 14, 42f.) den ab 1713 in Hamburg erscheinenden *Vernünfftler* von Johann Mattheson (vgl. auch BÖNING 2013: 118).

Eruditorum, ein Gelehrtenjournal (vgl. ebd.: 36-38). Einen besonders großen Einfluss hatte die von Justus van Effen in den Niederlanden herausgegebene französischsprachige Version des englischen *Spectator* (1711-1712 u. 1714). Dieser war auch ein Vorbild für die Verfasser der Zürcher *Discourse der Mahlern* (MARTENS 1971: 23-25, 133f.).[95] Und obwohl z. B. auch der Verfasser des *Bernischen Freytags-Blättleins* (1722-1724), Johann Georg Altmann, sein Blatt als *Bern-Spectateur* bezeichnete (ebenso wie eine spätere Fortsetzung des *Freytag-Blättleins*), handelte es sich bei den beiden schweizerischen Titeln aus Zürich und Bern doch um die »ersten ganz selbständigen Vertreter [...] der Gattung« (MARTENS 1971: 165; vgl. auch ebd.: 24f. sowie MAAR 1995: 43; STUCKER 2001: o. S.). Daneben erschien auch in Basel eine Reihe moralischer Wochenschriften (vgl. LANG 1939: 79-94). Wie diese Beispiele schon andeuten, waren die Moralischen Wochenschriften »eine gesamteuropäische Erscheinung«, also »beinahe in allen europäischen Ländern« verbreitet (MAAR 1995: 14), auch wenn ihre Titelzahl im deutschen Sprachraum besonders hoch war. Schon Karl Bücher (1926/2001: 178) bemerkte, dass »Hunderte« solcher Blätter »in Großbritannien, Deutschland, der Schweiz, den Niederlanden, in Polen und selbst in Frankreich bis zum Ende des [18.] Jahrhunderts ins Leben traten«.

Die Moralischen Wochenschriften vermittelten sittliche und ethische Grundsätze für ein mündiges und aufgeklärtes Bürgertum, das sich vom Adel und der französischen Aristokratie mit ihrem gekünstelten Lebensstil abgrenzen wollte. Sie waren ein »Instrument zur Entwicklung eines bürgerlichen Selbstbewußtseins« (MAAR 1995: 15). Moral ist hier im Sinne von Sitten sowie von Bildung und Erziehung zu verstehen: »Gelebte Tugendhaftigkeit, Alltagsvernunft und praktische Anstandsregeln waren die Werte, die die Moraljournalisten vermitteln wollten« (ebd.). Man spottete in solchen Zeitschriften etwa über modische Eitelkeiten, hob Tugenden wie Fleiß, Sparsamkeit und Hilfsbereitschaft hervor, gab aber auch praktische Tipps für den Alltag (Rezepte etc.), vermittelte Wissen, bot Lektüre, Rätsel und andere unterhaltende Elemente. Das Ziel der Moralischen Wochenschriften war es letztlich, den Menschen zu bessern und zu einem nützlichen, aufgeklärten und vernünftigen Mitglied der Gesellschaft zu erziehen. Sie wollten »aufklärerisches Ideengut [...] popularisieren« (MAAR

95 Die Herausgeber der *Discourse der Mahlern* drückten ihre Hochachtung für den *Spectator* in einem Brief aus und widmeten ihre erste Nummer dessen Herausgebern (vgl. VETTER 1887: 7-16, 33f.).

1995: 49; vgl. auch ebd.: 126-130); aktuelle Politik dagegen war üblicherweise kein Thema (vgl. ebd.: 16). Es ging vielmehr darum, »die Dinge des Alltags und des Alltagshandelns nach vernünftigen und moralischen Maximen zu durchmustern« (BÖNING 2008: 303). Ein Ziel war es auch, speziell den »Leserinnen ein neues Selbstbewußtsein zu vermitteln und sie anzuleiten, ihre [vorgeblich, d. Verf.] spezifisch weiblichen Fähigkeiten nutzbringend einzusetzen« (MAAR 1995: 177). Im Laufe des Jahrhunderts differenzierten sie sich zu zielgruppenspezifischen Blättern aus (vgl. BÖSCH 2019: 74); es gab Wochenschriften für Frauen, für Jünglinge, Mädchen, Greise, Hypochonder etc. Damit begann jedoch auch eine »Auflösung der Gattung« (MARTENS 1971: 91; vgl. auch MAAR 1995: 54).

Auch wenn die einzelnen Titel eher niedrige Auflagen hatten (ca. 200-500 Exemplare),[96] waren die Moralischen Wochenschriften in ihrer Gesamtheit doch die bedeutendsten und einflussreichsten Zeitschriften des 18. Jahrhunderts (vgl. WILKE 2008: 104-106). Der Boom dieses Zeitschriftentyps hängt außer mit der Aufklärung und dem damit verbundenen politischen Engagement publizistischer Persönlichkeiten auch mit der Verselbstständigung des Schriftstellers im Deutschland des 18. Jahrhunderts zusammen. So waren die Herausgeber – und häufig einzigen Verfasser – nicht selten bekannte Literaten wie z. B. Friedrich Gottlieb Klopstock oder Johann Christoph Gottsched, an dessen Blatt *Die vernünftigen Tadlerinnen* allerdings seine Frau, Louise Kulmus, stark mitwirkte (vgl. KINNEBROCK 2005: 107). Viele dieser Herausgeberpersönlichkeiten waren noch relativ jung, erst Anfang oder Mitte 20; dies gilt auch für die Schweiz und die Verfasser der *Discourse der Mahlern* (Johann Jakob Bodmer und Johann Jakob Breitinger) sowie des *Bernischen Freytags-Blättleins* (Altmann) (vgl. MARTENS 1971: 127, 130; BÖNING 2017: 37f.).[97] Die wohl erste Herausgeberin, die sich als solche zu erkennen gab, war laut Susanne Kinnebrock (2005: 107) Charlotte Henriette Hezel, die ab 1770 in Erfurt das *Wochenblatt für's schöne Geschlecht* herausgab.

Der Trend im Pressewesen weg von neutralen Forumsblättern und hin zu Organen politischer und weltanschaulicher Erörterungen verstärkte

96 Einzelne brachten es auf höhere Auflagen, die aber womöglich nur »einen einmaligen Verkaufsrekord« darstellten (MARTENS 1971: 112); so zitiert Martens (ebd.) aus den *Vernünftigen Tadlerinnen* von 1725 zwei Passagen, in denen von 2.000 Exemplaren gesprochen wird. Maar (1995: 48) erwähnt eine Auflage von 3.000 bis 4.000 Exemplaren für den *Hamburger Patrioten* und ergänzt, dass solche Auflagenhöhen für die englischen Blätter üblich gewesen seien.

97 Eine bibliografische Übersicht über in der Schweiz erschienene Moralische Wochenschriften findet sich bei Lang (1939: 79-98).

sich im 19. Jahrhundert. Wie erwähnt, hing die *Politisierung* im Pressewesen des 18. Jahrhunderts mit dem sozialen und politischen Wandel der Zeit, insbesondere der Aufklärung, zusammen. Schon das Aufkommen einer bürgerlichen Schicht von Kaufleuten, Handwerkern etc. in den Städten des ausgehenden Mittelalters sowie die Reformation hatten die absolutistischen Gesellschaftsstrukturen ein Stück weit aufgebrochen. Weiter führten Renaissance und Humanismus zu einem Wandel des Weltbildes, der die Entstehung der marktorientierten Forumszeitung ermöglichte, wie bereits deutlich wurde. Im *Kampf um Freiheitsrechte* für die Bürger, der durch die Ideen der Aufklärung gespeist wurde, wurde die Presse zu einem wesentlichen *politischen Instrument*. Damit erfuhr die *Meinungs- oder Gesinnungspresse* einen erheblichen Aufschwung. Schon gegen Ende des 18. Jahrhunderts entstanden zunehmend Mischformen zwischen Zeitung und Zeitschrift, die meistens inhaltlich von einer publizistischen Persönlichkeit stark geprägt wurden: sog. ›Individualzeitungen‹ oder ›-zeitschriften‹ (vgl. WILKE 2008: 88-92). Dies war, wie oben erwähnt, bereits bei manchen der historisch-politischen Zeitschriften der Fall. Ein berühmtes Schweizer Beispiel ist der *Aufrichtige und wohlerfahrene Schweizerbote*, der ab Herbst 1798 von dem Schriftsteller und Politiker Heinrich Zschokke herausgegeben wurde. Er ging mit dem Ende der Helvetik (vgl. Historischer Hintergrund III) zunächst ein, erschien aber erneut von 1804 bis 1875 (vgl. WEBER 1933: 38). Er hatte zum Ziel, der einfachen Landbevölkerung die Ideen der Aufklärung und die Vorteile der Helvetischen Republik nahezubringen (vgl. BÖNING 1983).

EXKURS V

Historischer Hintergrund III: Die Helvetik (1798-1803)

Die Zeit der Helvetik bzw. der Helvetischen Republik (1798-1803) ist eng mit dem europäischen Konflikt zwischen Revolution und Restauration und nicht zuletzt mit dem Krieg zwischen Frankreich und Österreich verbunden. Nach der Niederlage Österreichs 1797 besetzten französische Truppen unter Napoleon Bonaparte aus strategischen Gründen zunächst Teile der Eidgenossenschaft. Gleichzeitig kam es zu Revolutionen und Verfassungsänderungen in den einzelnen Stadtrepubliken, zuerst in Basel (vgl. CAPITANI 2006: 513). Schließlich wurde 1798 eine neue Verfassung für die ganze

Eidgenossenschaft eingeführt, die ähnlich der französischen Verfassung stark zentralistisch ausgerichtet war. Dabei bewirkte dieses »Laboratorium einer neuen Zeit« mit der Einführung von Kantonen,[98] einem Wahlrecht für alle männlichen Bürger über 20 Jahren, der Gewaltenteilung, der Pressefreiheit sowie der Trennung von Kirche und Staat (Laizismus) bei der Mehrheit der Bevölkerung einen »Modernisierungsschock« (REINHARDT 2010: 112). Trotz der kurzen Existenz der Helvetischen Republik prägten diese Ideen auch nach deren Scheitern die politische Diskussion (CAPITANI 2006: 515). Nach dem Rückzug französischer Truppen im Sommer 1802 und sich daran anschließenden Aufständen der Gegner der Republik konnte nur ein erneuter Einmarsch französischer Truppen wieder Ordnung herstellen (vgl. ebd.: 517-519). Daraus resultierte die sog. Mediationsverfassung von 1803: »Ein Bundesstaat mit ausgeprägt föderalen Zügen« (REINHARDT 2010: 118), der nur jene Aufgaben übernehmen sollte, die ihm von den Kantonen übertragen wurden. Damit waren bereits einige zentrale Elemente eingeführt, die später in die Bundesverfassung von 1848 Eingang fanden (vgl. ebd.: 110-119). ■

Gegen Ende des 18. Jahrhunderts setzte im deutschsprachigen Raum auch die öffentliche Diskussion um die Zensur und *Freiheit der Presse* ein. So behandelte etwa in der Schweiz im Jahr 1790 ein »akademischer Vortrag in Basel [...] erstmals öffentlich das Thema« (WEBER 1933: 31). Im Vergleich zu anderen europäischen Ländern war dies relativ spät. Vorreiter war England, wo bereits Ende des 17. Jahrhunderts das Lizenz- und Kontrollsystem der Presse aufgehoben wurde. Von großer Bedeutung in den übrigen Ländern waren in diesem Zusammenhang die Einführung der Pressefreiheit in den Vereinigten Staaten von Amerika im Jahre 1791 sowie die Französische Revolution 1789 mit der Proklamation der Menschenrechte (vgl. WILKE 2008: 134). Dies führte zwar in Deutschland und der Schweiz zunächst zu einer Verschärfung der Zensur, verstärkte zugleich aber den *Ruf nach Pressefreiheit*. Für den Kampf um diese und andere Freiheitsrechte dienten

98 Diese waren aber nur als »Verwaltungseinheiten ohne irgendwelche Autonomie« angelegt (CAPITANI 2006: 515). Gleichzeitig sollten die vorhersehbar stärksten Gegner der Republik geschwächt werden: Die Innerschweizer Orte Uri, Schwyz, Unterwalden und Zug wurden zu einem einzigen Kanton (»Waldstätte«) zusammengefasst. Das Waadtland, der Aargau sowie das (Berner) Oberland wurden hingegen als Kantone vom Berner Gebiet abgetrennt (vgl. CAPITANI 2006: 515).

die Gesinnungsblätter auch als Instrument, wobei die Zensur teilweise indirekt angeprangert wurde, indem Zensurlücken dem Publikum sichtbar gemacht wurden (siehe Abb. 9). Mit zunehmender Durchsetzung der Pressefreiheit, insbesondere in der zweiten Hälfte des 19. Jahrhunderts (siehe Kap. 3.2), kam es zu einer Blütezeit der Meinungspresse. In der Schweiz war dies insbesondere ab den 1830er-Jahren der Fall (vgl. CLAVIEN 2017: 35-70; MENA 2015: o. S.; KÜNZLER 2013: 198-206; BLUM 1992: 91-93). Zuvor entstanden solche politisch engagierten Zeitungen bereits in großer Zahl in der Helvetischen Republik (1798-1803, vgl. Historischer Hintergrund III), sowohl auf der Seite der Republikaner als auch auf jener der Opposition (vgl. CLAVIEN 2017: 25-30; KÜNZLER 2013: 198; BLUM 1992: 89).[99] In der Westschweiz z. B. arbeiteten »Kampfblätter, wie ›Le Postillon de la liberté‹ [...] auf die Revolutionierung der Schweiz und den Anschluss Genfs an Frankreich hin« (WEBER 1933: 31).

99 So wurde z. B. in Zürich als »staatliches Propaganda-Organ« (Blum 1992: 90) der Republik das *Helvetische Volksblatt* gegründet, dessen erster Redakteur der berühmte Pädagoge Heinrich Pestalozzi war. In Bern erschien ein Oppositionsblatt des konservativen Staatsrechtlers Karl Ludwig von Haller, die *Helvetischen Annalen*, das von den Behörden, wie auch seine Nachfolgeblätter, unterdrückt wurde (vgl. ebd.). Vgl. zu diesen und weiteren Blättern der Helevetik auch Weber (1933: 35-42).

ABBILDUNG 9

Indirekte Kritik an der Zensur auf der Titelseite der *Kölnischen Zeitung* (1817)

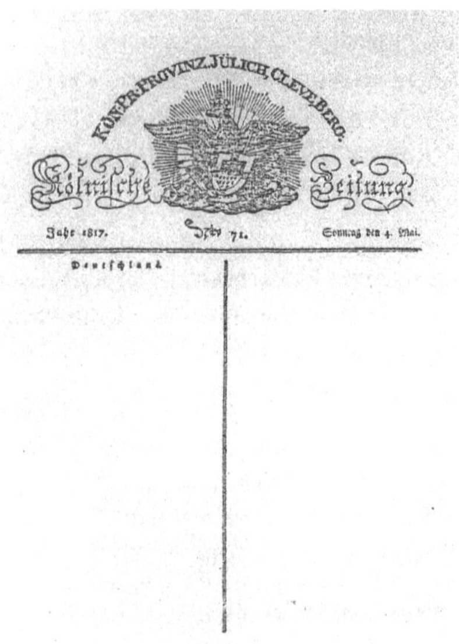
KÖN. PR. PROVINZ JÜLICH, CLEVE, BERG.

Kölnische Zeitung

Jahr 1817. Nro 71. Sonntag den 4. Mai.

Deutschland.

Die Motive der Herausgeber solcher Gesinnungsblätter waren gänzlich andere als jene der Herausgeber politischer Wochenzeitungen im 17. Jahrhundert: Sie zielten nicht auf ökonomischen Gewinn, sondern auf Einfluss bzw. Überzeugung im öffentlichen Meinungskampf. Sie leisteten somit keine unparteiliche, von einzelnen Interessen unabhängige Fremdvermittlung, sondern vertraten dezidiert bestimmte (politische) Interessen, sodass ihre Vermittlungsleistungen von *Parteilichkeit* bestimmt wurden. Zeitungen dieses Typs vermittelten nun also nicht mehr tendenziell einen neutralen Gesamtüberblick über das gesellschaftliche Kommunikationsgeschehen bzw. alle Sichtweisen auf diverse Fragen, sondern bildeten diese nur noch partiell ab, gewissermaßen durch die je eigene parteiliche ›Brille‹ betrachtet. Es können verschiedene *Typen von Gesinnungszeitungen* unterschieden werden, wobei sich in der Literatur unterschiedliche Einteilungen finden. Es seien hier drei Typen skizziert, die sich relativ klar abgrenzen lassen (vgl. LUGINBÜHL 2007: 31-33; KÜNZLER 2013: 199f.; ähnlich auch STÖBER 2014: 228f.):

1. Zeitungen, die politisch und/oder weltanschaulich, z. B. katholisch oder liberal, ausgerichtet waren, jedoch ohne enge Bindung an eine bestimmte Partei – dieser Typ dominierte in der ersten Hälfte des 19. Jahrhunderts, vor der Gründung von Parteien; dabei konnte eine »Gesinnungsgruppe« ihrer Herausgeber, Mitarbeiter*innen und Abonnent*innen durchaus auch eine »Vorform einer Partei« bilden (KÜNZLER 2013: 199; LÜCKEMEIER 2001: 192, 201f.);
2. parteinahe oder -verbundene Blätter, die einer Partei nahestanden (z. B. auch dadurch, dass manche ihrer Journalist*innen Mitglieder der betreffenden Partei waren), aber nicht direkt von dieser herausgegeben und finanziert wurden;
3. Parteizeitungen im engeren Sinne, die von Parteien selbst herausgegeben und finanziert wurden.

Als Beispiel für den *ersten Typ* kann die berühmte liberale *Appenzeller Zeitung* angeführt werden, die seit 1828 durch den Arzt und Mitbesitzer einer Druckerei Johannes Meyer in Trogen herausgegeben wurde und »eines der angriffigsten Blätter wurde« (BLUM 1992: 91; vgl. detailliert SCHLÄPFER 1978). Ein typisches Beispiel für eine parteinahe Gesinnungszeitung, also den *zweiten Typ*, ist die Luzerner Zeitung *Vaterland*, die 1871 zur Zeit des sog. ›Kulturkampfs‹[100] als katholisch-»konservatives Zentralorgan für die deutsche Schweiz« (Untertitel) gegründet wurde. Ihre Wurzeln gehen zurück bis ins Jahr 1831 (zur konservativen *Luzerner Zeitung*). Das *Vaterland* stand politisch klar auf der Seite der Katholisch-Konservativen und wies enge personelle Verbindungen zu deren politischen Entscheidungsträgern auf. Neben den Mitgliedern des Verwaltungsrates waren insbesondere die politischen Redakteure zentrale Persönlichkeiten innerhalb dieser politischen Richtung, die sich 1912 auf nationaler Ebene organisatorisch als Schweizerische Konservative Volkspartei (SKVP) etablierte (seit 1970 Christ-

100 Als ›Kulturkampf‹ oder ›Kulturkämpfe‹ werden die konfessionellen Konflikte in der zweiten Hälfte des 19. Jahrhunderts verstanden; Bischof (2008: o. S.) bezeichnet sie als »Etappen im Prozess der Säkularisierung von Staat und bürgerl. Gesellschaft«. Diese Konflikte, im Wesentlichen zwischen Radikal-Liberalen sowie Protestanten einerseits und Katholisch-Konservativen andererseits, verschärften sich in der Schweiz in den frühen 1870er-Jahren (vgl. ebd.: o. S.). Lang (2016: 5f.) betont, dass es sich eher um eine »ideologische Spaltung zwischen Konservatismus und Liberalismus oder Radikalismus« handelte als um eine konfessionelle, zumal der Konflikt auch innerkatholisch ausgetragen wurde: »Auf der Linken kämpfte ein überkonfessioneller Liberalismus«, der sich gegen Ende der 1830er-Jahre radikalisierte, und »auf der Rechten [...] der katholische Ultramontanismus«, der seit »den 1840ern immer fundamentalistischer wurde«.

lichdemokratische Volkspartei, CVP). Die enge personelle Verbindung galt ebenso für die Kantonalpartei in Luzern, deren Sekretariat z. B. noch bis nach 1945 vom Luzern-Redaktor des *Vaterlands* geleitet wurde (vgl. LUGINBÜHL 2007: 22-24; HODEL 1994: 344f.). Ein Beispiel für den *dritten Typ*, also Parteizeitungen im engeren Sinn, ist die im Jahr 1848 in Berlin gegründete *Neue Preußische Zeitung* (auch *Kreuzzeitung*), die nach Stöber (2014: 241) »als eine der ersten Zeitungen in Parteibesitz bezeichnet werden [kann], weil sich ihre Gründer (und Besitzer) vorgenommen hatten, die Zeitung als Kern einer royalistischen Partei zu verstehen«.

EXKURS VI

Historischer Hintergrund IV: Mediation, Restauration und Regeneration (1803–1848)

Aus dem erneuten Einmarsch französischer Truppen in die Helvetische Republik resultierte die sog. Mediationsverfassung von 1803 (vgl. Historischer Hintergrund III). Sie wurde aber bereits 1813 wieder aufgehoben (vgl. ANDREY 2006: 622).

Im Zuge der entscheidenden militärischen Niederlagen Napoleons bei Leipzig (1813) und Waterloo (1815) kam es mit dem »System Metternich« (REINHARDT 2010: 123) zu einer Restauration Europas, d. h. zu einer Rückkehr der Monarchien. In dieser Situation mussten sich die Kantone und die Eidgenossenschaft insgesamt neue Verfassungen geben, die stark durch die allgemeine politische Lage bestimmt waren und in der vor allem viele Freiheitsrechte wieder eingeschränkt wurden. Der neue Bundesvertrag kam 1815 zwischen 22 Kantonen zustande. Auf kantonaler Ebene gab es verschiedene Entwicklungen: Einerseits belebten die innerschweizerischen Kantone die Landsgemeinden wieder, gaben sich aber keine ausgearbeiteten Verfassungen. Die Genfer Verfassung stand dem Zeitgeist andererseits spürbar entgegen. Sie garantierte Rechtsgleichheit sowie Religions- und Pressefreiheit. Und »trotz mancherlei praktischer Einschränkung dieser Freiheitsrechte in der Folgezeit blieb Genf ein Zentrum des Widerstandes gegen den restaurativen Zeitgeist« (ebd.: 123).

Im Zusammenhang mit der Pariser Julirevolution 1830 wurden die Restaurationsregime in der Schweiz wieder gestürzt. Innerhalb eines Jahres führte die Hälfte der Kantone neue, liberale Verfassungen ein (Tessin, Thurgau, Aargau, Luzern, Zürich, St. Gallen, Freiburg, Waadt, Solothurn,

Bern und Schaffhausen) (vgl. KOLLER 2010: o. S.). In Basel führte dies zur Teilung in die noch heute existierenden Halbkantone Basel-Stadt und Basel-Land. Die Phase von 1830 bis 1848 wird als Regeneration bezeichnet (vgl. ANDREY 2006: 624; REINHARDT 2010: 122-129).

Die sog. ›regenerierten Kantone‹ strebten eine Gesamtrevision des Bundesvertrags an, was zu heftigen Konflikten mit den restaurativen Kantonen führte, die ab 1844 militärisch ausgetragen wurden. Der 1845 als Verteidigungsmaßnahme gegen Angriffe auf Luzern gegründete katholische Sonderbund (Luzern, Uri, Schwyz, Unterwalden, Zug, Freiburg, Wallis) wurde 1847, nach Wahlerfolgen der Liberalen und Radikalen in den anderen Kantonen, von der nun mehrheitlich liberalen Tagsatzung »für bundeswidrig und aufgehoben erklärt« (REINHARDT 2010: 132). Dieses Verbot konnte nur militärisch durchgesetzt werden. Der Krieg ab Herbst 1847 forderte zwar nur verhältnismäßig wenige Todesopfer, »[e]ine politische, weltanschauliche oder gar konfessionelle Befriedung konnte er jedoch nicht herbeiführen« (ebd.: 133; vgl. ANDREY 2006: 627-630; REINHARDT 2010: 129-133). ■

Aus Sicht des Publikums führen eine Zunahme von parteilichen Zeitungen (und Zeitschriften) und die weitgehende Verdrängung unparteilicher Pendants dazu, dass ein Überblick über die unterschiedlichen Interessen und Positionen in der Gesellschaft nur noch schwer zu erlangen ist: Es müsste eine Vielzahl von Presseprodukten gelesen werden, um einen Gesamtüberblick zu erhalten. Dies entspricht dem Prinzip des »*Außenpluralismus*«, bei dem »die in der Gesellschaft bestehende Meinungs- und Positionsvielfalt durch die Summe aller angeboteten Titel oder Programme der Medien« zustande kommen soll (WAGNER 2012: 244; Hervorh. d. Verf.). Das ist aber nicht unbedingt für breite Bevölkerungsschichten zu erwarten – und war wohl auch zur damaligen Zeit kaum der Fall, außer im Rahmen der bereits erwähnten (bürgerlichen) Lesegesellschaften.[101]

101 Das Prinzip des Binnenpluralismus dagegen zielt darauf, alle Wissens- und Meinungspositionen zu diversen Themen »*in einem Medium*« zu vermitteln (WAGNER 2012: 245; Hervorh. i. O.) – aber in der Regel nicht in einer Ausgabe desselben, sondern über gewisse Zeiträume hinweg. Insofern sind binnenplurale Medien für einzelne Rezipient*innen eher geeignet, um sich einen Überblick über alle Standpunkte zu verschaffen (oder zumindest auf einfachere Weise). »Außenpluralismus bietet letzten Endes eine Meinungsvielfalt allenfalls für Archivare oder andere professionelle Medienbeobachter« (ebd.: 246). Für eine positivere Einschätzung solcher ›externer Vielfalt‹, insbesondere mit Blick darauf, dass sich die meisten Menschen mittels mehrerer unterschiedlicher Medien informieren, vgl. etwa Voltmer (1998: 41f.). Trotz-

Je mehr Presseprodukte diesem parteilichen Prinzip folgten, desto schwieriger wurde es außerdem für manche gesellschaftliche Akteure oder Gruppen, mit ihren Sichtweisen noch in der massenmedialen Öffentlichkeit präsent zu bleiben – außer wiederum mit *eigenen* Medien. Eine Folge der zunehmend meinungsbetonten Publizistik war die gezielte *Mitteilungspolitik* diverser (kollektiver) Akteur*innen wie z. B. der Kirche oder mancher Unternehmen sowie von Kommunen (vgl. LIEBERT 1999; SCHÖNHAGEN 2008b: 14f.; SCHÖNHAGEN/MEIßNER 2016: 752).[102] Diese bestand einerseits in der Herausgabe eigener, ›alternativer‹ Medien wie z. B. von Flugblättern, wie Michael Kunczik (1997: 215f.) etwa am Beispiel der Firma Maggi zeigt: Aufgrund einer massiven Pressekampagne zu Beginn des Ersten Weltkrieges gegen ihre Rolle im Pariser Milchhandel hatte Maggi keine Chance, dass die eigene Sichtweise in den Pariser Tageszeitungen dargestellt wurde, und griff daher zu Flugblättern und Plakaten. Dabei beruhen solche alternativen Medien meist wiederum auf Eigen-, Ausgangs- oder Auftragsvermittlung und setzen damit auf früheren Stufen der Entwicklung gewissermaßen wieder neu an. Andererseits – und wesentlich häufiger – reagierten Akteure bzw. Organisationen auf die zunehmende Parteilichkeit der Presse mit gezielter *Presse- bzw. Öffentlichkeitsarbeit*. Da die Presse insgesamt im 19. Jahrhundert zunehmende Bedeutung als öffentliches Kommunikationsforum erlangte (siehe Kap. 4.2), stiegen das Stoffangebot und damit auch der Selektionsdruck beträchtlich. Zudem führte die zunehmende Parteilichkeit dazu, dass häufiger einseitig Nachrichten ausgewählt wurden, wie auch im oben erwähnten Fall bezüglich der Firma Maggi. Daher sind in der zweiten Hälfte des 19. Jahrhunderts erstmals systematische Bemühungen diverser Akteure bzw. Organisationen auszumachen, eine gezielte Kommunikationspolitik gegenüber der Öffentlichkeit bzw. der Presse zu betreiben, um diese Selektionshürden möglichst zu überwinden (vgl. SCHÖNHAGEN 2008b: 17; WAGNER 1995: 52; BIELER 2010: 56). Insofern können diese neuerlichen Rationalisierungsmaßnahmen, die nunmehr das Kommunikationsverhalten der Kommunikationspartner und nicht

dem ist fraglich, inwieweit dabei ein umfassender Überblick zustande kommt, da in der Regel nicht mit diesem Ziel systematisch unterschiedliche Medien (z. B. mit unterschiedlicher weltanschaulicher Ausrichtung) genutzt werden.

102 Weitere Gründe für das Aufkommen von Pressearbeit, neben der zunehmenden Parteilichkeit der Presse, waren die steigende Bedeutung der massenmedialen Öffentlichkeit sowie der für (kollektive) Akteur*innen wachsende Druck zu öffentlicher Legitimation aufgrund der sozialpolitischen Entwicklungen (vgl. SCHÖNHAGEN/MEISSNER 2016: 753; HOFFJANN 2002: 184).

die Vermittlung betrafen, als »Gegenrationalisierung« bezeichnet werden (WAGNER 1995: 53): Sie stellen quasi Gegenmaßnahmen gegen die oben beschriebenen Folgen der vorhergehenden Rationalisierungsprozesse dar.

4.2 Industrialisierung und Massenpresse: Nachrichtenagenturen, Illustrierte Zeitschriften und Generalanzeiger

Der Wandel der Presselandschaft im 19. Jahrhundert betraf nicht nur die Meinungspresse. Wie weiter oben erwähnt, veränderten sich mit dem tiefgreifenden Wandel der *gesellschaftlichen, politischen sowie technischen Rahmenbedingungen* seit der Jahrhundertwende auch die Kommunikationsbedürfnisse (vgl. WILKE 2008: 154-164). Neben der Politisierung der Gesellschaft sorgten vor allem das Bevölkerungswachstum, die Verstädterung, zunehmende Bildung und die Industrialisierung für völlig veränderte Lebens- und Arbeitsbedingungen.[103] Damit verband sich einerseits mehr Freizeit und eine verstärkte Nachfrage nach Unterhaltung, andererseits auch ein breiteres Informationsbedürfnis. Technische Neuerungen im Bereich des Druckens und Setzens, der Papierherstellung sowie der Nachrichtentechnik machten es möglich, dass die Massenmedien auf diese Veränderungen ebenfalls mit einem umfangreichen Wandel reagieren konnten. Letztlich handelt es sich wiederum um Wechselwirkungen, da die Medien, wie schon mehrfach angesprochen, ihrerseits zum gesellschaftlichen Wandel mit beigetragen hatten bzw. beitrugen.

103 Für nähere Informationen zur Situation in der Schweiz in der ersten Hälfte des 19. Jahrhunderts vgl. Andrey (2006: 532-579); für die zweite Hälfte des 19. Jahrhunderts vgl. Ruffieux (2006: 656-665, 679, 685-692, 708-723).

EXKURS VII
Historischer Hintergrund V: Der moderne Bundesstaat (seit 1848)

Die politischen Rahmenbedingungen in der Schweiz veränderten sich mit der Ausarbeitung einer neuen Verfassung als unmittelbare Folge des Sonderbundkrieges 1848 (vgl. Historischer Hintergrund IV), den die liberal-radikalen Kräfte für sich entschieden hatten. Dabei handelte es sich um einen von den liberalen Kräften ausgehandelten Kompromiss zwischen den zentralistisch orientierten Radikalen, deren Vorbild die Helvetische Republik war (vgl. Historischer Hintergrund III), und den föderalistisch eingestellten Katholisch-Konservativen. Die Verfassung wurde bis September 1848 durch 15½ von 22 Kantonen angenommen und daraufhin durch den Beschluss der Tagsatzung in Kraft gesetzt. So entstand das bis heute existierende politische System mit einer Legislativen (Bundesversammlung) aus zwei Kammern (National- und Ständerat), welche den siebenköpfigen Bundesrat, die Exekutive, wählt. Am Ende des 19. Jahrhunderts bzw. zu Beginn des 20. Jahrhunderts entstanden zudem die modernen *Parteien* und die dazugehörige Parteipresse: 1888 die Sozialdemokratische Partei der Schweiz (SPS), 1894 die Freisinnig-Demokratische Partei (FDP) und 1912 die Schweizerische Konservative Volkspartei (SKVP).[104]

Auch wirtschaftlich profitierte die Schweiz von der neuen Verfassung von 1848 durch die Schaffung eines einheitlichen Binnenmarktes (z. B. Vereinheitlichung von Maßen und Gewichten sowie der Währung) und wirtschaftliche Liberalisierungen. Die bereits seit 1800 voranschreitende *Industrialisierung* wurde weiter gefördert. Unter anderem entstand die Infrastruktur für die Eisenbahnen und die Gotthardlinie. Diese Entwicklung führte auch zu einer stärkeren Urbanisierung und einer wachsenden Zahl potenzieller Leser*innen, die z. B. die Generalanzeigerpresse nutzten. ■

Verbesserungen in der Druck- und Satztechnik sowie der Papierherstellung ermöglichten eine schnellere, billigere und größere Vervielfältigung von Presseprodukten. Eine erste dampfgetriebene Druckmaschine, die 400 Bögen pro Stunde drucken konnte (gegenüber max. 250 mit der Handpresse), wurde 1811 in London in Betrieb genommen, ein Jahr später eine deutlich optimierte

104 Seit 1970 trägt sie den Namen Christlichdemokratische Volkspartei (CVP).

Zylinderdruckmaschine (sog. ›Schnellpresse‹) mit der doppelten Kapazität; weitere Verbesserungen folgten (vgl. HIEBEL et al. 1999: 153). Zudem wurde eine Setzmaschine, die Linotype, entwickelt (1884 stellt der Deutsche Ottmar Mergenthaler in den USA einen Prototyp fertig; vgl. WILKE 2008: 157f.), womit Matrizen (Negativformen der Lettern) zeilenweise hergestellt und somit der Satz deutlich beschleunigt werden konnte. Bereits 1799 wurde in Frankreich die erste Papiermaschine patentiert (vgl. HIEBEL et al. 1999: 143), und um 1843 beginnt in Deutschland die Papierherstellung aus Holzfasern statt aus Lumpen (vgl. ebd.: 175). Die verstärkte und verbesserte Papierproduktion führte gegen Ende des 19. Jahrhunderts zu einer deutlichen Verbilligung des Papiers: So kosteten etwa in Deutschland 100 kg sog. ›Hadernpapier‹ (aus Stofffasern) sowie Holzschliffpapier in den 1860er-Jahren 60 bis 69 Mark, Letzteres um 1900 nur noch um 22 Mark (vgl. STÖBER 2014: 126).

Daneben verbesserten Entwicklungen im Verkehrswesen (Dampfschiff, Eisenbahn, Telegraf) die Nachrichtenbeschaffung, was auch zur Gründung von weltweit tätigen *Nachrichtenagenturen* ab den 1830er-Jahren beitrug – einer weiteren Rationalisierung. Im Jahr 1835 gründete Charles Havas, der bis dahin einen Handel mit Übersetzungen internationaler Zeitungsnachrichten betrieb, in Paris die Agence Havas (Vorläuferin der heutigen Agence France-Press, AFP). 1848 wurde in den USA die Harbour News Organisation gegründet (die spätere Associated Press, AP). 1849 entstand in Berlin (Bernhard) Wolff's Telegraphisches Bureau (WTB), das als erstes weltweit mit Telegrafie arbeitete,[105] sowie 1851 Reuters in London (von Paul Julius Reuter, der vorher Mitarbeiter bei Havas war). Vorläufer dieser Agenturen waren – neben den Korrespondenzen und dem Abschreiben aus anderen, häufig ausländischen Zeitungen – Nachrichtendienste, die v.a. für Wirtschafts-und Börsenkreise sowie Banken tätig waren. Die oben angeführten sog. ›Gründeragenturen‹ schlossen ab 1870 geheime Kartellverträge ab, mit denen sie die weltweite Nachrichtensammlung untereinander aufteilten (ab 1907 kam auch noch United Press [UP] dazu).[106] Diese Verträge bestan-

105 Vgl. Pürer und Raabe (2007: 77). Dagegen entstanden nach Kielbowicz (2008: 524) bereits zwischen 1846 und 1848 in Kooperation verschiedener Tageszeitungen »early versions of the Associated Press in upstate New York and New York City«, um die teure und komplexe Aufgabe der Zusammenstellung *telegrafischer* Nachrichten zu bewältigen. Auch Standage (1998: 150) nennt Associated Press (AP) als erste Nachrichtenagentur, die telegrafische Nachrichten verkaufte.

106 Somit waren individuelle Verträge einzelner Deutschschweizer Zeitungen offiziell nicht mehr möglich, wie zum Beispiel jener zwischen dem in Bern erscheinenden *Bund* und Havas aus dem Jahr 1853 (vgl. N. N. 1896: 387).

den bis in die 1930er-Jahre (vgl. BÖSCH 2019: 131f.; NALBACH 2003). Reuters war demnach für die Sammlung von Nachrichten in den Gebieten des Britischen Empires, des Fernen Ostens sowie der Niederlande zuständig, während Havas in Frankreich und dessen Kolonien sowie Italien, Spanien und Südamerika aktiv war. Das WTB sammelte Nachrichten in Deutschland, Österreich, Skandinavien und Russland. Die Vereinigten Staaten wurden von der AP abgedeckt. In einigen Ländern teilten sich Reuters und Havas die Aufgaben, so z. B. in der Türkei, Ägypten und Belgien (vgl. BARTH 2013: 250). Auch die Nachrichten aus der Schweiz wurden zunächst von Havas (frankophoner Teil, von Genf aus) und WTB (deutschsprachiger Teil, von Basel aus) gesammelt, was aus Sicht der Schweizer Zeitungen äußerst umständlich und teuer war: Die Korrespondenten der beiden Agenturen telegrafierten die Schweizer Nachrichten an ihre Hauptsitze in Frankreich und Deutschland, von wo sie dann wiederum im Rahmen der ›Gesamtpakete‹ zu den Schweizer Zeitungen gelangten. Einer Gruppe von 14 Schweizer Zeitungen, dem Syndikat der schweizerischen Zeitungen, gelang im Jahr 1894, nach langwierigen Verhandlungen mit Havas und WTB, die Gründung einer eigenen Nachrichtenagentur, der Schweizerischen Depeschenagentur (SDA), die 1895 ihre Arbeit aufnahm und das Monopol für die Sammlung der Schweizer Nachrichten innehatte (JUNGI-ISAGER 1995: 23-26; MEIER 2011; LÜDI 1934: 3-9, 14).

Eine verstärkte Zulieferung von Nachrichten an die Redaktionen ergab sich zudem durch die oben dargelegte Entwicklung der Öffentlichkeits- bzw. Pressearbeit (Public Relations). Das vermehrte Stoffangebot führte seinerseits zu einem Aktualisierungsschub sowie wachsendem Umfang und stärkerer inhaltlicher Strukturierung bei den Pressemedien. Diese Kennzeichen finden sich entsprechend bei der sog. *Massenpresse*, die aufgrund der veränderten Rahmenbedingungen im 19. Jahrhundert entstand. Darunter werden einerseits illustrierte Unterhaltungs- oder Familienzeitschriften, andererseits moderne, mehrheitlich wiederum neutrale Nachrichtenzeitungen, die Generalanzeiger, gefasst.[107]

Illustrierte (Familien-)Zeitschriften oder »Unterhaltungsblätter« (MESSERLI/MATHIEU 1992: 173) boomten insbesondere in der zweiten Hälfte des 19. Jahrhunderts und waren *das* Unterhaltungsmedium dieser Zeit. Sie

107 Ergänzende Hinweise zu den folgenden Ausführungen, mit Blick auf Großbritannien, Portugal und Russland, finden sich bei Cawley et al. (2020).

richteten sich an ein breites Publikum, wobei vor allem das Bürgertum sowie der Mittelstand erreicht wurden und weniger die einfache Arbeiterbevölkerung. Dagegen gehörten Frauen gleichermaßen zur Leserschaft wie Männer (vgl. ebd.: 185). Die »Entstehungsgeschichte des Familienblattes [lässt sich] bis zu den Moralischen Wochenschriften des 18. Jahrhunderts zurückverfolgen« (BARTH 1975: 124). Ähnlich wie bei Letzteren spiegelt sich auch in den Titeln dieser Zeitschriften noch der Ursprung im *Gespräch* wieder, so etwa bei den *Unterhaltungen am häuslichen Herd*, die ab 1852 im Leipziger Brockhaus-Verlag erschienen. Herausgeber war der Literat Karl Gutzkow. Auch der ethische oder bildende Gehalt war in diesen Blättern durchaus noch erhalten, aufgrund des veränderten sozialpolitischen Kontexts allerdings nicht mehr im Sinne der (politischen) Aufklärung, sondern nun der Tendenz zum Rückzug ins Private sowie »der Sehnsucht nach Ruhe und Behaglichkeit eines nach der fehlgeschlagenen Revolution enttäuschten Bürgertums« folgend (BARTH 1975: 206). Es »sollte die gesamte Familie als eine geschlossene, homogene Zielgruppe angesprochen, das Zusammengehörigkeitsgefühl mit Hilfe von Kommunikation bestärkt« und die Allgemeinbildung unterhaltend befördert werden (ebd.: 129). Äußerst erfolgreich und auch außerhalb Deutschlands, z. B. in der Schweiz, weit verbreitet war die Leipziger *Gartenlaube* (vgl. WILKE 2008: 240f.; MESSERLI/MATHIEU 1992: 178; siehe auch Abb. 10). Sie erschien seit 1853 zunächst als Beiblatt zu einer humoristisch-politischen Zeitschrift, ab dem zweiten Jahrgang eigenständig und erreichte 1875 eine Rekordauflage von insgesamt 382.000 Exemplaren (vgl. BARTH 1975: 186).[108] Die *Gartenlaube* war eine echte Illustrierte, mit zahlreichen Abbildungen. Generell ging mit diesem Zeitschriftentyp ein Visualisierungsschub einher. Die größte Auflage aller Deutschschweizer illustrierten Zeitschriften hatte das katholische Blatt *Alte und Neue Welt* aus Einsiedeln (1875: 60.000 Exemplare), das seit 1867 erschien und auch im katholischen Ausland weit verbreitet war (vgl. MESSERLI/MATHIEU 1992: 184; SCHMOLKE 1971: 193; NAUER 2019: o. S.). Auch in der französisch- und italienischsprachigen Schweiz erschienen zahlreiche Titel, ebenso solche in rätoromanischer Sprache (vgl. CLAVIEN 2017: 86-91; MESSERLI/MATHIEU 1992: 178-179). Die Inhalte dieser Zeitschriften umfassten populäre Literatur, etwa Erzählungen und Gedichte, wissenschaftliche und Reiseberichte, Bei-

108 Daum (1998: 339) geht davon aus, dass das Ziel der (weiteren) Popularisierung der Naturwissenschaften »einen entscheidenden Gründungsimpuls« für die *Gartenlaube* bildete.

träge zu Kunst und Geschichte, aber z. B. auch zu Mode und Landwirtschaft sowie praktische Ratschläge, beispielweise für den Haushalt und die Kindererziehung, sowie Humoristisches, Rätsel und dergleichen. Die vermehrten Illustrationen sowie ihr niedriger Preis wurden durch die Entwicklungen in der Drucktechnik (vgl. HIEBEL et al. 1998: 68-69; MESSERLI/MATHIEU 1992: 181) ermöglicht und trugen erheblich zu ihrem breiten Erfolg bei. Im Laufe der Zeit wurden auch spezialisiertere, z. B. an Frauen oder Jugendliche gerichtete Titel gegründet (vgl. CLAVIEN 2017: 86; MESSERLI/MATHIEU 1992: 187) – wiederum eine Parallele zu den Moralischen Wochenschriften des 18. Jahrhunderts. In der Schweiz erreichte z. B. die von Verena Conzett-Knecht (1861-1947), einer Sozialistin, Frauenrechtlerin und Unternehmerin, gegründete Publikation *In freien Stunden* in den 1920er-Jahren hohe Auflagen (1922: 105.000) (vgl. ZEITUNGS-KATALOG ORELL & FÜSSLI 1922: 127; WOODTLI 1983: 101-105).

ABBILDUNG 10
Titelkopf der *Gartenlaube* (1853)

Neben den illustrierten (Familien-)Zeitschriften waren *satirische* oder humoristische *Zeitschriften* bzw. Witzblätter verbreitet (vgl. WILKE 2008: 237-239). Viele widmeten sich diversen politischen und gesellschaftlichen Themen, andere waren spezialisiert auf Themen wie Autos, Radfahren oder Bergsteigen (vgl. KOCH/BEHMER 1996: 12f.). In Deutschland erschienen sie, nach einer ersten Blüte in der Revolutionszeit um 1848, vor allem im Kaiserreich sehr zahlreich, also vom späten 19. Jahrhundert bis zum Ersten Weltkrieg. Insbesondere in München sowie der Reichshauptstadt Berlin

ABBILDUNG 11
Titelvignette des *Nebelspalter* (Erstnummer 1875)

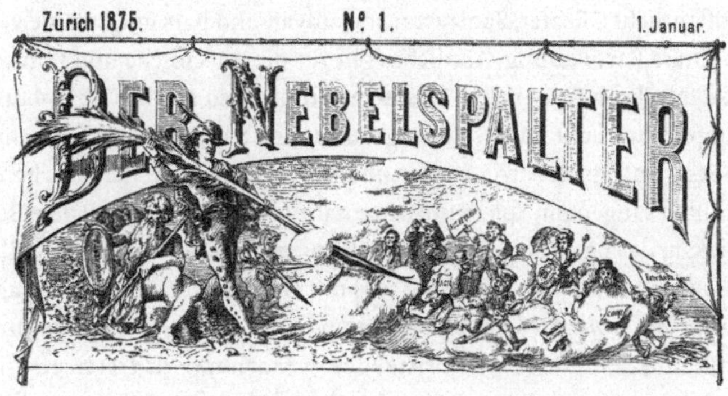

blühte dieser Zeitschriftentyp; berühmte Titel waren etwa die *Fliegenden Blätter* und der *Simplicissimus* in München sowie der Berliner *Kladderadatsch* und die *Berliner Wespen* (vgl. WILKE 2008: 278f.; KOCH/BEHMER 1996). Mit Blick auf die Schweiz sei vor allem der thematisch breit angelegte *Nebelspalter* erwähnt, der 1875 gegründet wurde und bis heute erscheint (vgl. www.nebelspalter.ch; siehe auch Abb. 11).[109]

EXKURS VIII
Zur Geschichte der Unterhaltungsmedien

Wie oben erwähnt, waren die illustrierten (Familien-)Zeitschriften *das* Unterhaltungsmedium der zweiten Hälfte des 19. Jahrhunderts. Das vorliegende Buch fokussiert vor allem die Geschichte der Nachrichtenmedien, aber es seien an dieser Stelle einige Anmerkungen zur Entwicklung der *Unterhaltungsmedien* bzw. der ›Unterhaltung‹ in den Massenmedien ergänzt. Dolf Zillmann (2000) folgend waren deren *Vorläufer* Feste, Spiele, Musik und dergleichen in archaischen Gesellschaften, die teilweise zugleich rituellen Charakter hatten. Vieles bleibt diesbezüglich aufgrund mangelnder Über-

109 Clavien (2017: 88f.) erwähnt kurz einige Westschweizer Titel, ohne näher darauf einzugehen. Offenbar erschienen viele von ihnen nur kurze Zeit.

lieferung spekulativ. In städtischen Hochkulturen (z. B. Ägypten oder China) dienten Festbankette mit Darbietungen von Erzählern, Tänzer*innen etc. der Unterhaltung privilegierter Schichten, daneben existierten aber auch z. B. öffentliche Theater, Sportveranstaltungen und Bars mit Erzählern für die breitere Bevölkerung. Ähnliches gilt für die griechische und römische Antike mit ihren Festspielen, Theateraufführungen etc. Das Christentum bekämpfte eine breite Unterhaltungskultur, trotzdem erfüllten auch christliche Feste und Spiele sowie Messen und Märkte und die weiter oben bereits erwähnten Sänger und Spielleute Unterhaltungsfunktionen. Mit dem Buchdruck kam das Lesen als neue Unterhaltungsaktivität auf, wobei vor allem das »*Volksbuch*« (FAULSTICH 2006: 167) mit Geschichten, Romanen, Sagen, Märchen etc. sowie die bereits erwähnten *Newen Zeytungen* Unterhaltungscharakter hatten. Im letzten Drittel des 17. Jahrhunderts traten erstmals unterhaltende *Zeitschriften* mit Hofklatsch und ähnlichen Inhalten auf. Wie erwähnt hatten auch die Moralischen Wochenschriften des 18. Jahrhunderts stark unterhaltenden Charakter. Nach dem Vorbild der Zeitschriften fanden unterhaltende Elemente wie Gedichte und Fortsetzungsgeschichten im 18. Jahrhundert auch Einzug in die Zeitungen. Neben den Illustrierten Familienzeitschriften kamen im 19. Jahrhundert, vor dem Hintergrund sozialer Veränderungen und wachsender Freizeit sowie drucktechnischer Neuerungen, als weitere Unterhaltungsmedien die *Comics* auf, erstmals 1895 in der amerikanischen ›Penny Press‹. Penny Papers waren preiswerte Zeitungen, die sich am breiten Publikum orientierten und dabei verstärkt auf Verbrechen, Klatsch, Sport und Sex setzten. Seit den 1930er-Jahren erschienen Comicalben dann als eigenständiges unterhaltendes Massenmedium (vgl. LEFÈVRE/DIERICK 1998; GORDON 1998). »All this changed dramatically with the invention of the technology for sound recording and transmission, soon to be followed by that for the transmission and recording of imagery. [...] Radio and television, finally, converted every home in a concert hall, a movie theater, and a sports arena. It was no longer necessary ›to go where the action is‹« (ZILLMANN 2000: 16). ■

Mit Blick auf Zeitungen sind die sog. *Generalanzeiger* zu nennen, die das deutsche Kaiserreich prägten. Den Anfang machte 1871 der *Aachener Anzeiger* (vgl. STÖBER 2014: 257). Die Generalanzeiger ähnelten in ihrem Erscheinungsbild und inhaltlich bereits stark heutigen Tageszeitungen. Aufgrund der verbesserten Nachrichtenzulieferung (Agenturen, Pressearbeit) sowie Drucktechnik waren sie durch häufigeres Erscheinen, ein größeres Format und einen größeren Umfang als die Zeitungen des 17. und 18. Jahrhunderts gekennzeichnet. Sie waren zudem stärker untergliedert und verwendeten mehr Überschriften und Schlagzeilen (siehe Abb. 12). Inhaltlich setzten die Generalanzeiger neben politischen und wirtschaftlichen Nachrichten verstärkt auf Servicethemen, Meinungsforen (Leserbriefe), lokalen Bezug und einen Ausbau des Feuilletons sowie der Sportberichterstattung (vgl. KÜNZLER 2013: 206f.).[110] Ein typisches Charakteristikum war zudem ihr Konzept politischer *Neutralität*, womit nach einer Phase, in der die Meinungspublizistik dominant war, eine Rückkehr zum neutralen Informationsjournalismus und Forumsprinzip zu konstatieren ist. Dies hängt, neben der politischen Konsolidierung in Deutschland durch die Reichsgründung 1871, möglicherweise auch damit zusammen, dass die Generalanzeiger häufig von Kaufleuten gegründet wurden, ähnlich wie dies bei den frühen Wochenzeitungen der Fall war. Die Gründer kamen vielfach aus dem Verlags-, Druckerei- oder Anzeigengeschäft (vgl. STÖBER 2014: 256) und verfolgten daher stärker ökonomische als publizistische Motive mit der Zeitungsgründung, ganz im Gegensatz zu den Gründern von Meinungsblättern. Allerdings blieben nicht alle Generalanzeiger dieser neutralen Linie treu. In Deutschland begannen einige wieder »mehr oder weniger explizit Partei zu ergreifen« (vgl. REQUATE 1995: 373).

Die Generalanzeiger waren vor allem ein städtisches Phänomen und wurden – ähnlich wie heute die Gratiszeitungen – vielfach von Pendler*innen aus den Vorstädten in der Straßenbahn gelesen (vgl. HAAS 2005: 66; BÖSCH 2019: 113f.). Zu ihrem Erfolg trugen ein niedriger Preis sowie das revolutionierte bzw. rationalisierte Anzeigenwesen bei, das auf der Gründung von Annoncenagenturen und dem Zusammenwachsen mit Anzeigenblättern basierte. Auch der Vertrieb wurde optimiert. Auf der Basis der Generalanzeiger entstanden in Deutschland große Verlagshäuser wie Mosse und Ullstein. In der Schweiz erlangte dieser Zeitungstyp weniger Bedeutung,[111] dort blieb die Meinungs- bzw. Richtungspresse noch bis zur Mitte des 20. Jahrhunderts

110 Künzler erwähnt hier eigene Sport-Ressorts. Auch Beck (2006: 72) verweist auf ein steigendes »Interesse der Zeitungsherausgeber am Sport [neben den USA] auch in Grossbritannien und auf dem europäischen Kontinent«, schränkt allerdings ein, dass der Sportberichterstattung in den Generalanzeigern »um die Jahrhundertwende nur geringe Bedeutung zugemessen« wurde (ebd.: 73). Vgl. zur wachsenden Bedeutung der Sportberichterstattung an der Wende vom 19. zum 20. Jahrhundert auch Stöber (2014: 214f.).

111 Dies gilt v.a. für die Deutschschweiz; in der Westschweiz entstanden recht viele solche Blätter, auch in kleineren Städten wie Le Locle oder Morges (vgl. CLAVIEN 2017: 73; s. auch oben im Folgenden).

dominant (vgl. KÜNZLER 2013: 200; BOLLINGER 2002: 119f.). Entsprechend entstand der erste große Pressekonzern, Ringier, ebenfalls später, im Kontext der Illustrierten in den 1920er-Jahren (vgl. MEIER/GYSIN 2003: 33, 41, 51f.; CLAVIEN 2017: 113-116). Der erste Schweizer Generalanzeiger erschien 1879 in Genf (*La Tribune de Genève*), es folgten 1880 *L'Impartial* in La Chaux-de-Fonds, 1891 der *Express de Neuchâtel*, 1893 *La Tribune de Lausanne* sowie der *Tages-Anzeiger für Stadt und Kanton Zürich* und 1897 der *Luzerner Tages-Anzeiger* (vgl. CLAVIEN 2017: 71-75; BOLLINGER 2002: 117-119). Vorbilder der Generalanzeiger – mit entsprechenden Konzepten – waren die sog. *Penny Papers*, die in den USA seit den 1830er-Jahren entstanden (in England in den 1850er-Jahren), wie z.B. die *New York Sun* (seit 1833), sowie die sog. ›Grande Presse‹ in Frankreich, die seit 1836 aufkam (vgl. STÖBER 2014: 257; WILKE 2008: 265f.; siehe auch den Exkurs VIII: *Zur Geschichte der Unterhaltungsmedien* [S. 97]).

Sowohl die Familienzeitschriften als auch die Generalanzeiger erschlossen der Presse neue Leser*innenkreise, nicht zuletzt durch ihre relativ niedrigen Verkaufspreise. Sie waren bewusst als Blätter für die breite Bevölkerung konzipiert. Die Meinungs- oder Gesinnungspresse in Deutschland geriet durch die Konkurrenz der Generalanzeiger in eine wirtschaftliche Krise, trotzdem war sie auch nach dem Ersten Weltkrieg in der Weimarer Republik mit ihrer großen politischen Zerrissenheit dominant; auch viele Generalanzeiger waren wie erwähnt »ins Fahrwasser politischer Strömungen« geraten (WILKE 2008: 268).[112] Damit wurde ihre Forumsfunktion wieder eingeschränkt oder ganz aufgehoben.

112 Starkulla hat in einer älteren Publikation (1965: 386) im Zusammenhang mit Vielfalt (im Sinne des Außenpluralismus) angemerkt, dass die äußerst vielfältige, aber weltanschaulich polarisierte Presselandschaft der Weimarer Republik die Repräsentation umfassender gesellschaftlicher Kommunikation verfehlte (indem es keine binnenpluralistischen Forumszeitungen gab, die einen Gesamtüberblick der verschiedenen Sichtweisen hergestellt hätten) und damit die Zeitungen »die Demokratie ruinierten« – oder vielleicht könnte man eher sagen: zumindest dazu beitrugen, denn sicher kann nicht die polarisierte Presse allein dafür als verantwortlich erachtet werden. Eine ähnliche Sichtweise vertritt Bösch (2019: 168), der konstatiert: »Was [...] fehlte, war ein gemeinsamer politischer Austausch unterschiedlicher Meinungen«. In diesem Zusammenhang ist es interessant, dass in der Schweiz ebenfalls eine weltanschaulich ausgerichtete Presselandschaft bestand, ohne dass dies dem – allerdings deutlich älteren und stabileren – demokratischen System geschadet hätte. Dabei sind weitere Rahmenbedingungen in beiden Fällen zu bedenken, wie z.B. in Deutschland die massive Ablehnung der Weimarer Republik, deren Vertreter*innen am Ende Mehrheiten in den Parlamenten besaßen. Und in der Schweiz der 1930er/40er-Jahre spielte sicher auch die starke Abwehrhaltung und Angst vor einer deutschen Besatzung eine gewichtige Rolle für den Erhalt der Demokratie (vgl. IM HOF 1991: 246). Diese war auch der Hintergrund für die sog. ›geistige Landesverteidigung‹ (siehe den Exkurs in Kap. 4.3.1).

ABBILDUNG 12

Titelblatt des *Würzburger General-Anzeigers* (1894)

Abonnementspreis: [illegible]

Verantwortlich: [illegible]

Würzburger General-Anzeiger

mit

Süddeutschem Holzverkaufs- und Submissions-Anzeiger.

Amtliches Publikations-Organ des k. Oberlandesgerichts Bamberg, der k. Landgerichte Schweinfurt und Würzburg; des k. Landgerichts Würzburg, Kammer für Handelssachen; der k. Amtsgerichte Dettelbach und Würzburg. [illegible]

Nr. 147. XII. Jahrgang. ✠ Beilagen: Mittheilungen für Wein-, Obst- und Gartenbau, Land-, Feld- und Hauswirthschaft. Für unsere Frauen. ✠ Mittwoch, 27. Juni 1894.

Unsere verehrl. Postabonnenten

werden ersucht, jetzt schon die Erneuerung ihres Abonnements bei den betreffenden Postanstalten bewerkstelligen zu wollen, damit in der Zustellung keine Störung eintritt.

Verlag u. Redaktion des Würzb. General-Anzeiger.

Wohin soll das führen?

✠ Eine Seuche geht durch die Lande, zwar physisch nicht so verheerend, wie die Krankheitsepidemien, aber geistig an Allem rüttelnd, was die menschliche Gesellschaft bis jetzt zusammengehalten hat: Religion, Sittlichkeit, Vaterlandsliebe, Freiheit. Die anarchistischen Attentate, mögen sie sich nun in Dynamitexplosionen, oder Mordanschlägen äußern, sind viel weniger an sich, desto mehr aber in symptomatischer Beziehung gefährlich, und zeigen nur zu Genüge, wie weit das innere Leiden am Körper der menschlichen Gesellschaft vorgeschritten ist.

Der gemeine Mord, der an dem Präsidenten der [illegible] civilisirten Ländern das Gefühl herzlicher Theilnahme erweckt hat, dürfte wiederum dargethan haben, wie nöthig als es sei, daß die Regierungen gemeinsam gegen den inneren Feind vorgehen.

Zu der Taktik der Anarchisten gehört es bekanntlich, die Unthaten, soweit es nur irgend möglich ist, nicht im Vaterlande des Attentäters zur Ausführung zu bringen. Fast bei jedem anarchistischen Mord oder Mordversuch spielen die ergriffenen „Ausländer" die Hauptrolle, und wohl bei keiner anderen Partei — wenn dieser Ausdruck auf eine Bande von Mordbuben anwendbar ist — ist die internationale Solidarität so fest eingebürgert, wie bei den vaterlandslosen Ravachols, Henrys, Santis, Cesarios ꝛc.

Der Anarchist, der mittelst Pulver und Dynamit, Messer und Dolch seine „Lehren" einzuführen sucht, stellt sich selbst außerhalb der Gesetze; er gerirt sich als vogelfrei — und es bleibt daher den interessirten Regierungen nur das Eine übrig: den Anarchisten auch offiziell als vogelfrei zu erklären.

Anarchist darf nicht mehr ein Name für den Angehörigen einer Partei sein, er muß eine Bezeichnung für einen Menschen werden, der nur ins Irrenhaus, ins Gefängniß oder aufs Schaffot gehört. Auch die superkluge Unterscheidung zwischen solchen, die eine Propaganda der That nur predigen, und solchen, die sie ausführen, muß fallen. Die Volksvergifter muß gleiche Strafe treffen, wie die Vergifteten, die in hellem Wahnsinne für ihre Bomben und Dolche das Ziel suchen, das ihnen Jene gezeigt. Der Bombenverfertiger und der Bombenwerfer sollen das gleiche Blutgerüst betreten, wie der Vertheidiger des anarchistischen Wahnsinns.

Will man das Uebel ausrotten, so muß man mit fester Hand die Axt an die Wurzel legen. Menschenliebe wäre in einem solchen Falle mehr nur Schwäche, sie wäre ein Verbrechen gegen die Gesittung der Menschheit!

Zur Ermordung Carnots.

• Die Beileidsdepesche Kaiser Wilhelm II. war von allen großen ausländischen Kundgebungen die erste, die in Paris eintraf; diese Thatsache und der warme herzliche Ton der kaiserlichen Worte haben in weiten Kreisen äußerst wohlthuend berührt. Das „Echo de Paris" sagt: „Viele beredte Stimmen werden die öffentlichen Tugenden des betrauerten Präsidenten preisen und dem bürgerlichen Würdenträger die verdiente Huldigung darbringen, aber wenige Lobsprüche werden das knappe, kraftvolle Wort erreichen, womit die Beileidsdepesche Sr. Majestät Kaiser Wilhelms an Frau Carnot schließt", und der „Temps" äußerte sich: „Es darf nicht unterlassen werden, festzustellen, daß der deutsche Kaiser vielleicht mehr als jeder andere das Wort gefunden habe, dessen beredte Einfachheit das Gepräge wahrhafter und tiefer Empfindung trägt."

Der Zar richtete an Madame Carnot folgendes Telegramm: „Tief ergriffen von der Nachricht über das Attentat drücken Ihnen die Kaiserin und ich unser tiefstes Beileid aus und versichern Sie der Sympathie und lebhaften Antheilnahme an dem Unglücke, das Sie betroffen und ganz Frankreich in Trauer versetzt."

Sämmtliche Korporationen von Paris sandten an Madame Carnot Beileidsschreiben. Aus ganz Frankreich gehen Kundgebungen der Trauer und des Abscheues über das Attentat ein. Wie in Paris haben auch an anderen Orten zahlreiche Privatgebäude Trauerschmuck angelegt.

Die Stimmung der Bevölkerung.

Während in Paris und anderen Orten die momentane Aufregung und Bestürzung, welche durch die Unglücksbotschaft hervorgerufen wurde, der Ruhe und Besonnenheit Platzgemacht hat, kam es in anderen Städten, namentlich aber in Lyon, zu bedauerlichen Ausschreitungen, die sich immer noch nicht legen wollen.

Ein Telegramm des „Temps" stellt die Lage in Lyon als äußerst ernst hin. Banden durchziehen die Hauptstraßen und begehen zahlreiche Exzesse; Kürassiere greifen mit gezogenem Säbel an. Eine Delegation der Handelskammer begab sich zum Präfekten und forderte die Verhängung des Belagerungszustandes. In Grenoble zog ein Haufen vor das Konsulat, riß die Fahne ab und zerbrach das Wappenschild. Mehrere Arbeiter drangen in [illegible] durch Militär verjagt; der Präfekt drückte dem Konsul sein Bedauern über das Vorkommniß aus. In Marseille durchzogen Nachts mehrere Banden die Stadt und versuchten vergeblich, sich dem Konsulate zu nähern. Einen Schuttwagen, dessen Kutscher Italiener war, warfen sie ins Meer. Der Kutscher entfloh; das Militär zerstreute die Haufen. In Lille manifestirten Studenten in den Straßen gegen die Italiener; die Fenster der Wohnungen von Italienern wurden vielfach durch Steinwürfe zertrümmert; der italienische Vicekonsul reichte seine Demission ein. In Toulon kam es zwischen französischen Matrosen eines Schiffes und den mit der Entladung beschäftigten italienischen Arbeitern zu einem Handgemenge. Ein Italiener hatte das Andenken Carnots geschmäht, worauf ein Matrose ihm mit einer Stange einen Schlag auf den Kopf versetzte. Der Italiener zog das Messer, wurde aber überwältigt und sterbend nach dem Hospital gebracht. Die Menge wurde nur mit Mühe zurückgehalten.

Carnot.

Der Ministerrath setzte, wie schon berichtet, die Beisetzung Carnots auf Sonntag fest und nahm sodann von den ungeheuer zahlreichen an Frau Carnot und an die Regierung eingegangenen Beileidstelegrammen Kenntniß. Alsdann statteten die Minister Frau Carnot einen Besuch ab. Die Leiche, bei der vier Zöglinge der Militärschule von St. Cyr die Ehrenwache halten, wird im Hofe des Elysée ausgestellt.

Dem Konseilspräsidenten Dupuy fiel die schwere Aufgabe zu, Frau Carnot, deren Extrazug sich mit dem Seinigen, der ihn nach Paris brachte, kreuzte, das schwere Unglück mitzutheilen, das sie getroffen hat. Frau Carnot wußte also schon, als sie heute früh in Lyon eintraf, daß sie ihren geliebten Gatten nicht mehr am Leben finden würde. Ihr ältester Sohn, der in Dijon als Lieutenant bei der Infanterie steht, war schon um vier Uhr Morgens in Lyon, wo General Borius ihn empfing. Lieutenant Sadi Carnot hatte noch vor wenigen Tagen seinen Vater auf der Reise nach Lyon gesehen und war so tief erschüttert, daß General Borius ihn stützen mußte. Der zweite Sohn, der Ingenieur Ernest Carnot, der mit seinem Bruder François seine Mutter begleitete, ist bekanntlich mit der Tochter des Senators Chiris verlobt und gerade gestern wurde die Vermählungsanzeige zum ersten Male in der Mairie des 8. Arrondissements angeschlagen. Die Hochzeit war auf den 15. Juli angesetzt gewesen und wird natürlich verlegt.

Der Mörder.

Der Mörder Carnots ist der Sohn einer gewissen Marie Broglio und des Antonio Cesario. Er schloß sich 1892 den Anarchisten an, versuchte mit zwei anderen gefährlichen Anarchisten ein Blatt zu gründen, was in Folge Geldmangels mißlang. Bis Ende des Jahres 1893 wurde der Attentäter von der italienischen Polizei überwacht. Er begab sich alsdann nach der Schweiz. Cesario ist der Bruder eines vermögenden Weinhändlers in Mailand. Als Verführer des jungen Mannes bezeichnet Cesarios Bruder den Mailänder Advokaten Gori. Die Bluttat habe er jedenfalls nur darum vollführt, weil das Loos ihn dazu bestimmte. Der Bruder beharrt darauf, daß der Mörder Carnots von Hause aus ein guter rechtschaffener, niemals arbeitsscheuer Mensch war.

Der aus Lyon zurückgekehrte Polizeipräfekt theilte mit, daß der Mörder Cesario, dem Wagen Carnots nachlaufend, in beiden Händen ein Bouquet hielt und, an dem Wagen angelangt, dem Präsidenten mit der linken Hand das Bouquet darbot. Als Carnot sich vorbeugte, um das Bouquet anzunehmen, zog Cesario aus der Manschette des linken Armes einen dort verborgenen Dolch und stieß ihn Carnot von oben nach unten in den Leib.

Zur Präsidentenwahl.

In Versailles treten heute Mittag um 1 Uhr Senat und Deputirtenkammer (300 Senatoren und 584 Deputirte) zum Congreß zusammen, um einen Präsidenten der französischen Republik zu wählen. Artikel 7 des Verfassungsgesetzes vom 25. Februar 1875, der auf den gegenwärtigen Fall Anwendung findet, bestimmt, daß beim Tode des Präsidenten beide Kammern unverzüglich [illegible] zur Wahl eines neuen Präsidenten zusammentreten. Anfangs schien es, als ob die Wahl von Casimir-Perier zum Präsidenten gesichert wäre, und es hieß, daß ihm 250 Stimmen im Senate, ebenso viele in der Kammer gesichert seien. Gegenwärtig sind die Chancen Periers und Dupuys ziemlich gleich; es ist darum nicht unmöglich, daß im letzten Moment eine neutrale Kandidatur siegt, Arago, Meline, Loubet, Magnin oder Waldeck Rousseau. Die Franzosen sind eben unberechenbar.

Der Unschuldige muß leiden.

In der Raffinerie Parisienne in Saint-Ouen, wo Ausschreitungen befürchtet wurden, sind sämmtliche fremden Arbeiter entlassen worden. — In St. Denis wurden [illegible] bauten der Militärschule von St. Cyr beschäftigte italienische Arbeiter entlassen. Auch in zahlreichen anderen Orten fanden Entlassungen italienischer Arbeiter statt.

Von Nah und Fern.

v. **Aus München** wird uns geschrieben: In der festlich geschmückten Aula der Universität fand gestern Vormittag ein Festakt aus Anlaß des 422. Stiftungsfestes der Alma mater Ludovico-Maximilianea statt. Punkt 10 Uhr betrat der Rector magnificus Prof. Dr. [illegible] an der Spitze fast sämmtlicher Professoren aller Fakultäten mit dem Justizminister Dr. Frhr. v. Leonrod, dem [illegible] und dem Polizeidirektor [illegible] den Festsaal, in welchem sich eine große Anzahl akademischer Bürger bereits eingefunden hatte, während auf der Gallerie mehrere Damen Platz genommen hatten. Die Rede, mit welcher der Rektor den feierlichen Akt begann, ist besonders dadurch von Bedeutung, als sie die Stimmung kennzeichnet, welche in Universitätskreisen über jene parlamentarischen Verhandlungen, welche sich auf die Münchener Universität beziehen, herrscht. [illegible] 26. Juni 1872 [illegible]

• **Arbeiter-Kolonien.** [illegible]

• **Das deutsche Bundesschießen in Mainz** [illegible] 19,052 Tageskarten wurden an diesem Tage verkauft. [illegible]

Zeitungsarchiv Dr. d'Ester

Im Zusammenhang mit den dargelegten Entwicklungen ist im 19. Jahrhundert auch eine zunehmende *Professionalisierung des Journalismus* zu beobachten, die an vier Veränderungen sichtbar wird: Erstens wurde Journalismus vermehrt zum Haupt- oder Vollberuf und auch die Zahl der Journalist*innen stieg an. Damit verbunden ist zweitens eine verstärkte Spezialisierung und Strukturierung (Ressorts) in den Redaktionen. Drittens entstanden Ende des 19. und anfangs des 20. Jahrhunderts spezifische Ausbildungsangebote mit ersten zeitungskundlichen Vorlesungen in der Schweiz in Basel, Bern und Zürich, ebenso in Deutschland in Heidelberg, Leipzig und Münster sowie ab den 1920er-Jahren an weiteren Universitäten. Zudem wurde 1899 eine erste private Journalistenschule in Berlin gegründet (vgl. MEIER 2005: 116-125; SCHADE 2005: 13-23; WAGNER 1997: 20-49; KUTSCH 2008: 312-314, 2014: 218). Und viertens bildeten sich journalistische Berufsorganisationen heraus, z. B. 1883 der Verein der Schweizer Presse (vgl. CLAVIEN 2017: 91; CURTI 1896: 7f.), sowie kantonale Journalistenverbände im Jahr 1900 in Lausanne und Genf sowie 1912 in Neuchâtel (vgl. CLAVIEN 2017: 91). In Deutschland war der 1910 gegründete Reichsverband der deutschen Presse (RdP) die wichtigste Berufsorganisation. Daneben existierten weitere Organisationen, etwa der sozialdemokratische Verein Arbeiterpresse (gegr. 1900) und der katholische Augustinus-Verein (gegr. 1878) (vgl. BRÜCKMANN 1997: 127-131, 196, 200; KUTSCH 2008: 322; MEIßNER 2017: 50f.). In Österreich spielte die 1917 gegründete Organisation Wiener Presse eine wichtige Rolle (vgl. MELISCHEK/SEETHALER 2019: 18). Dabei ist zu beachten, dass diese Aspekte zunehmender Professionalisierung *nicht gleichbedeutend* sind mit der Entwicklung hin zu einer *Profession* im engeren, berufssoziologischen Sinne. Demnach weisen Professionen (mindestens) vier Kennzeichen auf: eine spezifische, vorgeschriebene Ausbildung, eine Kontrolle des Berufszugangs (mit Schutz des Titels), eine spezifische Berufsethik sowie die Existenz von Berufs- und Standesorganisationen. Die beiden erstgenannten Kriterien sind im Journalismus in den meisten demokratischen Gesellschaften (eine Ausnahme ist Italien; vgl. AGOSTINI 2009: 280f.; LAUBER 2002: 126f.) bis heute nicht gegeben (vgl. WEISCHENBERG 2010: 42).

Gegen Ende des 19. Jahrhunderts ist zudem – in den USA wie in Europa – eine weitere Entwicklung im Journalismus zu beobachten: Es entstanden sozialkritische Rollenreportagen, die *Vorläufer des investigativen Journalismus*. Hintergrund dafür war, dass Industrialisierung und Bevölkerungswachstum sowie, vor allem in den USA und Australien (vgl. SIE-

FERLE 2008: 34), auch die Einwanderung Probleme wie soziale Verelendung und Arbeitslosigkeit hervorriefen. Zudem entstanden mächtige Großkonzerne, die zunehmend Verflechtungen mit der Politik aufwiesen, wodurch Korruption an Bedeutung gewann. Diese sozialen Probleme wurden von Journalist*innen thematisiert, die dafür typischerweise in die Rolle Betroffener schlüpften, um die problematischen Zustände authentisch zu schildern: So schrieb z. B. in den USA die Reporterin Elizabeth Cochrane alias Nellie Bly eine Undercover-Reportage über Zustände in einem Heim für nervenkranke Frauen auf der New Yorker Insel Blackwell Island (für Joseph Pulitzers *New York World*), und Upton Sinclair berichtete über die untragbaren hygienischen Zustände und Arbeitsbedingungen von Einwanderer*innen in den Schlachthöfen Chicagos (1906 auch als Roman erschienen),[113] was letztlich zu einer nationalen Lebensmittelverordnung führte (vgl. EVENSEN 2008: 310). Bekannt sind auch die Reportagen Max Winters in Wien, der sich z. B. unter Obdachlose begab, um deren Lebensbedingungen zu schildern (vgl. HAAS 2006).[114] Mit der steigenden Bedeutung von populären Zeitschriften in den USA boten sich zudem für solche Reportagen auch breite Publikationsmöglichkeiten (vgl. AUCOIN 2008: 226; EMERY/EMERY/ROBERTS 1996: 162f., 183, 189f.). In den USA wurde diese Art von Reportagen als ›Muckraking‹ (im Schmutz herumwühlen) bezeichnet – nachdem Präsident Roosevelt 1906 diesen Begriff in einer Rede verwendet hatte (vgl. EVENSEN 2008: 309; siehe Abb. 13).

113 Vgl. Sinclair (1906/1947).

114 Während Journalist*innen in diesen Beiträgen, die auf investigativen Recherchen beruhten, »Armut als Symptom ungünstiger sozialer Bedingungen« brandmarkten und »systematische Lösungsansätze« formulierten, dominierten am Ende des 19. Jahrhunderts in der Berliner Presse Deutungen, in denen »die Unterschicht als deviant und bedrohlich dar[ge]stellt« wurde, wie Michael (2019: 13) in einer systematischen Untersuchung herausgearbeitet hat. Insofern leisteten diese Recherchen einen wichtigen Beitrag, um andere Perspektiven – in diesem Fall von Betroffenen – sichtbar zu machen.

ABBILDUNG 13
Der US-Präsident Roosevelt als ›Muck-Raker‹ in Hearst's *New York American* (1906)

Abschließend seien einige weitere Entwicklungen der Presselandschaft im 20. Jahrhundert kurz angesprochen: Weiter oben wurde bereits der in der Schweiz vergleichsweise späte Wandel von Meinungs- zu »neutrale[n] Forumszeitungen« (KÜNZLER 2013: 212) erwähnt, der am »Wendepunkt der 1960er- zu den 1970er-Jahren« stattfand. In den 1970er-Jahren schlossen sich viele Gesinnungszeitungen »zusammen, fusionierten und wandelten sich dabei in politisch neutrale Zeitungen um oder verschwanden ganz vom Markt« (ebd.: 213). Künzler führt dies auf den sozialen Wandel in der Folge der 1968er-Bewegung, technische Entwicklungen im Zeitungswesen und damit verbundene wirtschaftliche Herausforderungen zurück (vgl. ebd.: 214).[115]

115 Die oben angeführten Gründe für die Wende von Gesinnungs- zu Forumszeitungen leuchten ein; allerdings erklärt dies nicht, *warum* diese Ablösung von weltanschaulichen Richtungen in der Schweiz *später* erfolgte als in den Nachbarländern. Dazu finden sich keine Hinweise in der Literatur. Möglicherweise besteht ein Zusammenhang mit den kleinräumigen Strukturen in der Schweiz. Diese könnten dazu geführt haben, dass politische Diskussionen noch stärker

Zum anderen seien noch zwei neue Zeitungstypen angesprochen: Anfang der 1940er-Jahre erschien in der Schweiz für kurze Zeit eine erste *Boulevardzeitung*, die *Actualis* in Zürich. Mit Beginn des Zweiten Weltkrieges gestartet, wurde sie als ›Sensationsblatt‹ wahrgenommen und mehrfach von den Zensurbehörden verwarnt; dazu kamen finanzielle Probleme (Anzeigenmangel) und interne Unstimmigkeiten, weshalb die Zeitung bereits nach gut drei Monaten ihr Erscheinen wieder einstellte (vgl. KÜNZLER 2013: 209; BOLLINGER 2002: 122-127). Erst nach dem Ende des Zweiten Weltkrieges hatte dieser neue Zeitungstyp Erfolg: mit der *Bild*-Zeitung des Springer-Verlags in Deutschland (seit 1952) und dem *Blick* in der Schweiz. Letzterer wurde seit 1959 vom Ringier-Verlag herausgegeben, zunächst zusammen mit dem Münchner Kindler-Verlag. In der Schweiz stieß der *Blick* jedoch anfangs auf starke Ablehnung, nicht nur bei anderen Zeitungen, sondern auch in der Bevölkerung – die ›reißerische‹ Art (der Schlagzeilen) galt als »›geschmacklos‹ und ›unschweizerisch‹« (KÜNZLER 2013: 211; vgl. auch LEY 2019). Trotzdem wurde der *Blick* in den folgenden Jahren, ähnlich wie die *Bild* in Deutschland, bei den Leser*innen ein großer Erfolg: »Die Auflage wuchs stetig und überstieg 1970 jene des ›Tages-Anzeigers‹, der bis zu diesem Zeitpunkt grössten Zeitung« (KÜNZLER 2013: 210). Konkurrenzprodukte konnten sich in der Deutschschweiz nicht etablieren; der Westschweizer *Le Matin*, der seit 1984 erscheint (vgl. ebd.: 211f.), wird seit Juli 2018 nur noch online publiziert (vgl. BESSON/MAURISSE/DUFOUR 2018). Schon seit den 1990er-Jahren haben die Boulevardzeitungen durch entsprechende Sendungen im (privaten) Fernsehen Konkurrenz erhalten, was bereits »eine Auflagenkrise einläutete, von der sich der Printboulevardbereich bislang kaum erholt hat« (DULINSKI 2003: 175). Weitere, wenn auch weniger gravierende (vgl. HAAS 2005: 309) Konkurrenz erwuchs den Boulevardzeitungen zudem mit den Gratis-(Tages-) oder *Pendlerzeitungen* seit Mitte der 1990er-Jahre: Eine erste (*Metro*) kam 1995 in Schweden auf den Markt und expandierte ab 1997 auch in andere europäische Länder. In Deutschland erschien eine erste (*15 Minuten aktuell*) im Jahr 1998 in Berlin (vgl. HAAS 2005: 112),[116] gefolgt von weiteren

als heute in anderen (nicht massenmedialen) Foren stattfanden und dabei ein Überblick und Austausch über diverse Themen und Sichtweisen ohne Forumsmedien hergestellt wurde. Eine solche Situation beschreibt etwa Bellingradt (2011: u.a. 369-375) mit Blick auf die Rolle der Pamphlete in städtischen Diskursen bzw. »Räsonnementfeld[ern]« (ebd.: 133) um 1700.

116 Schon seit November 1997 gab es eine sonntägliche Gratiszeitung im deutschen Freiburg (vgl. HAAS 2005: 115); da es sich aber nicht um eine Tageszeitung handelte, betrachtet Haas die seit Oktober 1998 erscheinende *15 Minuten aktuell* als erste.

Titeln, die jedoch alle eingestellt wurden (vgl. ebd.: 113-117). In der Schweiz hingegen wird – mit großem Erfolg – seit Dezember 1999 die *20 Minuten* publiziert, gegründet vom norwegischen Schibsted-Verlag, inzwischen ein Blatt der TX Group (vormals Tamedia-Gruppe) (vgl. KÜNZLER 2013: 217f.; HAAS 2005: 133-139). In der Westschweiz folgten im Jahr 2005 zwei Gratisblätter (*Le Matin Bleu*, bis 2009; *20 minutes*) (vgl. KÜNZLER 2013: 218-221). Das erste solche Blatt in Österreich (*U-Express*) kam erst im Jahr 2001 heraus (vgl. HAAS 2005: 103). Interessant ist, dass mit den Gratis- oder Pendlerzeitungen Elemente früherer Zeitungstypen wieder aufleben: Schon die Generalanzeiger im 19. Jahrhundert wurden bei ihrer Lancierung häufig für eine gewisse Zeit gratis angeboten und generell stark über Anzeigen finanziert (vgl. HAAS 2005: 64f.; WILKE 2008: 266f.). Zudem findet man das Finanzierungsmodell schon lange bei den »lokal-regionalen Gratisanzeiger[n]« (KÜNZLER 2013: 216; vgl. auch HAAS 2005: 69-74). Weiter wurden auch die Generalanzeiger bereits stark von Pendler*innen genutzt, und die inhaltliche Ausrichtung und Aufmachung der heutigen Gratiszeitungen gleicht in mancher Hinsicht den Boulevardzeitungen (vgl. HALLER 2009: 186f.).

4.3 Elektronische Medien: (drahtlose) Telegrafie, Rundfunk, Internet bzw. digitale Medien

Während der oben beschriebenen Entwicklungen der Presse löste eine weitere technische Innovation des 19. Jahrhunderts, der Einsatz der *Elektrizität* im Nachrichtenwesen, erneut eine »Umwälzung« (WAGNER 2014b: 237) in der Medienlandschaft und der öffentlichen Kommunikation aus (vgl. auch NORTH 1995: X). Indem *spezifische* – elektronische – *Informationsnetze* entstanden, wurde die Übermittlung von Nachrichten vom Verkehrsnetz prinzipiell unabhängig. Damit wurden die Charakteristika der Kommunikation über Distanz erneut, wenn auch nur teilweise (die Abwesenheit blieb bestehen),[117] umgekehrt. Eine große Veränderung durch den Rundfunk bestand insbe-

117 Dieses Charakteristikum ist angesichts der Größe und Komplexität moderner Gesellschaften unumkehrbar. Zwar kann die Anwesenheit simuliert werden, aber auch mit derartiger Technik ließe sich wohl kaum eine virtuelle Versammlung aller Gesellschaftsmitglieder, nicht einmal auf nationaler Ebene, realisieren, denn eine solche wäre kaum überschaubar und auch zeitlich nicht realisierbar, wie Heinz Starkulla jr. schon 1988 vorgerechnet hat (vgl. SCHÖNHAGEN 2004: 202).

sondere darin, dass damit in der Kommunikation über Distanz die *Gleichzeitigkeit* der Versammlungskommunikation zurückgewonnen wurde (vgl. WAGNER 2014b: 239). Anfangs bestand das Radio sogar fast ausschließlich aus Live-Sendungen, da noch keine ausgereifte Aufzeichnungstechnik zur Verfügung stand (vgl. DUSSEL 2010: 45, 242).[118] Auch wurde das gesprochene Wort – und die jeweilige Stimme – wieder *hörbar*, was dem Rundfunk eine große Authentizität verlieh. Mit dem Medium des Films, vor allem aber mit dem folgenden Entwicklungsschritt, der Übertragung von Bildern mittels des Fernsehens, wurde es auch wieder möglich, die Kommunikationspartner – bei Live-Übertragungen sogar gleichzeitig – zu sehen. Und mit dem Internet, »insbesondere dem World Wide Web (www) wurde [...] auch die prinzipielle *Medienverfügbarkeit für Jedermann* technisch zurückgewonnen« (WAGNER 2014b: 240f.). Dabei fanden diese Veränderungen nicht plötzlich statt, sondern im Zuge einer neuerlichen Evolution der – nun elektronischen – Medien. Diese Entwicklungen werden in den beiden folgenden Kapiteln im Einzelnen dargelegt.

4.3.1 *Von der kabelgebundenen Telegrafie zum Radio*

Am Beginn der Entwicklung elektronischer Medien steht die Erfindung des *elektromagnetischen Telegrafen* in den 1830er-Jahren.[119] Deren wichtigste Anwender*innen waren zunächst »englische und US-amerikanische Eisenbahngesellschaften«, um den Schienenverkehr zu steuern (SCHADE 2000a: 33). »At an early stage, the railway telegraph was also employed for the commercial transmission of private information« (AHVENAINEN 1995: 73), z. B. im Kontext des Baumwollmarkts. Von Zentralen in New York und Boston wurden solche Informationen auch nach Europa übermittelt (vgl. ebd.). »In Deutschland entstand unter Werner Siemens 1848 die erste größere Telegrafenlinie (zwischen Berlin und Frankfurt [a. M., d. Verf.])« (PÜRER/RAABE 2007: 76). Die länderübergreifende Abstimmung hinsichtlich technischer, betrieblicher und tariflicher Fragen führte in mehreren

118 1933 schaffte die Schweizerische Rundspruchgesellschaft (SRG) das erste Aufzeichnungsgerät mit Stahlbändern an, »eine mannshohe Maschine mit fast metergrossen, über zehn Kilogramm schweren Spulen« (SCHERRER 2000: 299).

119 Für Details zur Entwicklung sowie der anfänglichen Skepsis vgl. Sattelberg (1982) sowie Wenzlhuemer (2013: 66-76). Zu Vorläufern vgl. den folgenden Exkurs ›Optische Telegrafie‹.

Schritten zur Entstehung des Internationalen Telegraphenvereins im Jahr 1865 (die heutige International Telecommunication Union, kurz ITU) (vgl. AHVENAINEN 2009: 63f.; WENZLHUEMER 2013: 105f.; HOLTORF 2013: 213f.).[120] Einen wesentlichen Beitrag zur praktischen Nutzung des Telegrafen leistete zudem die Entwicklung des Morse-Alphabets. Die Etablierung dieses Systems als internationaler Standard, ebenfalls im Jahr 1865, vereinfachte den Informationsaustausch zusätzlich. Zudem wurde das Telegrafennetz innerhalb weniger Jahre stark ausgebaut (vgl. SJOBBEMA 1999: 34; WENZLHUEMER 2013: 71-74, 106-123).[121] Ab 1865 gab es auch erste Versuche mit der »Bildtelegrafie« (STEINMAURER 1999: 80) – das Verfahren erwies sich aber als nicht wirtschaftlich. Ab 1866 gab es eine erste ständige transatlantische Verbindung zwischen London und New York (vgl. AHVENAINEN 1995: 74f., 78).[122] Diese Verbindung ermöglichte es US-amerikanischen Zeitungen, europäische Nachrichten zu veröffentlichen, die weniger als einen Tag alt waren (vgl. KIELBOWICZ 2005: 524).[123] Dabei handelte es sich anfangs vorwiegend um *Wirtschaftsinformationen* wie Börsen- und Wechselkurse (vgl. WILKE 2004: 129f.; AHVENAINEN 1995: 76f.).

120 Durch den weltweiten Informationsaustausch wurde auch die Diskussion über eine verbindliche Weltzeit bzw. die heute bekannten Zeitzonen vorangetrieben (vgl. HOLTORF 2013). Dies bedingte aber zuerst genormte nationale Zeiten. In der Schweiz wurden z. B. die verschiedenen lokalen Zeiten an die Lokalzeit in Bern als Einheitszeit angepasst (vgl. MESSERLI 1995: 72-77).

121 Allein in der Schweiz bestanden im Jahr 1875 17.800 Kilometer an Telegrafenleitungen (vgl. STÖBER 2013: 120).

122 Vgl. ausführlich dazu – und zu früheren gescheiterten Versuchen – auch Holtorf (2013) sowie die Website atlantic-cable.com. Schon 1851 wurde das erste ›submarine cable‹ zwischen Calais und Dover verlegt – mit großem Erfolg, sodass weitere Telegrafenkabel zwischen Großbritannien und dem europäischen Festland sowie im Mittelmeer verlegt wurden (vgl. AHVENAINEN 1995: 73f.). Siehe neben Ahvenainen (1995: 74-76; 2009) auch Standage (1998: 58-62, 101f.) sowie Glove (o. J.) zu Kabeln in/zwischen weiteren Ländern. Wichtige Voraussetzungen für die Unterseekabel waren die Entdeckung eines geeigneten Isolierungsmaterials (Guttapercha, ein gummiartiger, kautschukähnlicher Stoff) sowie entsprechend große Schiffe, die für die Verlegung dieser (tonnenschweren) Kabel geeignet waren (vgl. BOYCE 1995: 83; OTIS 2001: 129-133; HOLTORF 2013: 50, 166, 220).

123 Holtorf (2013: 69) weist allerdings im Zusammenhang mit dem Atlantikkabel darauf hin, dass »von einer Überwindung von Raum und Zeit [...] keine Rede sein [konnte]: [...] Wie Eilboten, Postkutschen, Eisenbahnen und Schiffe konnte die Telegrafie Nachrichten zunächst weder sehr schnell noch besonders zuverlässig oder sicher vor Missbrauch und Missverständnis transportieren. Das Kabel blieb nicht zuletzt den Wetterverhältnissen unterworfen.«

EXKURS IX
Optische Telegrafie

Die in Kap. 2 geschilderten einfachen Möglichkeiten der Kommunikation über Distanz wurden immer weiter verfeinert und waren zum Teil sehr leistungsfähig. So wird erwähnt, dass bereits im alten Griechenland um 350 v. Chr. eine Kombination aus hydraulischer und optischer Telegrafie verwendet wurde (vgl. HIEBEL et al. 1999: 792f.; WENZLHUEMER 2013: 63).[124] Otfried Weintritt (2008: 181) berichtet von einem »Feuertelegraphen im 9. Jahrhundert«, der »nachts in drei bis vier Stunden [Nachrichten] von Tripolis nach Alexandria« übermitteln konnte.

Ab dem Ende des 18. Jahrhunderts existierte, zuerst in Frankreich, zudem ein optisches Telegrafensystem, welches in seiner Infrastruktur schon stark an den späteren elektromagnetischen Telegrafen erinnert und als dessen Vorläufer angesehen werden kann. Dieser optische Telegraf bestand »aus hölzernen Masten, die in größerer Entfernung voneinander, jedoch noch in Sichtweite auf erhöhten Geländepunkten in der Landschaft aufgestellt werden mußten« (SJOBBEMA 1999: 30). An diesen waren verschiedene »große bewegliche Hebel [angebracht], deren Winkelstellungen die Bedeutung von Zeichen oder Codes« (ebd.: 30f.) hatten (siehe Abb. 14). Das Personal musste nun den jeweils nächsten Masten mit einem Fernrohr beobachten und die eigenen Hebel in die genau gleiche Konstellation bringen. So konnten »Zeichen, Zeichenkombinationen oder Codes von Mast zu Mast weitergegeben [werden], bis die Nachricht beim Empfänger ankam« (ebd.: 31). Im Gegensatz zu dem eingangs erwähnten Feuertelegrafen konnte diese Konstruktion nur bei Tageslicht genutzt werden. Aber beide waren abhängig von guter Sicht, die z. B. durch Nebel und aufsteigenden Rauch getrübt sein konnte (vgl. ebd.: 31). Der erste solche Telegraf wurde 1793 in Frankreich in Betrieb genommen. In Großbritannien gab es erstmals 1796 eine Verbindung zwischen London und Portsmouth. In den USA, dem Deutschen Bund und dem russischen Zarenreich kam es erst in den 1830er-Jahren zu solchen Entwicklungen (vgl. ebd.: 31; OTIS 2001: 122-124; WENZLHUEMER 2013: 64). Diese optischen Telegrafen existierten jedoch nicht sehr lange, was v. a. damit zu-

124 Dabei signalisierten sich die Beteiligten mit Fackeln, wie lange beide Seiten Wasser aus einem genormten Behälter abließen. Senkte die ›sendende‹ Seite die Fackel, wurde der erreichte Wasserstand abgelesen. Durch zuvor bestimmte Botschaften, die an den Wasserstand geknüpft waren, konnten so Informationen übermittelt werden (vgl. HIEBEL et al. 1999: 793).

sammenhängt, dass bereits ab den 1830er-Jahren mit elektromagnetischen Telegrafen experimentiert wurde und im Deutschen Bund z. B. schon 1848 eine erste Linie in Betrieb ging. ■

ABBILDUNG 14
Beispiel für einen optischen Telegrafen mit Hebeln oder Armen

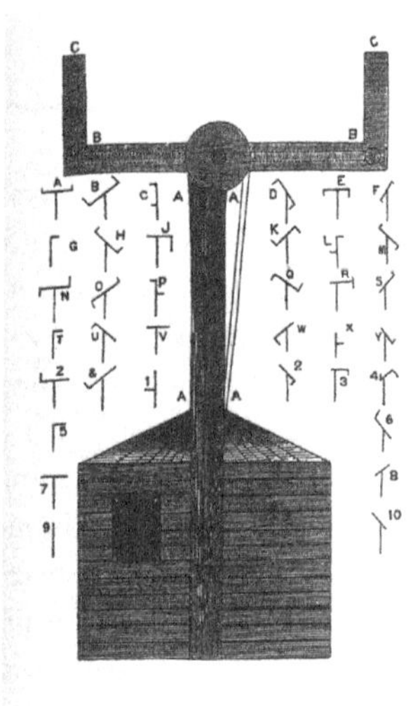

Knies, der im Jahr 1857 die wohl *erste wissenschaftliche Analyse des* neuartigen (elektromagnetischen) *Telegrafen* und seiner Auswirkungen auf den Nachrichtenverkehr publizierte,[125] erkannte nicht nur das erhebliche Veränderungspotenzial dieser Neuerung, sondern stellte zugleich fest, dass »die Nachricht [...] mit der Anwendung der Elektrizität [...] endlich das ihr gemäße Transportmittel gefunden« habe (WAGNER 2014b: 238). Geradezu visionär muten heute Knies' Beschreibungen der Folgen dieser Neuerung

125 Einige Jahre zuvor erschien in den USA ein Werk zum Telegrafen (vgl. TURNBULL 1852), das jedoch, ganz anders als Knies' Analyse, eine Technikgeschichte der Entwicklung des Telegrafen ist, ergänzt um eine Bestandsaufnahme der damals existierenden Telegrafenlinien in verschiedenen Ländern (mit Daten zur Menge der übermittelten Nachrichten), Ausführungen zur Isolierung der Kabel und zum Einsatz der Telegrafie für die Steuerung des Eisenbahnverkehrs.

an: Räumliche Distanzen würden für den Nachrichtenverkehr nahezu bedeutungslos. »Die Menschen und Völker zeigen sich uns wie in einer riesigen Sprechhalle vereinigt. Trotz der ungemessenen Abstände sind sich die Einzelnen unmittelbar vernehmbar, sie sind sich in die gegenseitige Hörweite gebracht, der Nachrichtenverkehr ist in eine mündliche Unterhaltung, in ein Wechselgespräch verwandelt« (KNIES 1857/1996: 242), das nahezu gleichzeitig stattfinde. Knies ahnte freilich noch nicht, dass die Einschränkung, »wie mit verbundenen Augen in diesem riesigen Sprechsaal neben einander« zu stehen und sich nicht sehen zu können (ebd.), mit der weiteren Evolution der elektronischen Medien (Fernsehen, Internet) ebenfalls noch aufgehoben werden würde. Ähnlich wie das Internet heute als »information superhighway« bezeichnet wird, sprach man damals vom Telegrafen als »highway of thought« (STANDAGE 1998: VIII).

Ähnliche Gedanken wie Knies, wenn auch eher nebenbei in anderem Kontext, entwickelte sein Schweizer Zeitgenosse Karl Bürkli, einer der ersten schweizerischen Sozialisten und Vorkämpfer für die direkte Demokratie, in seinem politischen Programm im Jahr 1851. Mit Blick auf die direkte Demokratie schrieb er: »Die Gemeindesektionen, wo das Volk dann und wann des Abends tagt, stehen sich durch Anwendung des elektrischen Telegraphen ebenso nahe, als wenn die Bewohner des ganzen Landes auf einem Punkte zur Berathung versammelt wären, und wichtige Angelegenheiten könnten augenblicklich allen überall bekannt gemacht werden«.[126]

Die geradezu revolutionäre Kraft, die im Einsatz der Elektrizität und der Erfindung der Telegrafie lag, entfaltete sich voll mit der Entwicklung der *drahtlosen Telegrafie*. Diese gelang in letzter Konsequenz dem Italiener Guglielmo Marconi, der dafür 1897 ein Patent[127] und 1909 gemeinsam mit Ferdinand Braun den Nobelpreis für Physik erhielt (vgl. HÖRISCH 2004: 337-339; SJOBBEMA 1999: 10, 75f.).[128] Die Informationsnetze waren damit nicht mehr zwingend an Kabel gebunden, wie zu Beginn der Telegrafie, sodass sich die Nachricht im Prinzip von materiellen Trägern

126 In: *Der Grütlianer*, Nr. 6 und Nr. 8 vom 10. und 31. Dezember 1851, zitiert nach Schiedt (2001: 45). Zur Person Bürklis vgl. ebd.: 9-12.

127 Der Antrag mit dem Annahmedatum ist abgedruckt bei Fahie (1900: 296-320) sowie online einsehbar unter: http://www.earlyradiohistory.us/1901fae.htm [13.10.2020].

128 Großbritannien zeigte sich gegenüber dieser Entwicklung zunächst uninteressiert und sabotierte nach Boyce (1995: 95) sogar ein Experiment Marconis; »[a]s a result Britain never secured the preeminent place in the field of radio telegraphy that it had gained in cable communications« (ebd.). Und Marconi fand Investoren in den USA und Kanada (vgl. ebd.).

lösen konnte. Allerdings ist einschränkend festzustellen, dass bis heute, trotz Funk- und Satellitentechnik, Kabel eine bedeutende Rolle für den Nachrichtenverkehr spielen (vgl. STAROSIELSKI 2015; HOLTORF 2013: 278). Außerdem wurden – bis zur Einführung des Telefons (1876 erhielt Alexander G. Bell das Patent; vgl. HIEBEL et al. 1999: 580)[129] – die telegrafierten Nachrichten im Telegrafenamt ausgedruckt und per Bote in die Redaktion gebracht (vgl. WILKE 2004: 133). Trotz dieser Einschränkungen wurde mit den neuen Informationsnetzen, namentlich dem *Funknetz* sowie später dem *Internet*, eine weitere Rationalisierung des Nachrichtenverkehrs möglich. Es kam nicht nur zur Beschleunigung der Übermittlung und Ausweitung des Teilnehmer*innenkreises, sondern Telegraf und Telefon trugen auch wesentlich zu einer Rationalisierung der Nachrichtensammlung und -zulieferung und dem Entstehen moderner Nachrichtenagenturen bei (vgl. u. a. STANDAGE 1998: 145ff.; PÜRER/RAABE 2007: 76; STÖBER 2014: 129). Letztere bildeten wiederum eine der Grundlagen für die oben beschriebenen Entwicklungen des Pressewesens im 19. Jahrhundert (vgl. Kap. 4.2).

Mit dem drahtlosen Funk, der entsprechend als Beginn einer »Wireless Era« gefeiert wurde (NARODNY 1912: 145), stand die Technik für den *Rundfunk* zur Verfügung, der alsbald zum bedeutenden Massenmedium werden sollte – zunächst in Form des *Radios*.[130] Zwar nutzte man die Technik des drahtlosen Funks anfangs vorwiegend militärisch, insbesondere im Ersten Weltkrieg (vgl. KÜNZLER 2013: 227; DUSSEL 2010: 21f.; ULMANN-MAURIAT 2004: 111),[131] sowie in der Schifffahrt (vgl. VENUS 2004: 167-172). In den USA sendete jedoch schon 1906 der Erfinder Reginald Aubrey Fessenden eine erste Unterhaltungssendung mittels drahtlosem Funk »gut verständlich« (HAGEN 2005: 178) über 15 Meilen. Dabei handelte es sich um eine Einzelsendung, die Werbung für den Einsatz des drahtlosen Funks zu Unterhaltungszwecken machen sollte (vgl. SCHADE 2000a: 38f.). Zu der Zeit gab es jedoch noch wenige Empfangsgeräte, und diese wurden eher für die »Punkt-zu-Punkt-Kommunikation im Sinn des ›drahtlosen Telefons‹« (KÜNZLER

129 Nach Hiebel et al. (1999: 582) wurde das Telefon erstmals im darauf folgenden Jahr (1877) »für journalistische Zwecke eingesetzt«.

130 Am Rande sei erwähnt, dass es sich bei dem Begriff ›Radio‹ um die Kurzform des Englischen ›radio telegraph‹ handelte (vgl. KOCH/GLASER 2005: 11), womit die technische Nähe zwischen Telegraf und drahtlosem Funk deutlich wird.

131 So wurden z. B. in der Schweiz im Jahr 1914 die wenigen privaten Empfangskonzessionen – v. a. im Bereich der Uhrenindustrie, die am Empfang des seit 1920 in Paris ausgestrahlten Zeitzeichens interessiert war – »aus militärischen Gründen suspendiert« (SCHWEISS et al. 1998: 5).

2013: 227) genutzt; gehört wurde meist mit Kopfhörer (vgl. SCHWEISS et al. 1998: 4; siehe auch Abb. 15). Zehn Jahre später gab es in den USA bereits »über 10.000 lizenzierte Radioamateure« und mehr als zehnmal so viele ohne Lizenz (HIEBEL et al. 1999: 658; vgl. auch HÖRISCH 2004: 339).[132] Diese Blüte endete aber mit dem Eintritt der USA in den Ersten Weltkrieg und dem Verbot aller Amateurradiostationen durch die US-Regierung im Jahr 1917 (vgl. HILMES 2004: 74). Drei Jahre später wurde in den USA zum ersten Mal ein kommerzieller Rundfunksender lizenziert; 1922 gab es bereits mehr als 500 (vgl. BARNOUW 1977: 4; VANCOUR 2018: 3). Und »[a]m Ende der dreißiger Jahre hat[te] fast jeder US-Haushalt ein Radio« (HÖRISCH 2004: 339).

ABBILDUNG 15
Radiohören in der Familie (1927) – mit Kopfhörern

132 Diese frühen, technikbegeisterten Radio-Enthusiasten nutzten die Technik stark für eine Kommunikation untereinander, also zum Senden und Empfangen (vgl. BRIGGS/BURKE 2009: 150f., 2002: 158; HAGEN 2005: 188-190), wohl ähnlich wie später der CB-Funk, vermutlich häufig auch innerhalb von kleinen Netzwerken (vgl. auch SANNELL 2004: 86; ULMANN-MAURIAT 2004: 111f.). Zu diesem Zweck erhielten die lizenzierten Radiostationen ›Rufcodes‹ bzw. ›Call Letters‹, die aus drei oder vier Buchstaben bestanden und die »weltweit [...] für Funkstationen auf Schiffen üblich sind« (HAGEN 2005: 189). Eine enge Verbindung zwischen Funk und Seefahrt zeigt sich auch darin, dass nach US-amerikanischem Recht (Radio Act von 1912) faktisch die US-Marine die Lizenzprüfungen für Radioamateure abnahm – und damit effektiv eigene Funker ausbildete (vgl. HAGEN 2005: 182).

In Frankreich (Paris), Großbritannien (London) und der Schweiz (Lausanne) wurden erste Rundfunkstationen im Jahr 1922 gegründet (vgl. PÜNTER 1958: 137; SCANNELL 2004: 85), in Deutschland und Österreich 1923 (vgl. DUSSEL 2010: 19; THEIS 2019: 60-62).[133] In der Schweiz hatte der frankophone Landesteil eine Pionierrolle inne: Dort waren, wie in Frankreich (vgl. ULMANN-MAURIAT 2004: 111f.), Radioamateure sehr aktiv, die sich nicht weiter um die unklare gesetzliche Lage kümmerten und in Genf 1921 einen ersten Radioklub gründeten (vgl. SCHWEISS et al. 1998: 6). Solche *Radiopioniere* waren es auch, die 1922 ohne Erlaubnis über den Lausanner Flughafensender ein erstes Radiokonzert für die Passagiere des Linienflugs Paris–Genf verbreiteten (vgl. KÜNZLER 2013: 228; SCHADE 2000b: 23, 26). Dies geschah mittels der bereits vorhandenen ›Radiotelefonie‹, die für Funksprüche zwischen Flugzeugen und Bodenstation sowie zur Flugsicherung und für Wetterberichte genutzt wurde. »Der politische Druck wuchs, den Markt für Unterhaltungs- und Informationsrundfunk zu öffnen« (KÜNZLER 2013: 228); auch die Geräteindustrie hatte daran ein Interesse. Nach einer Bewilligung des Bundesrats für Rundfunkversuche an den Flughäfen Genf, Lausanne und Kloten begann die neu gegründete Lausanner Programmgesellschaft Utilitas im Februar 1923 in Lausanne ein regelmäßiges unterhaltendes und informierendes Programm, das anfangs nur abends und nachts ausgestrahlt wurde, wenn der Flugverkehr ruhte (vgl. SCHADE 2000c: 26). Das Ziel war, »ganz eigennützig, den Verkauf von Empfangsgeräten anzukurbeln« (ebd.), mit denen die Utilitas handelte. Im gleichen Jahr und ebenfalls in Lausanne entstand auch die erste Radioprogrammzeitschrift der Schweiz: *Le Radio* (vgl. ebd.: 26, 265). Erste *Versuchssendungen* in Genf gingen im Oktober 1923 über den Äther. In der Deutschschweiz begann das Radiozeitalter etwas später, im August 1924, mit dem Sendebetrieb der Radiogenossenschaft Zürich; es folgten Bern 1925 sowie Basel 1926 (vgl. ebd.: 27-31). Die durchschnittliche Sendezeit pro Tag betrug anfangs nur wenige Stunden, z. B. in Zürich zweieinhalb,

133 Die Rundfunkhistoriografie betrachtet zwar meist den Sendebeginn der Radio-Verkehrs AG (RAVAG) im Oktober 1924 als Beginn des Hörfunks in Österreich (vgl. PENSOLD 2018: 7). Aber mit dem RADIO HEKAPHON sendete spätestens ab September 1923 eine erste Station ein regelmäßiges, vorrangig aus musikalischen Beiträgen bestehendes Programm, wie Theis (vgl. 2019: 60-62, 65) aufzeigt. Offenbar stellte RADIO HEKAPHON sein Programm nach der Erteilung einer Konzession an die RAVAG kurzzeitig ein, sendete dann aber erneut (vgl. PENSOLD 2018: 6). Die endgültige Einstellung erfolgte erst, als der künstlerische Leiter von HEKAPHON zur RAVAG wechselte (vgl. THEIS 2019: 69-72).

1927 knapp sechseinhalb Stunden. Im gleichen Jahr sendete RADIO BERN etwas über fünf Stunden täglich, Lausanne, Genf und Basel dagegen nur zwischen zweieinhalb und drei Stunden (vgl. ebd.: 28ff.).

Finanziert wurden die frühen Radiogesellschaften über *Empfangsgebühren* (auf der Basis von Konzessionen), die von den Bundesbehörden eingezogen und verteilt wurden, sowie durch die Herausgabe von Programmzeitschriften (vgl. KÜNZLER 2013: 229). Da es aber bis Ende 1923 schweizweit nur 980 konzessionierte, also angemeldete und Gebühren zahlende Hörer*innen gab, gestaltete sich die Finanzierung schwierig.[134] Zudem waren die Gebühren sehr ungleich verteilt, da Zürich viel mehr Hörer*innen hatte als Lausanne, Genf, Bern und Basel (vgl. SCHADE 2000b: 32f.; MÄUSLI 2000: 196-198). Der Bund drängte aufgrund der Finanzierungsprobleme der lokalen Programmgesellschaften auf die Gründung von regionalen Sendegesellschaften in den drei großen Sprachregionen, was 1931 »zum Zusammenschluss der bestehenden Radiogesellschaften unter dem nationalen Dach« der »Schweizerischen Rundspruchgesellschaft« (SRG) in Bern führte (vgl. KÜNZLER 2013: 230).[135] Dabei orientierte man sich am britischen Modell der BBC. Die technische Infrastruktur mit den drei Landessendern im frankophonen Sottens (ab März 1931), im deutschsprachigen Beromünster (ab Mai 1931) sowie im italienischsprachigen Monte Ceneri (ab April 1933) wurde vom Bund finanziert.[136]

134 Zum Vergleich: In Österreich gab es einer amtlichen Schätzung zufolge im Jahr 1924 25.000 Konzessionen. Die Gebühr betrug ca. eineinhalb Wochenverdienste eines Fabrikarbeiters (vgl. PENSOLD 2018: 8, 11). In Deutschland waren 1924 550.000 zahlende Teilnehmer*innen registriert, 1925 bereits über eine Million, die zwei Mark pro Monat zahlen mussten (vgl. DUSSEL 2010: 41f.). In der Schweiz betrug die jährliche Empfangsgebühr anfangs 12 Franken, die 1928 auf 15 erhöht wurde (vgl. SCHWEISS et al. 1998: 8). Offenbar war das für viele Haushalte recht viel, denn Mäusli (2000: 205) schreibt, dass diese »jährlich etwa ein Zehntel eines billigen neuen Geräts« ausmachte. Dabei stellte der Kauf eines neuen Radiogeräts »eine beträchtliche Auslage im Umfang etwa eines Monatsgehalts« dar (ebd.); zusätzlich waren offenbar die Stromkosten nicht zu unterschätzen. Allerdings gab es billigere Varianten im Eigenbau bzw. bald auch einen »Occasionenmarkt« (ebd: 204). Weiter ist zu bedenken, dass die Empfangsqualität anfangs noch recht schlecht war und die Radiostationen »häufig ihre Sendefrequenzen« wechselten, »weshalb die Hörerinnen und Hörer immer wieder mühsam ihre Lieblingssender suchen« mussten (SCHWEISS et al. 1998: 5). Das alles bremste sicher das Anwachsen der Hörer*innenschaft.

135 Im Tessin wurde die 1930 durch den Kanton gegründete Radiogesellschaft allerdings erst 1938 in eine Radiogenossenschaft nach Vorbild der anderen Landesteile umgestaltet (vgl. KÜNZLER 2013: 231).

136 Neben diesen drei Landessendern wurde 1939 ein weiterer Kurzwellensender in Schwarzenburg (bei Bern) für den SCHWEIZERISCHEN KURZWELLENDIENST (KWD), das Schweizerische Auslandsradio, eingerichtet. Im Jahr 1978 erfolgte die Umbenennung in SCHWEIZER RADIO

EXKURS X

Radio via Telefon – in der Frühzeit beliebt, in der Schweiz bis in die 1990er-Jahre möglich

Das Telefon wurde in seiner Frühzeit »vor allem als ein Medium zur Übertragung von Musik« in der Öffentlichkeit bekannt (HÖFLICH 1998: 187). In Basel gab es im Jahr 1880 eine Übertragung des schweizerischen Sängerfestes per Telefon ins neue Postgebäude – ein offenbar erfolgreicher Versuch (vgl. HENGARTNER 2002: 135). Asa Briggs und Peter Burke (2009: 144) berichten von einer noch früheren Schweizer Sendung dieser Art im Jahr 1879.

Im Jahr 1881 wurde bei einer Internationalen Elektroausstellung in Paris das ›Théâtrophone‹ eines Clément Ader präsentiert, mit dem Vorstellungen aus der Pariser Oper übertragen wurden (vgl. PISANO 2012: 85; LASTER 1983: 75; siehe auch Abb. 16). Diese ließen offenbar »die Zahl der Telefonabonnenten hochschnellen« (HENGARTNER 2002: 135). Nach der erwähnten Ausstellung wurden in Paris solche Théâtrophones auch in Form von »Münzfernsprecher[n] in Betrieb genommen« (HÖFLICH 1998: 191), z. B. in Hotels, Restaurants oder Clubräumen, wo gegen eine Gebühr (›coin-in the-slot‹) einige Minuten aus Theater- oder Opernvorstellungen oder Varités gehört werden konnten (vgl. ebd.). Ähnliche Angebote gab es z. B. auch in Großbritannien ab 1884 (vgl. BRIGGS/BURKE 2009: 145) sowie zwischen 1901 und 1924 in München (vgl. HENGARTNER 2002: 136).[137]

Im Jahr 1892 stellte ein ungarischer Erfinder das »Telefon Hirmondo«[138] vor, eine Art »Telefon-Zeitung« (HENGARTNER 2002: 136), die ab 1893 mehreren Tausend Abonnent*innen umfangreiche Informationen, einschließlich Presseschauen und Sportnachrichten, über das Telefonnetz lieferte (vgl. BRIGGS/BURKE 2009: 144; MARVIN 1988: 225f.; PETERNÁK 1997: 375-377) – und möglicherweise »the world's first broadcasting system« war (BRIGGS/BURKE 2009: 144). Es beschäftigte im Jahr 1900 mehr als 150 Men-

INTERNATIONAL. Seit 2001 existiert das Angebot unter dem Namen ›swissinfo.ch‹ als Webpräsenz (vgl. GUTSCHE-JONES 2019: 56-58; SCHADE 2011).

137 Nach Höflich (1998: 191f.) wurde das »Münchner Operntelefon« sogar nochmals »revitalisiert« und bestand bis 1930, als es endgültig vom Radio abgelöst wurde. Offenbar gab es bis dahin auch spezielle »Opernhörstuben« für den Gemeinschaftsempfang (KRONJÄGER/PRESSLER/VOGT 1973: 612).

138 Dieses ungarische Wort bezeichnet nach Marvin (1988: 223) den mittelalterlichen Ausrufer, der ähnlich den Herolden (vgl. Kap. 3) offizielle Nachrichten in den Straßen verkündete. Es wandelte sich unter dem Einfluß des Telephon Hirmondó zu einem Begriff für Radioansager*innen.

schen (vgl. MARVIN 1988: 225) und bestand nach Höflich (1998: 193) »noch bis in den Zweiten Weltkrieg hinein«.

Auf dem gleichen Prinzip basierte der sog. *Telefonrundspruch*, der ab 1931 in der Schweiz via Telefonkabel verbreitet wurde (vgl. MÄUSLI 2000: 200f.; SCHADE 2000a: 277; MÜLLER 2006: 196-198; WALKER/SCHAFFNER 1986: 38). Hintergrund dieses Angebots war das Problem, dass der Empfang von Radiosendern (aus Genf, Lausanne, Bern, Basel und Zürich) in den Bergregionen technisch noch nicht möglich war (vgl. MÄUSLI 2000: 375).[139] Deshalb wurden v. a. von der Bieler Firma Sport AG spezielle Geräte mit der Bezeichnung ›Biennophone‹ hergestellt, die an das Telefonkabel angeschlossen wurden und den Empfang verschiedener Programme ermöglichten (vgl. WISSMANN 2001: 18). Allerdings konnten nicht gleichzeitig Telefonrundspruch und Telefon genutzt werden (vgl. KRONJÄGER/PRESSLER/VOGT 1973: 615). Dies änderte sich erst 1939, als der Anschluss handelsüblicher Radiogeräte erlaubt wurde, wozu »ein Zwischengerät, der sogenannte Radiofil« (MÜLLER 2006: 197), benötigt wurde. Der Telefonrundspruch erfreute sich großer Beliebtheit. Ende der 1960er-Jahre gab es über 400.000 Anschlüsse, die insgesamt sechs Programme empfangen konnten.[140] Der Niedergang dieses Dienstes begann mit der verbesserten UKW-Sendetechnik. Endgültig eingestellt wurde der Telefonrundspruch in der Schweiz aber erst sehr spät, Ende 1997 (vgl. ebd.; FÄH 1996: 28-31).[141] ■

139 Dieser Grund wird auch für die Verbreitung des Drahtfunks v. a. in Süddeutschland angegeben (vgl. KRONJÄGER/PRESSLER/VOGT 1973: 614f.). Diese technische Lösung via Telefonkabel wurde auch kurz nach Ende des Zweiten Weltkriegs in Berlin genutzt (vgl. KUTSCH 1988: 122; KOCH/GLASER 2005: 219) und ist auch aus anderen Ländern bekannt (vgl. N. N. 1936; WALKER/SCHAFFNER 1986: 39).

140 Laut einer Zusammenfassung verschiedener repräsentativer Befragungen zum Hörfunk aus dem Jahr 1972, in denen auch Fragen zur Nutzung des Telefonrundspruchs gestellt wurden, gaben 12 Prozent der Deutschschweizer*innen, 7 Prozent der Westschweizer*innen und 19 Prozent der Tessiner*innen an, an den Telefonrundspruch angeschlossen zu sein. Dabei kamen Frauen in der Deutschschweiz, als größte Nutzer*innengruppe, auf etwa 80 Minuten täglicher Nutzung. Am häufigsten wurde der Telefonrundspruch in der Mittagszeit, zwischen 12 und 13 Uhr, gehört (vgl. SRG-PUBLIKUMSFORSCHUNG 1972: 2-6, 12, 18-20).

141 Deutschland dagegen stellte diesen Dienst z. B. schon 1966 endgültig ein (vgl. KRONJÄGER/PRESSLER/VOGT 1973: 615).

ABBILDUNG 16

Das Théâtrophone

Die Anfangszeit des Radios war von einer starken Orientierung auf *Unterhaltungs- und Bildungsinhalte* geprägt, nicht nur in der Schweiz (vgl. etwa zu Deutschland LENK 1997: 179f.; zu Frankreich ULMANN-MAURIAT 2004: 115f.). Insbesondere wurden Musik, Lesungen oder Vorträge und – extra für das Radio produzierte – Hörspiele gesendet (vgl. FÜHRER 1997: 742ff.; DUSSEL 2010: 52-63; KOCH/GLASER 2005: 34-45). RADIO ZÜRICH hatte sogar eine eigene, »vierköpfige Studiokapelle« (SCHWEISS et al. 1998: 7), die bis 1930 zu einem 30-köpfigen Orchester anwuchs (vgl. SCHADE 2000a: 261).[142] Daneben wurden Wetter- und Börsenberichte gesendet, in geringem Umfang Nachrichten »und vom Sendestart an [...] ›Plaudereien für Frauen und Kinder‹« (SCHWEISS et al. 1998: 7). 1926 übertrug RADIO GENF erstmals live aus der Völkerbundversammlung, und das BERNER RADIO veranstaltete 1927 während der Märzsession erstmals eine »›Parlamentarische Woche‹ mit Berichterstattung aus dem Bundeshaus« (SCHWEISS et al. 1998: 8).

Somit wird deutlich, dass das Radio in der Anfangszeit höchstens teilweise geeignet war, der umfassenden Vermittlung des gesellschaftlichen

142 Dabei handelte es sich um eine allgemeine Entwicklung. So unterhielt z. B. auch RADIO WIEN ein eigenes Rundfunkorchester (vgl. PENSOLD 2018: 45), und in Deutschland entstanden die ersten in den 1920er-Jahren (vgl. DUSSEL 2010: 60-62).

Diskurses zu dienen. Zudem blieben Nachrichtensendungen und generell *politische Inhalte* in der Schweiz noch lange *umstritten*: Zum einen fürchteten die Verleger*innen die Konkurrenz und erreichten, dass ab 1931, mit der Gründung der SRG, nur noch Nachrichten der Schweizerischen Depeschen-Agentur (SDA) gesendet werden durften (vgl. SCHERRER 2000: 69-71; KÜNZLER 2013: 231); Letztere war im Besitz eines Pressekonsortiums (vgl. Kap. 4.2). Dabei gab es bis 1939 nur zwei Sendetermine pro Tag, mittags und abends (vgl. SCHERRER 2000: 71). »In den Folgejahren konnte die SRG zwar erreichen, pro Tag mehr Nachrichtenbulletins auszustrahlen, im Gegenzug musste sie aber auf Radiowerbung verzichten« (KÜNZLER 2013: 231f.). Eigene Nachrichtenredaktionen für den Hörfunk durfte die SRG erst ab 1966 aufbauen und das zunächst nur für Kurznachrichten, erst ab 1971 auch für die Hauptnachrichtensendungen (vgl. VALLOTTON 2006: 77). Als Argument für die Beschränkungen wurde eine Aufgabenteilung ins Feld geführt: Die damals noch parteipolitisch geprägten Zeitungen sollten für die politische Meinungsbildung zuständig sein, das Radio für Unterhaltung und Belehrung (vgl. SCHERRER 2000: 71-73).[143] Zum anderen hatte die Politik Bedenken hinsichtlich politischer Stellungnahmen bzw. Meinungsäußerungen oder ›Propaganda‹ im Radio. Daher gab es bis nach dem Zweiten Weltkrieg keine politischen Diskussionssendungen im Schweizer Radio (vgl. SCHERRER 2000: 82-86; REYMOND 2000: 95f., 99-102; EGGER 2000: 145-148). Ähnliche Vorbehalte bestanden auch in anderen Ländern. In Österreich z. B. mussten politische Nachrichten von der Amtlichen Nachrichtenstelle bezogen werden, die von der Regierung kontrolliert wurde. Neben der Angst vor der politischen Mobilisierung großer Bevölkerungsgruppen spielte dort ebenfalls die Furcht der Zeitungsverleger*innen vor der neuen Konkurrenz eine wichtige Rolle (vgl. PENSOLD 2018: 20). Auch in Deutschland gab es ab 1926 eine amtlich gesteuerte zentrale Nachrichtenstelle, Drahtloser Dienst AG (Dradag, bis 30.09.1932) bzw. Der Drahtlose Dienst (DDD, ab 01.10.1932) genannt, welche die neun Regionalgesellschaften mit allgemeinen politischen Informationen versorgte. Sie war im Besitz des Reichs sowie der Verleger*innen und

143 Ähnliche Diskussionen gab es in Deutschland bis 1933 (vgl. LERG 1980: 386-394, 418-428). Und in Großbritannien gab es noch bis 1957 eine Beschränkung, die sog. ›Fortnight Rule‹, die der BBC verbot über Themen zu berichten, die in den kommenden 14 Tagen im Parlament behandelt werden würden (vgl. DANIEL 2018: 304-308, 320-325). Die politischen Diskussionen fanden in den entsprechenden Tageszeitungen statt.

Nachrichtenagenturen (vgl. HEITGER 2003: 67-118; LERG 1980: 294-303). Nur »Nachrichten von ausschließlich regionaler Bedeutung [durften] aus anderen Quellen bezogen und innerhalb der allgemeinen Nachrichtensendungen verbreitet werden« (HEITGER 2003: 162).[144]

In der Schweiz wurden schon ab den 1930er-Jahren zunehmend *Reportagen* ins Programm aufgenommen, die für mehr Publikumsnähe sorgen sollten (vgl. SCHADE 2000a: 335; DAMMANN 2005: 71-78).[145] Besonders beliebt waren *Sportübertragungen* (vgl. MÄUSLI 2000: 219; SCHADE 2000a: 385, 2000c: 277; LERSCH 2001: 464), insbesondere von großen Fußballspielen (siehe Abb. 17). Diese waren jeweils nationale Anlässe und spielten eine große Rolle für die wachsende Hörer*innenzahl. Die Einführung von Reportagewagen ab Mitte der 1930er-Jahre (vgl. REYMOND 2000: 297, 317; SCHWEISS et al. 1998: 13) trug dazu bei, dass sich die Journalist*innen weiter vom Studio entfernten.

ABBILDUNG 17
Radioreporter im Fußballstadion (1930)

144 Die Sendegesellschaften widersetzten sich aber immer wieder dem Monopolanspruch der Dradag. Da sie dafür auch technische Probleme bei der Übertragung der Nachrichten angaben, konnte die Dradag ihren Monopolanspruch erst ab Ende 1932 häufiger durchsetzen, als technische Verbesserungen, etwa zuverlässigere Fernschreibverbindungen, eingeführt wurden (vgl. HEITGER 2003: 425-451).

145 Ob eine solche Nähe erreicht wurde, war aber von Anfang an zumindest umstritten (vgl. DAMMANN 2005: 74).

Das neue Medium verbuchte sehr schnell große Erfolge und es brach überall ein regelrechtes ›*Radiofieber*‹ aus: In den USA und Deutschland war das bereits in den 1920er-Jahren der Fall (vgl. SCHADE 2000a: 41; KOCH 1996: 53f.). In der Schweiz machte sich die Begeisterung etwas langsamer breit, aber 1931 waren bereits 150.000 Hörer*innen angemeldet (vgl. DRACK 2000: 230) – gegenüber den oben erwähnten 980 im Jahr 1923 ein deutlicher Zuwachs.[146] Das Radio wurde bald, ähnlich wie später das Fernsehen, Teil der familiären Freizeit- bzw. Abendgestaltung (vgl. MÄUSLI 2000: 198; LENK 1997: 138-141). Dabei setzte sich »in den 30er-Jahren der Lautsprecher« anstelle des Kopfhörers durch (SCHWEISS et al. 1998: 11). Aufgrund der noch verhältnismäßig teuren Geräte war zudem Gemeinschaftsempfang[147] verbreitet – so waren in »vielen Gemeinden [...] die Gasthöfe und Coiffeure die ersten, die ein Gerät in Betrieb hielten. Man traf sich dort zum Hören« (MÄUSLI 2000: 198). Dies war nicht nur in der Schweiz so,[148] sondern es gab z. B. auch in Wiener Kaffeehäusern Fußballübertragungen, wogegen sich wiederum, wie in der Schweiz (vgl. SCHERRER 2000: 287), Widerstand von den Fußballverbänden regte. Diese hatten Angst, dass weniger Zuschauer*innen in die Stadien kommen würden – ein Phänomen, welches sich später beim Fernsehen wiederholen sollte (vgl. PENSOLD 2018: 25, 144f.; DANUSER/TREICHLER 1993: 127).[149] Auch spezielle Radiozeitschriften, u. a. für sog. ›Radiobastler‹, die sich selbst (preiswerte) Geräte bauten, entstanden in großer Zahl, ebenso wie Radiovereine (vgl. SCHADE 2000a: 141, 163, 169, 2000c: 275; LENK 1997: 88-91). Letztere entstanden zahlreich im Kontext der Arbeiterbewegung

146 Allerdings zeigen die Zahlen auch, dass dieses ›Fieber‹ nicht so stark verbreitet war, wie die damaligen Medien sowie die wissenschaftliche Literatur es teilweise darstellen. Dies wird z. B. auch bei Lenk (1997) mit Blick auf das Radio (in Deutschland) gut deutlich. Solche Darstellungen sind offenbar Teil der Euphorie, die neue Medien(technologien) typischerweise begleitet, wie auch der weiter oben bereits erwähnte Mosco (2005) an vielen Beispielen zeigt.

147 Dussel (2010: 27) bemerkt, dass in Deutschland anfangs die Idee vorherrschte, Rundfunksendungen »dem Publikum an öffentlichen Orten durch sogenannte ›lautsprechende Telefone‹« darzubieten; man sprach von ›Saalfunk‹ (vgl. dazu auch LENK 1997: 59f.). Interessanterweise war Ähnliches am Beginn des Fernsehens geplant (»Kinofernsehen«; MEYER 2009: 10), in der Schweiz wie auch in den USA und Großbritannien (vgl. ebd.: 11, 75-85). Und in Deutschland wurde Fernsehen in der Anfangszeit fast ausschließlich in sog. ›Fernsehstuben‹ im Gemeinschaftsempfang genutzt (siehe Kap. 4.3.2).

148 Bereits im Jahr 1923 z. B. wurde das Fußball-Länderspiel Schweiz-Uruguay direkt aus Paris »in den Zürcher Tonhallesaal übertragen« (SCHWEISS et al. 1998: 6).

149 Der Widerstand der Sportverbände gegen die Radio- und später Fernsehübertragungen führte übrigens auch dazu, dass die Verbände Lizenzgebühren für Übertragungsrechte verlangten – diese galten ursprünglich als Ausgleich für Mindereinnahmen aufgrund der möglicherweise ausbleibenden Zuschauer*innen (vgl. BECK 2006: 51, 76).

(vgl. SCHADE 2000a: 255), die im Radio ein Instrument für eine verbesserte (kulturelle und politische) Bildung der Arbeiter*innenschaft sah (vgl. DUSSEL 2010: 44f.).

In Deutschland waren im Jahr 1932, neun Jahre nach Sendestart, bereits über vier Millionen Geräte angemeldet (vgl. DUSSEL 2010: 41). So verwundert es wenig, dass der Rundfunk nach der Machtübernahme im folgenden Jahr zum zentralen *Propagandamedium der Nationalsozialisten* wurde.[150] Neben seiner großen Reichweite[151] war dafür zudem der authentische Live-Charakter dieses Mediums ausschlaggebend. Zudem stand der Rundfunk in Deutschland von Beginn an unter starker staatlicher Kontrolle. Zum Zeitpunkt der Machtübernahme war er bereits weitgehend über die Reichsrundfunkgesellschaft (RRG) sowie die Verdrängung privater Gesellschafter*innen durch das Kabinett von Papen 1932 verstaatlicht. Dies erleichterte es, ihn endgültig zu zentralisieren und somit ›auf Linie‹ zu bringen (vgl. DUSSEL 2010: 67-83; ADLBRECHT 2005: 25f.; HEITGER 2003: 69f., 118-127; LERG 1980: 406, 500f.; DILLER 1980: 16-18). Zur schnellen Übernahme durch die neuen Machthaber trug aber auch die organisierte Rundfunkarbeit innerhalb der NSDAP vor 1933 bei. Diese resultierte in Personallisten für den Fall der Machtübernahme sowie in der Tatsache, dass Anhänger bereits als Mitarbeiter in den einzelnen Sendern angestellt waren. »Nur so ist erklärbar, dass in den Funkhäusern die Machtübernahme nach der Reichstagswahl vom 5. März 1933 schlagartig vor sich gehen und über allen Sendern sofort die Hakenkreuzflagge gehisst [werden] konnte« (KOCH/GLASER 2005: 92; vgl. auch DILLER 1980: 26f., 43-51, 76). Das war im Pressebereich mit seiner privatwirtschaftlichen Struktur und mehr als 4.000 Titeln wesentlich schwieriger (vgl. WILKE 2008: 332f.; LERSCH 2001: 455-459, 465-471; DUSSEL 2010: 67-71). Die *Nationalsozialisten* etablierten ein umfassendes *System der*

150 Insofern ist festzuhalten, dass der nationalsozialistische Rundfunk keineswegs im Dienst der umfassenden Vermittlung des gesellschaftlichen Diskurses stand, zumal »auch Bevölkerungsgruppen dezidiert von der ›staatspolitischen Pflicht‹ Radio zu hören«, ausgeschlossen wurden (Verbot des Gerätebesitzes, Beschlagnahme), z. B. Jüd*innen und »Arier, die in jüdischen Häusern lebten« (SCHMIDT 1998: 257). Andererseits förderten die Nationalsozialist*innen mit zahlreichen Maßnahmen, wie dem preisgünstigen ›Volksempfänger‹, das Radiohören (vgl. ebd.: 356). Mit Blick auf die Frage nach der tatsächlichen Beeinflussung der Hörer*innen ist u. a. zu bedenken, dass auch verbotene, nicht-nationalsozialistische Programme gehört wurden (vgl. ebd.: 258). In den 1930er-Jahren war das Radio zudem noch vielfach »winterliches (Freizeit)medium«, das viele Hörer*innen über den Sommer abmeldeten (ebd.: 359).

151 Vier Jahre nach Sendebeginn (1930) wurde bereits ein Viertel der Gesamtbevölkerung erreicht, vor allem durch die Konzentration auf Ballungsgebiete (vgl. LERG 1980: 357).

Medienkontrolle, das in ähnlicher Weise alle totalitären Staaten prägt(e), etwa auch die DDR (vgl. BÖSCH 2019: 190-192).

Es wurden diverse *Maßnahmen* auf der institutionellen, rechtlichen, wirtschaftlichen sowie inhaltlichen Ebene ergriffen, um die Inhalte aller Medien möglichst stark im Sinne der nationalsozialistischen Ideologie zu lenken: Auf der *institutionellen Ebene* waren wichtige Maßnahmen z.B. die Gründung des Reichsministeriums für Volksaufklärung und Propaganda im März 1933, das als zentrale Instanz für die Überwachung der Medien fungierte. Zudem wurde mit der Reichskulturkammer eine berufsständische Zwangsorganisation geschaffen, womit der Berufszugang kontrolliert werden konnte. Auf der *rechtlichen Ebene* diente das schon in der Weimarer Republik etablierte Instrument der Notverordnungen dazu, unliebsame, namentlich linke und kommunistische Presseprodukte zu verbieten. Ein zentrales Instrument war außerdem das sog. Schriftleitergesetz von 1934, das den Zugang zum Beruf direkt regelte. *Wirtschaftliche Maßnahmen* waren v.a. Enteignungen unerwünschter Verlage auf der Basis der sog. ›Amann-Anordnungen‹[152] von 1935, vorgeblich zur Beseitigung der – tatsächlich vorhandenen – Strukturkrise mit vielen kleinen, unrentablen Betrieben. Dazu kamen weitere Maßnahmen wie etwa die Papierkontigentierung.[153] Auf *inhaltlicher Ebene* schließlich wurden Anweisungen eingesetzt, sog. Tages- und Wochenparolen, die auf der von der Reichsregierung veranstalteten Pressekonferenz ausgegeben wurden und unter Strafandrohung befolgt werden mussten (vgl. PÜRER/RAABE 2007: 82-91). So wurde z.B. dem Radio vorgeschrieben, volkstümliche, »leichte« Musik zu senden, wozu auch »Militärmärsche« und »Soldatenlieder« gezählt wurden, nicht jedoch »Jazz- und Negermusik« (zit. nach STUIBER 1998: 173). Mit allen diesen Maßnahmen »wurden die Medien der Massenkommunikation in

152 Es handelte sich insgesamt um drei Anordnungen sowie deren Ausführungsbestimmungen. Der Namensgeber, Max Ammann, war in Personalunion Vorsitzender der Reichspressekammer, Verlagsleiter des zentralen nationalsozialistischen Verlags Franz Eher Nachf. und innerhalb der NSDAP Reichsleiter für die Presse (vgl. INSTITUT FÜR ZEITUNGSWISSENSCHAFT AN DER UNIVERSITÄT BERLIN 1937: 394-400; KOSZYK 1972: 364).

153 Im Pressebreich hatten die verschiedenen Maßnahmen zur Folge, dass der deutsche Zeitungsmarkt von 4.700 Titeln im Jahr 1932 auf ca. 970 im Jahr 1944 schrumpfte (vgl. PÜRER/RAABE 2007: 81), womit der 1932 noch sehr geringe Anteil der NS-Zeitungen an der Gesamtauflage der Zeitungen erheblich anstieg (vgl. ebd.: 98). Der Pressemarkt zeichnete sich insgesamt durch inhaltliche Eintönigkeit aus, mit wenigen Ausnahmen, die mit Blick auf eine positive Wirkung auf das Ausland mehr Freiheiten behielten (z.B. *Das Reich*, *Frankfurter Zeitung*) (vgl. ebd.: 92, 99).

Deutschland wie nie zuvor der Staatsmacht und ihrer Propaganda dienstbar gemacht« (WILKE 2003: 164).

In der Schweiz wurde, mit der Mobilmachung Ende August 1939, die SRG-Konzession aufgehoben und die »Verfügungsgewalt über den Schweizer Rundspruch (SR) auf das Eidgenösische Post- und Eisenbahndepartement (PED) übertragen« (JECKER 2009: 49; vgl. auch SCHERRER 2000: 96f.). Zudem wurde das Radio der Kontrolle durch das Armeekommando, Abteilung Presse und Funkspruch (APF), Sektion Radio, unterstellt. Es gab ein umfassendes Zensursystem mit Weisungen, Vorzensur und eigenen propagandistischen Sendungen. Oberstes Gebot war dabei die politische und religiöse Neutralität (vgl. JECKER 2009: 50f.; SCHERRER 2000: 99-101). Aber auch das Ziel der sog. *Geistigen Landesverteidigung* (siehe folgender Exkurs) prägte das Radioprogramm (vgl. JECKER 2009: 55-59; SCHERRER 2000: 102-106; MOOSER 1997). Nicht zuletzt zur Abwehr nationalsozialistischen Gedankenguts sollten neben der Neutralität weitere, als typisch schweizerisch erachtete Werte und Traditionen gepflegt und das Zusammenleben der vier Kulturen sowie die Demokratie betont werden (vgl. REYMOND 2000: 102-104; SCHERRER 2000: 87f., 102; WEBER 2013: 75-77). Insofern kann man sagen, dass auch das Schweizer Radio (wenn man so will: Gegen-)Propagandazwecken diente.

EXKURS XI
Geistige Landesverteidigung

Der Begriff der ›Geistigen Landesverteidigung‹, der zuerst Ende der 1920er-Jahre im Sprachgebrauch der politischen Rechten auftauchte, war Mitte der 1930er-Jahre etabliert, entfaltete aber erst nach 1938 »jene mediale und propagandistische Breitenwirkung, die ihn in der Rückschau zu einer geschlossenen nationalen Abwehr gegen die Bedrohung durch den Nationalsozialismus machte (und auch verklärte)« (TANNER 2015: 234).[154]

154 In den Einschätzungen zur Geistigen Landesverteidigung wird jeweils auf ambivalente Sichtweisen aufmerksam gemacht. So betont Maissen (2015: 261), dass »das Lob [des zuständigen Bundesrats Etter, d. Verf.] einer alpinen, christlichen Urschweiz« auf »ständestaatliche Vorstellungen einer ›autoritären Demokratie‹« hindeutet, »die sich nicht auf Parteien, sondern auf ›das Volk‹« stützte, und dass nicht der »liberale [...] Verfassungsstaat, sondern eine jahrhundertealte Eidgenossenschaft« geschützt werden sollte. Ähnlich äußert sich auch Kästli (1998: 469): »Immer eindeutiger wurde sie [die Geistige Landesverteidigung, d. Verf.] zu einem rückwärtsgewandten, reaktionären Programm«.

Schon 1933, vor dem Hintergrund der oben erwähnten Diskussionen um aktuelle Informationen im Radio und der Befürchtungen bezüglich ausländischer Propaganda, forderte die »Geschäftsprüfungskommission des Nationalrats [...], die Demokratie gegenüber den totalitären Staatsformen [...] zu verteidigen und ›ausländischen Angriffen [...] mit einer geistigen Landesverteidigung entgegenzuarbeiten‹« (zit. nach SCHERRER 2000: 87). Ein entsprechendes Postulat eines SP-Nationalrats und einer Gruppe Mitunterzeichner, das im September 1935 im Nationalrat eine breite Diskussion auslöste, wurde jedoch vom Bundesrat abgelehnt: »In der Schweiz hat die Politik im Studio nichts zu suchen« (zit. nach ebd.: 88). Dies änderte sich jedoch mit der Kontrolle durch die APF, Sektion Radio, die durch den Direktor des Berner Radiostudios, Kurt Schenker, geleitet wurde. »Kurt Schenker betrachtete das Radio als eine psychologische Waffe zur Abwehr ausländischer Propaganda. Wie auch die meisten Politiker war er jedoch gegen ein Radiohörverbot ausländischer Sender, wie es in Deutschland und Italien eingeführt worden war« (ebd.: 99). Das Radio sollte das gesamte Schweizer Volk »zu einer riesigen Landsgemeinde« zusammenschließen (ebd.: 102), u. a. durch »nationale Sendungen« und den »Programmaustausch mit ausländischen Sendern« (ebd.: 104). Auch wurde eine größere Publikumsnähe angestrebt, u. a. durch einen Ausbau des Nachrichtendienstes (vgl. ebd.: 103-106).

Diese Bestrebungen wurden auch im Bereich des Films mit der Gründung des Armeefilmdienstes am 11. September 1939 verfolgt: »Das GLV-Kino [GLV = Geistige Landesverteidigung, d. Verf.] widmet sich im wesentlichen drei Bereichen: der Armee, dem historisch-literarischen Erbe und dem Regionalismus« (DUMONT 1987: 240). »Die Ausdrucksformen allerdings, die zur Durchführung des GLV-Programmes eingesetzt werden (konkrete Kunst, stilisierter Naturalismus, pompöser Idealismus, Pathos und Monumentalität), wie auch seine mystisch-kriegsverherrlichenden Themen, ähneln [...] jenen der totalitären Nachbarstaaten« (ebd.: 239). Der »Hauptbeitrag« des Kinos zur Geistigen Landesverteidigung war aber die »Schweizer Filmwochenschau«, die ab August 1940 produziert wurde und »ein Gegengewicht [...] zur erdrückenden Hegemonie der NS-Wochenschauen nach dem Ausbleiben französischer Aktualitäten ab Sommer 1940« bildete (DUMONT 1987: 251).[155] ■

155 Frankreich wurde 1940 von NS-Deutschland größtenteils besetzt und produzierte von da ab keine eigenen Wochenschauen mehr. Die von der Universum-Film Aktiengesellschaft (UFA)

Nach dem Zweiten Weltkrieg stand in der Schweiz »in sieben von zehn Haushalten ein Radiogerät«. Man sorgte sich jedoch um ein Abwandern der Hörer*innen zu ausländischen Sendern, insbesondere angesichts der mehrjährigen »Funktion des Radios als Vermittler behördlicher und kriegswirtschaftlicher Verlautbarungen« (EGGER 2000: 115). Es setzte eine Reorganisation und Modernisierung »hin zu radioeigenen Sendeformen« wie Gesprächen, eigenständigeren Hörspielen, Wunschkonzerten und »Sendungen mit Publikumsbeteiligung« (ebd.: 120) ein; 1945 begann die Ausstrahlung der »weltpolitischen Tagessendung ›Echo der Zeit‹« (KÜNZLER 2013: 233). Offenbar hatten diese Neuerungen Erfolg, denn Ende 1949 konnte die SRG die millionste Radiokonzession feiern (vgl. EGGER 2000: 150). Dabei spielte aber wiederum auch Unterhaltung eine Rolle: Hörspiele wie *Polizist Wäckerli* wurden als »›Strassenfeger‹ bezeichnet, weil die Strassen menschenleer waren, wenn sie auf dem Programm standen« (MÄUSLI 2000: 218).

In den drei westlichen Besatzungszonen Deutschlands bauten die Alliierten nach dem Zweiten Weltkrieg zunächst Militärsender auf. Jedoch wurde relativ schnell ein öffentlich-rechtliches Rundfunksystem etabliert, das sich, wie auch die SRG, am Vorbild der britischen BBC orientierte. Damit sollte eine staatliche Lenkung wie in der Zeit des Nationalsozialismus künftig unterbunden werden. Die Grundlage bildeten entsprechende Rundfunkgesetze der westdeutschen Bundesländer, die erstmals zwischen Januar 1948 und Oktober 1949 verabschiedet wurden (vgl. BAUSCH 1980: 89, 102, 115, 125f.; KOCH/GLASER 2005: 230). Die einzelnen Rundfunkanstalten sendeten zunächst je ein Hörfunkprogramm, ab 1950 kam überall ein zweites dazu (vgl. ebd.: 282). Im Sommer 1950 gründeten die damals sechs westdeutschen Rundfunkanstalten die Arbeitsgemeinschaft der öffentlich-rechtlichen Rundfunkanstalten der Bundesrepublik Deutschland (ARD) (vgl. BAUSCH 1980: 259). In der Sowjetischen Besatzungszone wurde dagegen »im wesentlichen die Form des traditionellen deutschen Staatsrundfunks beibehalten« (DUSSEL 2010: 123). Bis 1958 »[unterlag] der gesamte Rundfunk der SBZ/DDR [...] ständigen Veränderungen« (MÜNKEL 1998: 138).[156] Inhaltlich knüpfte das Radio an die Vorkriegszeit an und blieb stark unterhaltungsorientiert (vgl. MÜNKEL 1998: 141-148).

produzierte NS-Wochenschau war in der Schweiz im Gegensatz zu bestimmten Filmen nicht verboten (vgl. DUMONT 1987: 251f., 256).

156 Im Jahr 1945 wurden die NORDDEUTSCHE SENDEGRUPPE bzw. NORDDEUTSCHE RUNDFUNKGESELLSCHAFT (Leitsender: Berlin) und der MITTELDEUTSCHE RUNDFUNK (Leitsender: Leipzig)

Auch in der Schweiz waren die 1950er/1960er-Jahre von einem Ausbau des SRG-Angebots geprägt; u. a. startete Ende 1956 »die Versuchsperiode des zweiten Radioprogramms« (EHNIMB-BERTINI 2000: 169, 365), anfangs »mit stundenweisen Sendungen« (SCHWEISS et al. 1998: 21). Außerdem begann eine Diskussion um die Einführung des Fernsehens (vgl. EHNIMB-BERTINI 2000: 175; KÜNZLER 2013: 233-235). Obwohl in Deutschland bereits ab Mitte der 1930er-Jahre Fernsehen ausgestrahlt worden war und zu Beginn der 1950er-Jahre wieder eingeführt wurde (vgl. Kap. 4.3.2), blieb das Radio auch dort das »Leitmedium der 50er Jahre [...], die Zahl der Radioapparate erreichte den Grad der Vollversorgung« (LERSCH 2001: 474). Zudem verbreiteten sich in den 1950er/1960er-Jahren zunehmend mobile Transistorradios und das Autoradio (vgl. EHNIMB-BERTINI 2000: 365; DUSSEL 2010: 214; BRIGGS/BURKE 2009: 208). Damit verband sich, nach einem Rückgang der Hörer*innenzahlen durch die stärker werdende Konkurrenz des Fernsehens, in den 1960er-Jahren ein erneuter Aufschwung der Hörfunks. Dabei wandelte sich das Radio vom »häuslichen Freizeitmedium für die ganze Familie« immer mehr zum »individuellen Tagesbegleiter« (LERSCH 2001: 480) und *Nebenbeimedium*. Nicht zuletzt vor dem Hintergrund der 1968er-Bewegung wurden in der Schweiz wie in Deutschland mehr politische Inhalte gesendet, aber sie waren immer noch umstritten und wurden als zu regierungsnah oder zu links kritisiert (vgl. KÜNZLER 2013: 235, 240f.).

Ab den 1970er-Jahren begannen einige europäische Länder, darunter 1976 mit Italien (vgl. SPLENDORE 2009: 391) auch in direkter Nachbarschaft zur Schweiz, *Privatradio* (und -Fernsehen) zuzulassen. Außerdem wurde ab Ende der 1970er-Jahre die Satellitentechnik für den Rundfunk genutzt. So wurde der Empfang ausländischen Privatfunks zumindest in einigen Regionen der Schweiz möglich und »der Ruf nach der Zulassung von Privatradio und Privatfernsehen lauter« (KÜNZLER 2013: 241; vgl. auch SCHWARB 2007: 23). In diesem Kontext begannen sog. *Radiopiraten* illegal – und von den Bundesbehörden bekämpft – in Schweizer Städten Radio zu senden (vgl. KÜNZLER 2013: 241f.). Es gab unterschiedliche Sendertypen: alterna-

gegründet, denen die fünf Landessender zugeordnet wurden (MITTELDEUTSCHER RUNDFUNK: Dresden, Weimar, Halle; NORDDEUTSCHE SENDEGRUPPE: Schwerin, Potsdam) (vgl. KUTSCH 1988: 124; DILLER 1995: 1226). Diese wurden 1952 aufgelöst und durch die Sender BERLIN II und BERLIN III ersetzt. Der fehlende regionale Bezug im Hörfunkprogramm löste jedoch derartige Kritik aus, dass relativ bald auch wieder regionale Sendefenster etabliert wurden. Nach verschiedenen Umbenennungen existierten ab 1958 RADIO DDR I und RADIO DDR II sowie zwei Sender speziell für Berlin (vgl. MÜNKEL 1998: 138f.).

tive sozialpolitische Radios im Umfeld der 1968er-Szene, »Plausch-Sender« (ebd.: 241), die eher hobbymäßig die von den Betreibern bevorzugte Musik sendeten, und professionell ausgerichtete Sender, die auf Werbeeinahmen setzten (vgl. ebd.).[157] Breitere Beachtung fand erst der Sender RADIO 24 des Privatfunkpioniers Roger Schawinski, der ab Ende November 1979 von einem italienischen Berg in der Nähe der Schweizer Grenze, dem Pizzo Groppera, ein »Formatradio nach dem Vorbild US-amerikanischer Privatsender« mit 24-Stunden-Programm austrahlte (ebd.: 241; vgl. auch SCHWARB 2007: 24). Dieses konnte bis zu 130 km nördlich, also auch in Zürich, empfangen werden und wurde »begeistert aufgenommen. Als die illegale Radiostation von italienischen Polizisten geschlossen werden sollte, kam es zu Protesten und Kundgebungen, an denen Tausende teilnahmen« (SCHWARB 2007: 24; siehe auch Abb. 18). Nicht zuletzt diese Demonstrationen erhöhten den politischen Druck derart, dass der Schweizer Bundesrat schließlich 1983, auf der Basis einer Rundfunk-Versuchsordnung (RVO), die (zunächst befristete) Zulassung von – auch kommerziellen – Privatradios zuließ (vgl. KÜNZLER 2013: 242f.; SCHWARB 2007: 28; SCHNEIDER 2006: 131). Mit der Annahme eines neuen Verfassungsartikels zu Radio und Fernsehen, der Privatfunk einschloss (siehe auch Kap. 4.3.2), wurde im folgenden Jahr (1984) die Grundlage für ein *duales Rundfunksystem* in der Schweiz gelegt, das mit dem neuen Radio- und Fernsehgesetz (RTVG) im Jahr 1991 dauerhaft fixiert wurde (vgl. KÜNZLER 2013: 243f.).[158] Auf die Zulassung des Privatfunks reagierte die SRG mit einem erneuten Ausbau des Angebots: 1983 wurden die dritten Programme geschaffen, »die sich an ein jüngeres Publikum richteten« (ebd.: 237), sowie »die Regionaljournale ausgebaut« (SCHWARB 2007: 23); zudem sendete RADIO DRS ab 1981 »rund um die Uhr (24-Stunden)« (SCHWEISS et al. 1998: 25).

157 Daneben gab es auch einige legale Experimente mit lokalem, nichtkommerziellem Radio (und Fernsehen), die seit 1977 »über konzessionierte Gemeinschaftsantennen-Anlagen« verbreitet wurden (SCHWARB 2007: 23); diese Experimente wurden jedoch aufgrund finanzieller Probleme wieder gestoppt (vgl. ebd).

158 In Österreich dagegen wurde erst im Jahr 2001 eine rechtliche Grundlage für privatwirtschaftliches Radio und Fernsehen geschaffen; erste österreichische regionale Privatradios gab es ab 1995 (vgl. STEINMAURER 2009: 511). Aber seit den 1980er-Jahren konnten ausländische (Radio- und Fernseh-)Programme empfangen werden (vgl. ebd.: 512).

ABBILDUNG 18
Demonstration gegen das Verbot von RADIO 24 in der Schweiz (1980)

4.3.2 *Das Aufkommen audiovisueller Medien*

Auf der Basis vorausgehender Entwicklungen, insbesondere der Fotografie (vgl. BRIGGS/BURKE 2009: 161-165; CHERCHI USAI 1998: 6-8; HIEBEL et al. 1998: 77-87), ermöglichte die Elektrizität die Entwicklung eines weiteren neuen (Unterhaltungs-)Mediums, das bereits im späten 19. Jahrhundert aufkam: des *Films*. Im Jahr 1895 gelang es zwei Brüderpaaren etwa gleichzeitig, auf der Basis jeweils selbst erfundener Projektoren erstmals öffentlich Filme vorzuführen: den Gebrüdern Skladanowsky in Berlin (Bioskop oder Bioscop) sowie den Brüdern Lumière in Paris (Cinématograph) (vgl. PROMMER 2016: 17f.; HÖRISCH 2004: 296f.; PEARSON 1998a: 14f.). Es handelte sich um Stummfilme, die kurze Szenen aus dem Alltag, Varietéstücke und Ähnliches zeigten. Sie hatten zwar dokumentarischen Charakter, waren jedoch in erster Linie unterhaltend und amüsant (vgl. PROMMER 2016: 17f.).

ABBILDUNG 19
Querschnitt durch ein Rundgebäude mit Panorama

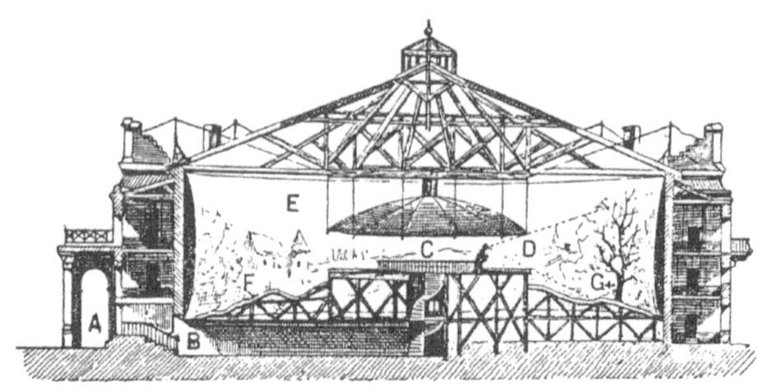

Legende: A. Eingang, B. Verdunkelter Gang, C. Beobachterplattform, D. Sehwinkel des Betrachters, E. Rundleinwand mit Bild.

Den *Hintergrund* dieser Entwicklung bildeten einerseits *Panoramen* (360-Grad-Bilder in natürlicher Größe), die in extra dafür gebauten Rundgebäuden, sog. Rotunden, präsentiert wurden (siehe Abb. 19).[159] Seit Ende des 18. Jahrhunderts waren diese, von England ausgehend, in ganz Europa, darunter Frankreich, Deutschland und Österreich, eine Sensation (vgl. HÖRISCH 2004: 299-301; OETTERMANN 1980: 79-82, 113f., 146, 222-241).[160] Sie vermittelten erstmals visuell den Eindruck, sich mitten in einer Landschaft

159 Diese Rotunden wiesen ab den 1830er-Jahren im Schnitt einen Durchmesser von 32 Metern auf und waren 15 Meter hoch (vgl. OETTERMANN 1980: 49).

160 Dabei wurden in Paris und Berlin Panoramen auch schnell selbst her- und ausgestellt (vgl. OETTERMANN 1980: 113f., 153f.). Die ersten Panoramen, die 1799 in Hamburg und 1800 in Leipzig gezeigt wurden, waren aber ausgemusterte Exemplare aus London, was auch zu Enttäuschungen wegen des teilweise »ramponierten Zustand[es]« (ebd.: 146) führte. In der Schweiz scheinen diese englischen Panoramen dagegen nicht gezeigt worden zu sein. Eines der wenigen großen Panoramen, eine Stadtansicht von Thun, wurde ab 1814 in Basel gezeigt. Dieses Thun-Panorama existiert übrigens noch heute, es ist seit 1961 in einem eigens dafür erstellten Gebäude im Schadaupark in Thun wieder der Öffentlichkeit zugänglich und wurde 2014 restauriert. Vgl. https://www.kunstmuseumthun.ch/de/thun-panorama/rundbild/ [13.10.2020]. Für die 1870er-Jahre sind Panoramen für Zürich, Genf, Luzern und Einsiedeln überliefert (vgl. ebd.: 242, 249). Und seit 1889 besteht das Bourbaki-Panorama in Luzern, welches die Internierung der französischen Armee unter General Bourbaki 1870 zeigt (vgl. OETTERMANN 1980: 251; sowie: https://www.bourbakipanorama.ch/ [13.10.2020]). Übrigens wurden Panoramen seit 2003 in Deutschland, zuerst in Leipzig, durch den Künstler Yadegar Asisi mit großem Erfolg wiederbelebt. Dabei dienen insbesondere stillgelegte Gasometer als Orte der Panoramen, woraus sich auch der Name »Panometer« ableitet. Mittlerweile werden

oder einem Geschehen zu befinden.[161] Eine Besonderheit stellte das parallel in England, Deutschland und den USA in der Mitte des 19. Jahrhunderts entwickelte »moving panorama« dar, in dem »der Betrachter nicht mehr, wie im [...] Rundpanorama, von allen Seiten mit einer den Blick nur scheinbar freigebenden Leinwand umstellt« war; vielmehr »[entrollte sich] vor seinen Augen [...] die freie amerikanische Landschaft, wie von einem Planwagen aus gesehen, der nach Westen treckte« (ebd.: 258).[162] Interessanterweise wurden die in England entwickelten beweglichen Panoramen auch als »moving pictures« (ebd.: 259) bezeichnet. Eine weitere Parallele zum späteren (Kino-)Film besteht darin, dass die »ein- bis zweistündige[n] Vorstellung[en] [...] von belehrendem Vortrag und Musikstücken [...] begleitet wurden« (ebd.: 260).

Andererseits experimentierte man im Laufe des 19. Jahrhunderts mit schnellen Bildfolgen in der Fotografie. Thomas Alva Edison präsentierte 1891 erstmals ›Laufbilder‹ im von ihm entwickelten sog. ›Kinetoskop‹, einer Art Guckkasten mit Münzeinwurf, in den jeweils nur eine Person hineinsehen konnte (vgl. BÖSCH 2019: 142; KREIMEIER 2010: 125f.; siehe auch Abb. 20). Der Franzose Louis Aimé Augustin Le Prince hatte bereits in den 1880er-Jahren erste *Filmkameras* entwickelt und kurze (nur wenige Sekunden lange) Filme gedreht, von denen einige erhalten sind. Zudem gelang ihm offensichtlich auch die Entwicklung eines Projektors, den er ab 1886 mehrfach einzelnen Personen vorführte und für den er in mehreren Ländern ein Patent einreichte. Le Prince verschwand jedoch 1890 unter ungeklärten Umständen und konnte somit seine Entwicklungen nicht weiter bekannt machen (vgl. AULAS/PFEND 2000; AUBERT 2008: 371).[163] Folglich waren die

seine Panoramen in verschiedenen Städten in Deutschland, aber auch in Frankreich (Rouen) gezeigt, siehe: https://www.asisi.de/yadegar-asisi/biografie/ [13.10.2020].

161 In der Folge, u.a. wegen Transportproblemen, etablierten sich bald auch sog. »Kleinpanoramen« (OETTERMANN 1980: 178), die vor allem seit den 1820er-Jahren regelmäßig auf Jahrmärkten gezeigt wurden (vgl. ebd.: 178-183): »spätestens ab 1850 [...] [konnte] kein noch so kleiner Jahrmarkt [...] ohne sie auskommen« (ebd.: 183). Laut Oettermann (1980: 249) »wurde [die Schweiz] im 19. Jahrhundert führend in der Herstellung von Kleinstpanoramen, in der Regel Rundumsichten von berühmten Berggipfeln«.

162 Dazu wurden große Gemälde, die auf lange Leinwände aufgebracht waren, zwischen zwei Rollen langsam abgerollt; die Betrachter*innen sahen jeweils einen Ausschnitt in einem leinwandähnlichen Rahmen, sodass letztlich ein Eindruck wie später bei einem abgespielten Film entstand (vgl. OETTERMANN 1980: 53).

163 Um dieses Verschwinden ranken sich viele Spekulationen (vgl. AULAS/PFEND 2000: 19ff.); nach Gupta (2008: 56) soll es neuere (aber offensichtlich nicht publizierte) Hinweise darauf geben, dass er ermordet wurde und Thomas Alva Edison darin verwickelt gewesen sei, um den Konkurrenten auszuschalten. Eine italienische Doktorarbeit über Le Prince enthält jedoch keine solchen Hinweise (vgl. STRIULI 2015).

eingangs erwähnten Brüderpaare Skladanowsky und Lumière die ersten, die erfolgreich öffentliche Vorführungen veranstalteten.

ABBILDUNG 20
Edisons Kinetoskop

In den ersten Jahren wurden Filme in sog. *Wanderkinos* gezeigt, d. h., Filmemacher bzw. -vorführer zogen mit ihren Projektoren über die Lande und präsentierten in Gasthäusern, Variétés, Theatern u. Ä. ihre Filmbestände (vgl. GARNCARZ 2016, 2010: 17-141; WILKE 2008: 312; PEARSON 1998a:

23). In der Schweiz wurden erste Filme auf der Schweizerischen Landesausstellung 1896 in Genf gezeigt (vgl. JACQUES/ZIMMERMANN 2011: 87; DUMONT 1987: 20). Unmittelbar danach begann Maurice Andréossi in seinem Café in Carouge bei Genf, in dem er bereits Alpen-Dioramen zeigte, mit einem Projektor der Lumière-Brüder unregelmäßig Filme vorzuführen – gewissermaßen das »erste Kino des Landes« (DUMONT 1987: 20; vgl. auch PALMIERI/DUMARET 1994: 31). Zudem gab es »mobile Zeltkinos« (GERBER 2017: 104), deren Betreiber z.T. auch selbst Filme produzierten.[164]

ABBILDUNG 21
›Le Biographe Suisse‹ des Schweizer Kino-Pioniers Georges Hipleh-Walt

Feste Kinos – meist in Form sog. *Ladenkinos,* da sie häufig in leerstehenden Ladenlokalen untergebracht waren – entstanden ab Anfang des 20. Jahrhunderts (vgl. GARNCARZ 2016: 89f., 2010: 143-157; PEARSON 1998b:

164 So zog zum Beispiel Georges Hipleh-Walt seit 1899 mit dem sog. ›Biographe Suisse‹, »einem luxuriösen Zelt, das Platz hat für 2 500 Personen [...] und mindestens 20 Mitarbeiter[n], davon zwei Vorführer[n], zwei Kassierinnen, 12 Musiker[n] und einige[n] Zeltmonteure[n]«, durch die Schweiz (DUMONT 1987: 22; siehe Abb. 21). In Fribourg/Freiburg erlebte diese Form der Filmvorführungen in den Jahren 1906 und 1907 ihren Höhepunkt, als jeweils vier verschiedene Kino-Schausteller, teils gleichzeitig, in die Stadt kamen (vgl. GERBER 2017: 107).

27, 36). Hier wurden, quasi als Endlosschleife, nacheinander um 10 bis 15 der typischen kurzen Stummfilme gezeigt (vgl. GARNCARZ 2010: 156). Die Bestuhlung war üblicherweise einfach (Klappstühle) und häufig gab es auch Speisen und Getränke. Insofern hatten diese frühen Kinos »den Charakter von ›Unterhaltungskneipen‹« (ebd.: 146), die lärmig und verraucht waren. In der Schweiz entstanden erste feste Kinos 1906 in Genf und 1907 in Zürich – dort eröffneten im Laufe des Jahres vier Kinos, darunter eines der französischen Pathé-Kette – sowie in St. Gallen, Chiasso, Locarno, Basel, Lausanne und Bern (vgl. GERBER 2017: 112).[165] Damit änderte sich auch das Filmangebot und es kamen, um 1910, längere Spielfilme mit erzählendem Charakter und komplexeren Geschichten auf – und damit verbunden ein Star-System,[166] eine professionalisierte Filmindustrie sowie ein monopolisiertes Verleihwesen (vgl. PROMMER 2016: 18f.; PEARSON 1998a: 13; GARNCARZ 2010: 182).[167]

Bereits davor etablierten sich erste Kinoketten: So betrieben z. B. die Pathé Frères in Frankreich und Belgien schon im Jahr 1909 ganze 200 Kinosäle (vgl. ABEL 1998: 105). Sie besaßen »eine der wichtigsten französischen Produktionsfirmen der ersten Periode« (PEARSON 1998a: 15) und beherrschten »bald den weltweiten Verkauf und Verleih von Filmen« (ABEL 1998: 105; vgl. auch PEARSON 1998b: 25f.). Die Pathés gehörten auch zu den ersten, die sog. *Wochenschauen* (›Pathé Journal‹) produzierten, wahrscheinlich seit 1908 (vgl. GARNCARZ 2010: 170; MUSSER 1998: 82).[168] Dabei handelte es sich um aktu-

165 Einen interessanten Beitrag zur Züricher Kinogeschichte liefern Sträuli et al. (2007).

166 Zu dessen Ursprung und ersten Stars bereits vor 1910 vgl. zusammenfassend Denk (2020: 357-364).

167 Das Zentrum des Verleihwesens in der Schweiz bildete Zürich mit Niederlassungen von Pathé, Gaumont und einer dänischen Firma sowie zwei schweizerischen Firmen (wobei der Gründer einer der beiden Firmen, Joseph Lang, zuvor in Paris bei Gaumont angestellt gewesen war; vgl. DUMONT 1987: 29). Weitere Verleihfirmen gab es in St. Gallen und Luzern. Nur die Genfer Kinos bezogen ihre Filme noch bis 1914 direkt aus Paris (vgl. DUMONT 1987: 25). Die Romandie erlebte von 1920 bis 1924 einen Gründungsboom von Film- und Verleihgesellschaften, der aber ebenso abrupt wegen fehlenden finanziellen Erfolgs endete (vgl. DUMONT 1987: 54f., 320f.). Während dieser Kinobegeisterung in der Romandie entstanden anfangs der 1920er-Jahre zudem die ersten französischsprachigen Trickfilme aus Schweizer Produktion: drei 15-minütige Bearbeitungen der Bildergeschichte *L'histoire de Monsieur Vieux-Bois* (1837) von Rodolphe Toepffer (vgl. DUMONT 1987: 55). Erste Animationstechniken wurden womöglich bereits gegen Ende des 19. Jahrhunderts eingesetzt, aber erst »ab etwa 1906 etablierte sich der Animationsfilm als eigenes Genre« (CRAFTON 1998: 66). Sehr bekannt sind die Trickfilme des Franzosen Georges Méliès (vgl. CRAFTON 1998: 67).

168 Wilke (2008: 319) nennt abweichend das Jahr 1906. Jedenfalls hatten die Pathés bereits seit 1904 Agenturen in der ganzen Welt eröffnet und begannen 1907/08 mit dem Filmverleih statt -verkauf (vgl. ABEL 1998: 105).

elle Berichterstattung in Filmform, wobei erläuternder Text in Form von Unter- und Zwischentiteln eingeblendet wurde.[169] Solche Wochenschauen liefen häufig als Vorfilme. In der Schweiz wurde eine solche Filmwochenschau, das *Ciné-Journal Suisse* erstmals am 14. September 1923 in den Kinos gezeigt (vgl. DUMONT 1987: 84).[170] Unter- oder Zwischentitel kamen in der Stummfilmzeit allgemein zum Einsatz, häufig wurden Filme zudem von einem Piano oder, in den großen »Filmpalästen, von ganzen Orchestern musikalisch begleitet« (PROMMER 2016: 23).[171] Gesprochene Sprache kam mit einem ersten Boom des *Tonfilms* »zwischen 1907 und 1913« (WILKE 2008: 311) dazu, wobei parallel zum Film Schellackplatten mittels eines Grammofons abgespielt wurden. Dieses System hatte jedoch deutliche Mängel, v. a. bezüglich der Synchronisation von Bild und Ton bzw. Sprache. Erst Ende der 1920er-Jahre begann sich, auf der Basis einer neuen Technik, der Tonfilm durchzusetzen; die Vorführung eines Films der Warner Brothers, *The Jazz Singer*, im Jahr 1927 gilt hier als Durchbruch (vgl. PROMMER 2016: 23; BRIGGS/BURKE 2009: 167).[172]

169 Diese wurden, in deutschen Versionen, bis zum Beginn des Ersten Weltkrieges auch in Deutschland gezeigt, da »die französischen Filmfirmen vor 1914 den deutschen Markt beherrschten« (WILKE 2008: 319; vgl. auch GARNCARZ 2010: 173).

170 Nach einem anfänglich 14-tägigen Erscheinungsrhythmus belieferte das »Office cinématographique die Kinos der ganzen Schweiz in einem Rhythmus von 3 Fassungen pro Woche [...]: das ›Ciné-Journal‹, die ›Semaine en Suisse‹ und die ›Actualités‹« (DUMONT 1987: 84). Letztere wurden auch international verbreitet. Vertonte Fassungen wurden ab 1930 hergestellt (vgl. ebd.), als genügend Kinos die technischen Voraussetzungen für die Vorführung von Tonfilmen geschaffen hatten (vgl. auch GASSER 1978/79).

171 Vor der Einführung dieser Zwischen- und Untertitel waren für eine kurze Zeit sog. ›Filmerklärer‹ üblich, die das Geschehen erläuterten und die Rolle des Conférenciers, also einer Art Moderator, übernahmen, indem sie etwa die Zuschauer*innen begrüßten und deren Stimmungen aufgriffen. Jedoch machten »die Entwicklung filmspezifischer Erzähltechniken« (DENK 2011: 8), eine besser an den Film angepasste schauspielerische Darstellung sowie die wichtiger werdende musikalische Begleitung (s. o.) deren Rolle rasch überflüssig (vgl. DENK 2011: 8). In Wien wurden sie 1910 wegen ihrer »deftigen Kommentare« (ebd.: 12) auf Betreiben von Lehrerverbänden sogar verboten. In Japan wurden zwei Filmerklärer eingesetzt, die kommentierten »und den Dialog sprachen« (NOWELL-SMITH 1998: 5; vgl. auch GARNCARZ 2010: 161). Dass es diese Filmerklärer bereits bei den ›moving panoramas‹ gab (siehe Beginn dieses Unterkapitels), unterstreicht zusätzlich deren Rolle als Vorläufer des Films.

172 Eine weitere Grundlage für die Durchsetzung des Tonfilms bestand zudem in der Ausstattung der Kinos, die in der Schweiz nach einigem Zögern sehr schnell voranschritt. Nachdem 1929 erste Kinos entsprechende Systeme installiert hatten, gab es im folgenden Jahr bereits 91 Kinos, die Tonfilme vorführen konnten (vgl. DUMONT 1987: 124).

Den Familienzeitschriften als dominantem Unterhaltungsmedium machte der Film zwar nicht sofort Konkurrenz, aber er löste große Begeisterung und Faszination beim *Publikum* aus. Dieses umfasste, wie eine erste umfassende Studie zum Kinobesuch in Deutschland von Emilie Altenloh (1914; Reprint der Studie: HALLER/LOIPERDINGER/SCHLÜPMANN 2012) zeigte, bereits im Jahr 1912 »alle Schichten und Berufe« (PROMMER 2016: 20). »Im Jahr 1913 besuchten in Deutschland *täglich* mehr als eine Million Menschen das Kino« (HÖRISCH 2004: 301, Hervor. d. Verf.). Und 1914 gab es »knapp 2.500 ortsfeste Kinos in deutschen Groß-, Mittel- und Kleinstädten, die bis zu 250 Millionen Eintrittskarten verkauften« (GARNCARZ 2010: 8). In der Schweiz zählten in der ersten Hälfte der 1920er-Jahre z. B. die Kinos in Basel *jährlich* etwa eine Million Besucher, in Bern 650.000 (vgl. GERBER 2017: 112, 166). Das lag nicht zuletzt an den (etwa im Vergleich zu Theatern) niedrigen Eintrittspreisen, die in Zürich in den 1910er-Jahren z. B. »knapp unter dem Stundenlohn eines Handlangers im Baugewerbe« (GERBER 2017: 167) lagen. Joseph Garncarz (2015) zeigt, dass die Filmpräferenzen des europäischen oder sogar globalen Publikums in den Anfängen der Filmprojektion noch weitgehend homogen waren, was auch am Angebot lag. Dies änderte sich in der Folge, sodass bereits in den 1930er-Jahren spezifische nationale »Filmkulturen« (ebd.: 13) zu beobachten sind. Dabei entwickelte sich der Kinofilm in knapp 20 Jahren zum wichtigen Unterhaltungsmedium, das allerdings durch Radio und Fernsehen schon bald neuerliche Konkurrenz erhielt (vgl. WILKE 2008: 322-324).

Erste Ideen oder Zukunftsvisionen der Fern-Übertragung von Bildern findet man – vor dem Hintergrund von Telegrafie und Telefon – schon im späten 19. Jahrhundert (vgl. STEINMAURER 1999: 72-77; ROBERTS 2019). Dabei wurde auch schon die Idee eines *Bildtelefons* entwickelt (siehe Abb. 22) – und sogar für kurze Zeit in den 1930er-Jahren von der Deutschen Reichspost in einigen Städten realisiert (vgl. STEINMAURER 1999: 74f.).[173]

173 Steinmaurer (1999: 86) erwähnt, dass »in einer Monographie aus dem Jahre 1891 [...] erstmals im deutschen Sprachraum [...] das Wort ›Fernsehen‹ erwähnt« wurde. Und selbst »Vorahnungen des ›Teleshoppings‹« bestanden schon in den 1930er-Jahren (ebd.: 76). Die technische Entwicklung des Fernsehens war dabei anfangs stark mit jenen der Bildtelegrafie und des Radios sowie des Kinos verknüpft (vgl. im Detail ebd.: 86-89 u. 93-145). In Österreich z. B. wurde von 1928 bis 1930 mit einem »›Bildfunk‹ als Erweiterung zum Hörfunkprogramm« experimentiert, mit »Wetterkarten und Bildern des aktuellen Zeitgeschehens«, was »als ›Rundfunk für das Auge‹ bezeichnet« wurde (ebd.: 103). Lerg (1980: 327) berichtet von ähnlichen Versuchen zur selben Zeit in Deutschland.

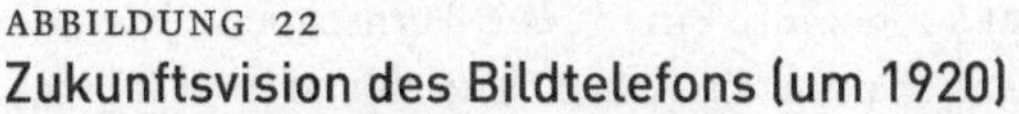
ABBILDUNG 22
Zukunftsvision des Bildtelefons (um 1920)

Seit den späten 1920er-Jahren wurden erstmals Versuchssendungen des *Fernsehens* ausgestrahlt. In England und Deutschland stellten Entwickler im Jahr 1925 erste Fernsehsysteme öffentlich vor, denen ähnliche Demonstrationen, auch in anderen Ländern, folgten. 1928 wurde dabei, von General Electric in New York, erstmals ein Fernsehspiel übertragen (vgl. STEINMAURER 1999: 108-121; SJOBBEMA 1999: 108). Zu diesem Zeitpunkt bestanden in »Amerika [...] bereits 18 Stationen, die eine Lizenz für die Übertragung von Fernsehbildern (for ›visual broadcasting‹) besaßen und auch tatsächlich sendeten« (STEINMAURER 1999: 124). Es kamen, neben jenen von Bastlern, auch erste Apparate zum Fernsehempfang auf den Markt, wobei die Geräteentwicklung damals nicht allein in Richtung Heimempfang ging, sondern auch Projekte kinoähnlicher Großbildprojektionen von Bedeutung waren (vgl. ebd.: 124-136; MEYER 2009). Der englische Pionier John Logie Baird erhielt »1929 von der BBC die Genehmigung, in London ein begrenztes Versuchsprogramm, mit zwei halbstündigen Sendungen pro Woche, auszustrahlen« (STEINMAURER 1999: 130; vgl. auch SJOBBEMA 1999: 127; ANDRIOPOULOS 2009: 57) – es konnte auf ca. 30 Apparaten empfangen werden. Im August 1932 eröffnete die BBC selbst ein Versuchsprogramm, für das es mittlerweile rund 500 Empfangsapparate gab; und in den USA scheinen 1932 »schon 35 Versuchsstationen [...] Fernsehsendungen ausgestrahlt«

zu haben (STEINMAURER 1999: 161). Ein *regulärer* Fernsehbetrieb wurde weltweit erstmals im nationalsozialistischen Deutschland im März 1935 aufgenommen – wenn auch vorwiegend als »Propagandaaktion« (STEINMAURER 1999: 169), um England zuvorzukommen.[174] Es handelte sich zunächst nur um wenige Stunden an drei Tagen pro Woche, und es waren in ganz Deutschland nur um die 50 Empfangsgeräte vorhanden (vgl. ebd.; WINKER 1996: 72); in sog. ›Fernsehstellen‹ bzw. ›Fernsehstuben‹[175] waren die Sendungen aber im Prinzip einer breiten Öffentlichkeit zugänglich. Solche existierten jedoch nur im Großraum Berlin[176] (vgl. BLEICHER 2001: 498; WINKER 1996: 91-97) und erreichten letztlich kein großes Publikum. In Spitzenzeiten, z. B. während der Olympischen Sommerspiele 1936 in Berlin, wurden aber deutlich mehr als 100.000 Fernsehzuschauer*innen gezählt; es herrschte eine Fernseheuphorie (vgl. WINKER 1996: 135-137; STEINMAURER 1999: 205). Mit Unterbrechungen sendeten die Nationalsozialisten während neun Jahren, bis 1944, kontinuierlich ein Fernsehprogramm, das neben Propaganda bereits alle zentralen Genres wie Unterhaltungsshows, Fernsehspiele, Sportübertragungen, aktuelle Reportagen etc. aufwies. Es gab jedoch bis zum Ende dieses Sendebetriebs nur einige hundert Empfangsgeräte, die z.T. privat (z. B. von NS-Parteifunktionären), z.T. im Gemeinschaftsempfang (privat, Fernsehstuben) genutzt wurden (vgl. WINKER 1996: 195-199; HICKETHIER 1998: 36-59). Mit Beginn des Zweiten Weltkrieges wurden die Weiterentwicklung des Fernsehens und der begonnene Bau eines billigen Empfangsgerätes (FE1) nach dem Vorbild des ›Volksempfängers‹ (unter Adolf Hitler produziertes, preiswertes Radiogerät) eingestellt und Fernsehen vor allem noch zur Ablenkung von Kriegversehrten in Krankenhäusern eingesetzt (vgl. WINKER 1996: 310-

174 Dort begann der reguläre Betrieb im November 1936, wobei die technische Entwicklung weiter vorangekommen war als in Deutschland (vgl. STEINMAURER 1999: 169, 173); 1937 gelang eine Übertragung der »Krönungsfeierlichkeiten von König Georg VI und Königin Elisabeth [...] für geschätzte 50 000 Zuschauer« (ebd.: 177). 1938 sendete die BBC »18 Wochenstunden Programm« (ebd.: 178); der Sender beendete aber kriegsbedingt im September 1939 seinen Betrieb (vgl. ebd.: 218). In Frankreich begann ein regulärer TV-Betrieb 1938 (bis zum Einmarsch der deutschen Truppen, ab 1943 wurde ein nationalsozialistisches Besatzungsfernsehen gesendet; vgl. ebd. 216), in den USA begann er im April 1939, ab Dezember 1941 in reduzierter Form (vgl. ebd.: 180, 187, 217-219).

175 Die Fernsehstellen wurden von der Reichspost betrieben, die Fernsehstuben vom Rundfunk selbst (vgl. WINKER 1996: 93f.).

176 Außerhalb Berlins gab es solche Fernsehstellen zunächst in Potsdam und Neuruppin (vgl. HICKETHIER 1998: 40).

317; HICKETHIER 1998: 52). Auch hatte die erste ›Fernseh-Euphorie‹ schon zu Beginn der 1930er-Jahre nachgelassen – Radio und Kino hatten eine deutlich größere Bedeutung (vgl. STEINMAURER 1999: 183). In vielen anderen Ländern wurde mit Beginn des Zweiten Weltkriegs »der öffentliche Programmdienst eingestellt« (ebd.: 217) oder, wie in den USA, reduziert.

Nach dem *Ende des Krieges* sendeten in den USA noch sechs Stationen in großen Städten wie New York und Philadelphia, wobei die meisten Zuschauer*innen das Programm, bis Ende der 1940er-Jahre, mangels Empfangsgeräten noch in »Bars und Coffee-Shops« verfolgten (STEINMAURER 1999: 244). Frankreich nahm direkt nach Kriegsende den Betrieb wieder auf, Großbritannien ein Jahr später (vgl. ebd.: 218, 246). In Ost- wie Westdeutschland startete ein regelmäßiger, täglicher TV-Programmbetrieb Ende 1952,[177] in der Schweiz 1953 ein Versuchsbetrieb der SRG und erst Ende 1958 das reguläre Programm (vgl. EHNIMB-BERTINI 2000: 177-186; HICKETHIER 1998: 76f.; HOFF 1998: 104-109).[178] Die SRG hatte schon 1945, mit Blick auf die USA, »den Einbezug auch des ›visuellen Rundspruchs‹, des Fernsehens und der Faksimileübertragung, in ihre Konzession« gefordert (EGGER 2000: 143). Und bei der »Radio- und Fernsehausstellung in Zürich« 1948 führte sie »erste Fernsehvorführungen durch«, mit »Hörspiel- und Musikdarbietungen des Zürcher Radios« (ebd.); weitere folgten in Genf, Lausanne, Basel und Locarno (vgl. EHNIMB-BERTINI 2000: 177).

Aber in der (Deutsch-)*Schweiz* gab es erhebliche *Widerstände gegen das Fernsehen*: »[I]m Gegensatz zu anderen europäischen Ländern [bildete sich] eine richtige Opposition gegen die Schaffung eines nationalen Fernsehdienstes« (ebd.: 175). 1955 gründete sich sogar eine »›Schweizerische Aktionsgemeinschaft gegen das Fernsehen‹ – die einzige derartige Orga-

177 In der DDR gab es allerdings zunächst ein ›offizielles Versuchsprogramm‹, das vorwiegend in öffentlichen ›Fernsehstuben‹ in Berlin übertragen wurde. Das reguläre Programm begann 1956 (vgl. HOFF 1998: 104, 109; KUHLMANN 1997: 18, 22). Einen ersten Versuchsbetrieb startete übrigens der NORDWESTDEUTSCHE RUNDFUNK (NWDR) im Jahr 1950 in Hamburg (vgl. STEINMAURER 1999: 249). In Japan begann das Fernsehen 1952, und schon 15 Jahre später gab es dort »mit 78,8 Prozent aller Haushalte nach den USA die zweitgrößte Fernsehdichte der Welt« (HIEBEL et al. 1998: 115f.). Österreich begann vergleichsweise spät 1955 mit einem Versuchsprogramm mit geschätzten 2.000 Zuschauer*innen (vgl. STEINMAURER 1999: 252, 279), das reguläre Programm startete 1957 (vgl. PENSOLD 2018: 149).

178 Vor dem Start des SRG-Versuchsprogramms 1953 stellte allerdings »[i]m Alleingang, ohne den Segen der SRG-Gewaltigen, [...] die Radiogenossenschaft Basel im Sommer 1952 ein befristetes Versuchsprogramm auf die Beine« (DANUSER/TREICHLER 1993: 11), das in »Fernsehstuben« empfangen wurde und »viel Lob erntete« (ebd.). Es wurde jdoch nicht fortgesetzt, weil die Basler Stimmbürger den dafür nötigen Kredit verweigerten.

nisation in ganz Europa!« (DANUSER/TREICHLER 1993: 18). Es wurde ein negativer Einfluss »auf die Jugend, das Familienleben und das geistige Niveau« befürchtet (EHNIMB-BERTINI 2000: 357; vgl. auch CORDONIER/BERTON 2009: 185-190). Presse und Radio sorgten sich um die Konkurrenz und die kantonalen Politiker um eine zu starke Vereinheitlichung. Die Befürworter dagegen wollten vermeiden, »von ausländischen Programmen überschwemmt« zu werden (EHNIMB-BERTINI 2000: 175; vgl. auch DANUSER/TREICHLER 1993: 10, 14, 18). In der Westschweiz bemühte man sich dagegen sehr um die Einführung des Fernsehens (vgl. EHNIMB-BERTINI 2000: 180f.). Erst nach einigem Hin und Her kam es ab 1953 im ehemaligen Filmstudio Bellerive in Zürich[179] zum *Versuchsbetrieb*, wobei zunächst ein einstündiges Programm an fünf Abenden in der Woche gesendet wurde (vgl. ebd.: 175-179).[180] Genf folgte im Januar 1954 (vgl. ebd.: 181); Lugano erst 1961 (vgl. ebd.: 175; KÜNZLER 2013: 234). Wegen fehlender Mittel für einen regulären Fernsehbetrieb ab 1955 verlängerte der Bundesrat die Versuchsphase bis Ende 1957 und propagierte einen Verfassungsartikel zu Radio und Fernsehen. Dieser wurde jedoch vom Volk abgelehnt.[181] Daraufhin erarbeitete der Bundesrat eine Lösung ohne staatliche Subventionen, die schließlich vom Parlament angenommen wurde, sodass ab 1. Januar 1958 der reguläre Fernsehbetrieb starten konnte. Damit die SRG (für zehn Jahre bzw. bis zum Erreichen von 180.000 Konzessionen) auf Fernsehwerbung verzichtete, zahlte der Zeitungsverlegerverband zwei Millionen Franken jährlich an die SRG (vgl. KÜNZLER 2013: 235; SCHNEIDER 2006: 129; EHNIMB-BERTINI 2000: 183-186).[182]

Wie das Radio basierte auch das Fernsehen mangels Aufzeichnungstechnik anfangs auf *Live-Übertragungen*[183] – zunächst aus dem Studio, dann

179 Dieses war offenbar 1940 mit Geldern aus Nazi-Deutschland aufgebaut worden (vgl. DUMONT 1987: 293).

180 Danuser und Treichler (1993: 8-25) beschreiben anschaulich die bescheidenen Anfänge in diesem »ärmlichste[n] Studio der Welt« (ebd.: 89) und bringen die ersten Schritte von »zwei Dutzend« jungen Fernsehpionieren treffend so auf den Punkt: »Kein Geld, keine Erfahrung, kein Publikum« (ebd.: 8).

181 Dies gilt auch für einen zweiten Entwurf (1976), wobei vor allem die Frage der politischen Autonomie ausschlaggebend war (vgl. SCHNEIDER 2006: 130). Erst der dritte Entwurf wurde 1984 angenommen (vgl. Kap. 4.3.1).

182 Schon 1961 war die festgelegte Zahl der Konzessionen erreicht (vgl. EHNIMB-BERTINI 2000: 186), aber in der Folge »beteiligte die SRG die Zeitungsverleger an der zu gründenden AG für das Werbefernsehen« (SCHNEIDER 2006: 129), sodass ab 1965 Fernsehwerbung gesendet wurde.

183 Zur zeitgenössischen Kritik am Mehrwert der Live-Berichterstattung vgl. Dammann (2005: 78-85).

auch mittels Reportagewagen (1954 wurde der erste in der Schweiz in Betrieb genommen). Außerdem wurden Filme auf eine Wand projiziert und dann mittels der Fernsehkamera übertragen (vgl. DANUSER/TREICHLER 1993: 48-53, 64). Das änderte sich, »als es in der zweiten Hälfte der 1950er-Jahre technisch möglich wurde, Fernsehsignale auf Magnetband aufzuzeichnen« (DUSSEL 2010: 242; vgl. auch DANUSER/TREICHLER 1993: 53-55; HICKETHIER 1998: 122-124). Das Angebot war, ganz ähnlich wie in der Frühzeit des Radios, stark von *Unterhaltung und Bildung* geprägt. Das wird auch daran deutlich, dass gemäß der Literatur die größten TV-Ereignisse in den 1950er-Jahren die Live-Übertragungen der Krönung Queen Elizabeths II. am 2. Juni 1953 sowie von Spielen der Fußballweltmeisterschaft 1954 waren (vgl. BLEICHER 2001: 499; EHNIMB-BERTINI 2000: 179).[184] Ende 1954 wurde jedoch erstmals eine Bundesratswahl live übertragen, was in der Presse als »eine lebendige Demonstration der Möglichkeiten des Fernsehens« bezeichnet wurde (DANUSER/TREICHLER 1993: 78). Insgesamt war das Fernsehen anfangs jedoch nur begrenzt ein Medium des umfassenden Diskurses über aktuelle gesellschaftliche Themen und Probleme. Das änderte sich insbesondere seit den späten 1960er-Jahren mit der Zunahme (sozial-)politischer Sendungen. Auch gab es im September 1968 eine erste Übertragung einer vollständigen Nationalratsdebatte (vgl. ebd.: 83). Aber politische Inhalte waren, wie beim Radio, entweder als linkslastig oder als zu staatsnah und meinungslos umstritten (vgl. ebd.: 119-122).

Während in den USA 1953 schon 20 Millionen Fernsehgeräte in Betrieb waren, gab es »in der Bundesrepublik Deutschland 1953 erst rund 1.000 Fernsehteilnehmer«. Aber 1958 wurde »die Millionengrenze überschritten« (HIEBEL et al. 1998: 117), und im Jahr 1968 verfügten bereits über 14 Millionen Haushalte über ein TV-Gerät (vgl. ebd.).[185] In Österreich wurden nach drei Jahren (1957) um 20.000 Zuschauer*innen erreicht (vgl. STEINMAURER 1999: 279). In der Schweiz waren bis Ende 1953 erst 920 Konzessionen vergeben, ein Jahr später aber bereits über 4.400 und 1956 schon fast 20.000 (vgl. DRACK 2000: 230), ein Großteil davon in öffentlich zugänglichen Einrichtungen, z. B. Gaststätten (vgl. EHNIMB-BERTINI 2000: 185; DANUSER/TREICHLER 1993: 40;

184 Vgl. aber generell kritisch zu Aussagen über TV-Großereignisse und insbesondere zu den Quellen bezüglich Zuschauer*innenzahlen Fürst (2018).

185 In der DDR gab es 1961 etwa 1,5 Millionen registrierte Geräte. Diese Zahl hatte sich bis 1964 auf 2,8 Millionen verdoppelt (vgl. RIEDEL 1977: 62, 69).

siehe Abb. 23).[186] »Geschäftstüchtige Gastwirte« schafften Apparate an, die eine Projektion »auf eine etwa 1,5 Meter breite Leinwand« erlaubten, und »Radio- und Fernsehfachgeschäfte eröffneten Fernsehstuben mit Konzertbestuhlung« (DANUSER/TREICHLER 1993: 42).

ABBILDUNG 23
Gemeinsames Fernsehen in einer Schweizer Gaststätte (um 1953)

Zu dieser Zeit musste man sich noch mit Bildern in Schwarz-Weiß begnügen; das *Farbfernsehen* wurde zwar in den USA schon 1953 eingeführt, in Deutschland jedoch erst 1967 und in der Schweiz 1968 – zunächst nur in Form »eingekaufte[r] Produktionen, vor allem [...] Spielfilme[n]« (DANUSER/TREICHLER 1993: 46; vgl. auch HIEBEL et al. 1998: 116f.; MÜLLER 2006: 203). Noch im Jahr 1970 wurden erst 40 Prozent des Programms in

186 Wie beim Radio, so spielte auch bei der Einführung des Fernsehens der Gerätepreis eine wichtige Rolle für den verhaltenen Anstieg der Konzessionen; »1953 kostete ein Apparat zwischen 1400 und 2000 Franken. Das entsprach drei bis vier Monatslöhnen!« (DANUSER/TREICHLER 1993: 40). Drei Jahre später war der Preis zwar auf ca. 1.000 Schweizer Franken gesunken, »aber auch das konnten sich die meisten damals nicht im Traum leisten« (ebd.); dazu kam eine aufwendige und teure Installation einer Dachantenne plus Kabel, die zudem in Mietwohnungen z.T. nicht erlaubt war (vgl. ebd.). Auch in Österreich kostete ein Apparat etwa das Doppelte eines durchschnittlichen Monatseinkommens (vgl. STEINMAURER 1999: 252).

Farbe ausgestrahlt (vgl. MÜLLER 2006: 204). Besondere Publikumserfolge verzeichnete das Fernsehen, wie bereits erwähnt, mit *sportlichen Großereignissen* – das gilt für die Anfänge wie auch später für das Farbfernsehen, national wie international (vgl. BECK 2006: 78): »Fast die Hälfte aller DRS-Neukonzessionäre in den Jahren 1953-1970 gab an, man habe den Apparat« hauptsächlich »wegen der Sportberichte angeschafft«; die höchsten Einschaltquoten wurden bei »Skiabfahrten und Fussball-Länderspielen« erreicht (DANUSER/TREICHLER 1993: 124).[187] Jedenfalls stieg »die Zahl der Empfangskonzessionen explosionsartig von 129 000 im Jahr 1960 auf eine Million im Jahr 1968. Um 1970 besass jeder zweite Schweizer Haushalt ein Fernsehgerät« (VALLOTTON 2006: 77). In der Bundesrepublik Deutschland erfolgte 1963 ein Ausbau des Fernsehens mit dem Sendebeginn des zweiten Programms (ZDF) sowie etwas später, ab 1964, um die sog. ›Dritten Programme‹ (vgl. BAUSCH 1980: 447-515; HICKETHIER 1998 118, 225-227). In der DDR wurde 1969 ein zweites Fernsehprogramm gestartet (vgl. KOCH/GLASER 2005: 322). In der Schweiz war ein zweites Programm umstritten und versank, auch aufgrund finanzieller Probleme, zunächst »Mitte der 70er Jahre in den Schubladen der [SRG-]Generaldirektion [...] erst 1997 ging in jeder Region ein vollwertiges zweites Fernsehprogramm auf Sendung« (MÜLLER 2006: 205).

Wie schon in Kapitel 4.3.1 erläutert, stieg in den 1970er-Jahren aufgrund der neuen technischen Verbreitungsmöglichkeiten (Kabel und Satellit) und der Liberalisierung des Rundfunks in Nachbarländern (vgl. SCHERRER 2012: 136-142), der politische Druck zur Einführung *privaten Radios und Fernsehens* in der Schweiz. Neben lokalen Radios (siehe KAP. 4.3.1) wurden 1983 auch sieben lokale Fernsehsender zugelassen, mit begleitender wissenschaftlicher Forschung (vgl. SCHNEIDER 2006: 131; KÜNZLER 2013: 242-245).[188] In Deutschland wurde der private Rundfunk, ebenfalls nach langwierigen rundfunkpolitischen Diskussionen und mit Begleitforschung, zu Beginn der 1980er-Jahre zugelassen, zunächst im Rahmen begrenzter Kabelpilotprojekte (vgl. DUSSEL 2010: 238f.). In der Folge etablierte sich in

187 Dabei scheint es sich um ein internationales Phänomen zu handeln; so wurden z. B. in Österreich die Olympischen Winterspiele 1956 in Cortina d'Ampezzo und die Ski-Weltmeisterschaften 1958 zu Hoffnungsträgern für einen höheren Absatz von Fernsehgeräten (vgl. PENSOLD 2018: 143, 151f.).

188 Bei der Gründung der »ersten professionellen Regionalfernsehprojekte« (KÜNZLER 2013: 244) erwies sich erneut Roger Schawinski als Pionier, mit TELEZÜRI im Jahr 1994.

beiden Ländern das duale Rundfunksystem (Nebeneinander von öffentlich-rechtlichem und privatem Rundfunk),[189] was vor allem in den 1990er-Jahren zu einer enormen Erweiterung des Programms und insbesondere des Unterhaltungsangebots führte (vgl. DUSSEL 2010: 241, 284; KÜNZLER 2012: 79; SCHADE 2012: 302-324).[190] Die 1990er-Jahre kennzeichnet zudem die »schrittweise Einführung digitaler Technologien für alle Arbeitsabläufe« (SCHERRER 2012: 147), nicht nur beim Fernsehen.

Zusammenfassend lässt sich zum *Rundfunk* insgesamt, also Radio und Fernsehen, festhalten, dass damit die Authentizität der Face-to-face-Kommunikation ein ganzes Stück weit zurückgewonnen wurde (Übertragung zunächst der Stimme der Kommunikationspartner, dann auch des Bildes), ebenso wie – zumindest teilweise, bei Live-Formaten – die Gleichzeitigkeit des Austausches (vgl. SCHÖNHAGEN 2008a: 72; siehe auch den Einstieg zu Kap. 4.3). Rein technisch war die drahtlose oder Radio-Telegrafie durchaus auch dazu geeignet, wieder eine allgemeine Medienverfügbarkeit herzustellen – die ersten Funk- oder Radioamateure nutzten sie in diesem Sinne, also für wechselseitigen direkten Austausch. Diese Praxis setzte sich aber nicht durch, sondern die neue Technik wurde hochgradig zentralisiert. Auch die sog. ›Offenen Kanäle‹, die mit Beginn des privaten Rundfunks in den 1980er-Jahren in manchen deutschen Bundesländern etabliert wurden, basierten auf der Idee, das Medium Rundfunk (Radio und Fernsehen) für jedermann verfügbar zu machen. Hier sollte also kollektiv nutzbare Technik Eigenvermittlung (siehe Kap. 1) im Rundfunk ermöglichen. Genutzt wurde diese Möglichkeit für Laien, selbst Programm zu machen, aber nie in breitem Umfang. Dies lag einerseits an der relativ komplexen Technik, andererseits daran, dass die Koordination der Laien-Sendungen durch

189 In Großbritannien geschah dies – wohlgemerkt nur für das Fernsehen (vgl. DANIEL 2018: 299) – interessanterweise schon deutlich früher, nämlich 1955 (vgl. ebd.: 308-319) nach ebenfalls langen Diskussionen und einem Kompromiss, der »weder die enragierten Abgeordneten noch die ebenso engagierten Verteidiger des BBC-Monopols zufriedenstellte, aber insofern einen echten Kompromiss darstellte und nach einigen Anfangsschwierigkeiten gut funktionierte« (DANIEL 2018: 34). Österreich etablierte dagegen vergleichsweise spät ein duales Rundfunksystem (vgl. Kap. 4.3.1 im Zusammenhang mit dem Radio).

190 Mit der deutschen Wiedervereinigung am 3. Oktober 1990 wurde das duale System von öffentlich-rechtlichen und privaten Rundfunkanstalten zudem auch auf das Gebiet der nunmehr ehemaligen DDR übertragen (KOCH/GLASER 2005: 322ff.). Am Rande sei erwähnt, dass es zwischen den öffentlich-rechtlichen Rundfunkanstalten (ARD und ZDF) einerseits und dem Fernsehen der DDR andererseits bereits ab Mitte der 1980er-Jahre einen regen Austausch gab, der auch die gegenseitige Ausstrahlung bestimmter Programme, etwa von deutsch-deutschen Staatsbesuchen und von Sportereignissen, beinhaltete (vgl. STEINMETZ 2003: 12-22).

die Betreiber*innen einen erheblichen organisatorischen Aufwand mit sich brachte. Vor allem aber trafen und treffen derartige Programme mit ihren hochspeziellen, von individuellen Interessen geleiteten Beiträgen kaum auf breites Interesse (vgl. BREUNIG 1998) – hier zeigt sich erneut die Bedeutung journalistischer Vermittlungs- und Konzentrationsleistungen.

Ähnliches ist heute im Internet zu beobachten: Zwar kann – und mit der Entwicklung des sog. Web 2.0 teilweise noch einfacher als zuvor[191] – grundsätzlich jede Person ohne großen Aufwand eigene Beiträge z. B. mittels Blogs, eigener Websites und sog. ›sozialer Medien‹ oder Netzwerke (Social Media) wie Twitter, Instagram und Facebook der Öffentlichkeit zugänglich machen, sodass also wieder allgemeine Medienverfügbarkeit besteht. Aber der größte Teil solcher Veröffentlichungen wird kaum von einem breiten Publikum wahrgenommen (vgl. MAHRT 2019: 38; sehr pointiert dazu: HEIDTMANN 2019: 18, 42). Und es wäre auch aus Sicht der Rezipient*innen zumindest mühsam und sehr zeitintensiv, wenn man sich mittels unzähliger Online-Angebote von Individuen und Kollektiven einen Gesamtüberblick über die aktuellen gesellschaftlichen Fragen und diversen Sichtweisen verschaffen wollte oder müsste. Dabei können natürlich Suchmaschinen und -roboter durchaus hilfreich sein, aber ob solche algorithmengesteuerten Programme – ohne Rückgriff auf journalistische Angebote – eine ähnliche Leistung wie Letztere erbringen können, das erscheint doch sehr fraglich. Dies gilt entsprechend für die Diskussion um Blogs und Wikis als möglichen Ersatz für Journalismus – bei näherer Betrachtung zeigt sich nämlich, dass ohne Konzentrations- und Vermittlungsleistungen des Journalismus entweder die Überschaubarkeit oder aber die Vollständigkeit des Nachrichtenüberblicks fehlt (vgl. BOSSHART 2017: 225f.; SCHÖNHAGEN 2016: 350). Die Frage, ob diese ›sozialen Medien‹ einen erneuten revolutionären Umbruch hervorrufen und die journalistisch vermittelte Kommunikation verdrängen könnten, wird im folgenden, abschließenden Kapitel kurz aufgegriffen.

191 Vgl. kritisch zum Begriff ›Web 2.0‹, der eng mit der Verbreitung der sog. ›Social Media‹ verbunden ist, sowie seiner Entwicklung aus dem ›Web 1.0‹ z. B. Fuchs (2019: 61-64), Taddicken und Schmidt (2017: 5-9) sowie Schmidt (2018: 10-17). Allgemein zur Entwicklung des Internets (seit den 1960er-Jahren) und des World Wide Web (www), das 1989 am Kernforschungszentrum CERN in Genf ins Leben gerufen wurde, vgl. Dotzler und Roesler-Keilholz (2017: 195-223), Brügger (2016: 1061f.), Castells (2017: 53–60), Kammer (2001: 531-533, 546-548) sowie Zimmer (2009: 164-167).

5. ZUSAMMENFASSUNG UND AUSBLICK

Wie die vorangehende Darstellung gezeigt hat, vollzog sich gesellschaftliche Kommunikation über den bislang längsten Zeitraum hinweg, nämlich von den Anfängen der Menschheitsgeschichte bis in die Antike bzw. ins Mittelalter hinein, vorwiegend in Form von *Versammlungskommunikation*. Mit sich deutlich vergrößernden (sowohl bezüglich der Bevölkerung als auch mit Blick auf die räumliche Ausdehnung) und zunehmend differenzierten Gesellschaften war ein gesellschaftsweiter Austausch jedoch nur noch mittels Kommunikation über Distanz zu bewältigen. Dabei wurden zunächst einfache Formen von Fernkommunikation – insbesondere Boten – ergänzend zur Versammlungskommunikation eingesetzt. Mit fortschreitender Vergrößerung und Ausdifferenzierug von Gesellschaften erhielt die *Kommunikation über Distanz* jedoch immer stärkere Bedeutung. Im Laufe der weiteren Entwicklung entstand zunächst, im 16. Jahrhundert, ein *allgemein zugängliches Postsystem* und auf dessen Basis, am Übergang vom 16. zum 17. Jahrhundert, das *Zeitungswesen* und der *Journalismus*. Damit kam es zu einem revolutionären Umbruch in der gesellschaftlichen Kommunikation, der bis heute Bestand hat: Die journalistisch vermittelte Kommunikation konnte die Versammlungskommunikation als zentrale Form des gesellschaftsweiten Austausches ablösen. Mit der zunehmenden Durchsetzung der Kommunikation über Distanz verband sich eine *Evolution der Medien*, die zu einer immer rationelleren und effizienteren Ausgestaltung der Kommunikation über Distanz sowie einer Diversifizierung von Medien(angeboten) führte. Die Kommunikationsvermittlung wurde den sich verändernden gesellschaftlichen Bedingungen und Bedürfnissen, in Wechselwirkung mit technischen Innovationen, laufend angepasst. Dieser Wandel war insbesondere von einer zunehmenden Konzentration der Kommunikationsvermittlung gekennzeichnet, sowohl auf der Ebene der

Medien selbst als auch hinsichtlich der journalistischen Selektion der vermittelten Kommunikationspartner sowie von deren je einzelnen Mitteilungen. Im 18. und 19. Jahrhundert traten, im Zusammenhang mit sozialpolitischen Veränderungen, an die Stelle von Pressemedien, die tendenziell die Funktion eines Kommunikationsforums mit umfassender Vermittlung erfüllten, zunehmend *Meinungs- oder Gesinnungsblätter*, die typischerweise einseitig und parteilich vermittelten. Da die Zeitungen immer mehr zur zentralen Arena der Öffentlichkeit in allen gesellschaftlichen Bereichen wurden, gab es auch eine größere Menge öffentlicher Aussagen diverser Akteur*innen, sodass die journalistische Vermittlung außerdem selektiver wurde und konzentrierter erfolgte. Die ab Mitte des 19. Jahrhunderts aufkommende *Presse- oder Öffentlichkeitsarbeit* stellte eine Gegenreaktion auf die beiden genannten Entwicklungen dar: Gesellschaftliche Akteur*innen bzw. Organisationen versuchten so, ihre Präsenz in der (entscheidend gewordenen) massenmedialen Öffentlichkeit zu sichern. Die zusätzlichen Zulieferungen durch Pressearbeit diverser kollektiver Akteur*innen sowie durch die seit Mitte der 1830er-Jahre entstehenden Nachrichtenagenturen, zusammen mit dem Wandel der technischen und sozialen Rahmenbedingungen, führten außerdem zum Entstehen der sog. ›Massenpresse‹. Dazu gehörten der Generalanzeiger als neuer, wiederum (meist) politisch neutraler Zeitungstyp, die illustrierten Familienzeitschriften, die das wichtigste Unterhaltungsmedium in der zweiten Hälfte des 19. Jahrhunderts waren, sowie satirische und humoristische Zeitschriften. Alle diese Entwicklungen führten außerdem zu einer Verberuflichung und Professionalisierung des Journalismus – ohne dass dieser aber, bis heute, alle Merkmale einer Profession aufweist.

Während im Zusammenhang mit den Druckmedien die Verkehrsnetze eine entscheidende Basis für die Kommunikation über Distanz waren, wurden um die Mitte des 19. Jahrhunderts mit der Nutzung der *Elektrizität* für das Nachrichtenwesen weitere Veränderungen in Gang gesetzt. Diese führten zu spezifischen Informations- und Kommunikationsnetzwerken, die nicht mehr an die Verkehrsnetze gebunden waren. Auch die elektronischen Medien haben wiederum evolutionäre Prozesse durchlaufen – von der Entwicklung des elektrischen Telegrafen über die Radio-Telegrafie und den Rundfunk (Radio und Fernsehen) bis zum Internet mit den digitalen Medien und der Mobilkommunikation als jüngsten Innovationen. Dabei wurde nicht nur wieder ein gleichzeitiger Austausch möglich, sondern auch die allgemeine Medienverfügbarkeit zurückgewonnen – beides war für die Versammlungskommunikation kennzeichnend, ging aber mit der Kommunikation über Distanz, d.h. dem Übergang zur journalistischen Vermittlung, zunächst verloren.

Zugleich zeigt die Entwicklung gesellschaftlicher Kommunikation bis heute, dass es ohne hochkonzentrierte und umfassende Vermittlung unmöglich ist, gesellschaftliche Kommunikation in komplexen Gesellschaften überschaubar zu machen. Diese Überschaubarkeit ist aber die Voraussetzung dafür, dass eine Beteiligung im Prinzip aller (Personen bzw. Kollektive) am kommunikativen Austausch in einer Gesellschaft und damit an der Konstruktion sozialer Wirklichkeit möglich ist. Dies gilt analog auch für einzelne Gesellschaftsbereiche, wenn man z.B. an Wissenschafts- oder Lokalkommunikation denkt. Dieser ständige Überblick über den gesellschaftlichen Austausch wird durch die *journalistische Vermittlung* geleistet. Somit erscheint diese, zumindest auf absehbare Zeit, als unverzichtbar in modernen, komplexen und insbesondere demokratischen Gesellschaften (vgl. EMEK 2019: 4, 10; JARREN 2019: 8; SCHÖNHAGEN 2004: 120-122, 282-284). Tatsächlich sind es auch online nach wie vor in erster Linie die journalistischen Medienangebote, die einen breiten und zugleich konzentrierten Überblick über das gesellschaftliche Kommunikationsgeschehen bieten.[192] Somit kommt, trotz des Strukturwandels von Medien und Öffentlichkeit durch Digitalisierung und *Social Media*, »den traditionellen Massenmedien – online wie offline – bisher noch der zentrale Stellenwert« zu (STARK/MAGIN 2019: 381; vgl. auch PRESTON/ARNOLD/KINNEBROCK 2020: 7f.; STARK/MAGIN/JÜRGENS 2017: 180f.). In der Schweiz z.B. sinken zwar die Auflagen gedruckter Zeitungen kontinuierlich, die verschiedenen Typen von Online-Zeitungen dagegen verbuchen eine deutliche Nutzungszunahme (vgl. HÄUPTLI/VOGLER 2019: 125). Auch Radio und Fernsehen sind im Alltag von »[r]und neun von zehn Schweizerinnen und Schweizern« noch stark präsent (UDRIS 2019: 129). Allerdings werden mittlerweile Social Media zu »Newszwecken« von 70 Prozent der Befragten »oft oder sehr oft« genutzt, wenn auch meist neben anderen Medien (EISENEGGER 2019: 10). Radio und Fernsehen verzeichnen demgegenüber zwar einen abnehmenden Trend, werden aber immer noch von knapp 60 Prozent bzw. ca. 53 Prozent (sehr)

192 Allerdings mehren sich Hinweise auf Qualitätsverluste in der journalistischen Nachrichtenproduktion im Kontext der Digitalisierung (vgl. STARK/MAGIN 2019: 391-393; HOFSTETTER/SCHÖNHAGEN 2017: 56).

oft für Nachrichten genutzt; bei Abonnementszeitungen allerdings gilt dies nur noch für 32 Prozent der Befragten (vgl. ebd.).

Insbesondere mit Blick auf Social Media und die Tatsache, dass manche Teile der Bevölkerung sich von Massenmedien abwenden, wurde in den letzten Jahren häufig die Befürchtung geäußert, dass der gesamtgesellschaftliche Austausch gefährdet sein könnte (vgl. GEISS et al. 2018). Tatsächlich hat die Nutzung von Social Media seit ihrer Einführung im ersten Jahrzehnt des 21. Jahrhunderts deutlich zugenommen.[193] Das allein bedeutet aber noch nicht, dass häufige Social-Media-Nutzer*innen keinen umfassenden Überblick mehr über die gesamtgesellschaftliche Kommunikation erhalten würden. Derartige Befürchtungen wurden bereits mit Blick auf die technischen Möglichkeiten, personalisierte Zeitungen (sog. ›Daily Me‹) zu erstellen, geäußert. Dazu kam es jedoch nicht, und die Nutzung etablierter Nachrichtenmedien blieb dominant (vgl. SCHÖNBACH 2005; THURMAN 2011). Im Zuge der großen Bedeutung von algorithmengesteuerten Suchmaschinen und sozialen Netzwerken, wie z. B. Google, Facebook, Instagram und Twitter, wurde erneut angenommen, dass sich viele Menschen nur noch unter Gleichgesinnten in kleinen sozialen Gruppen bewegen und somit von abweichenden Informationen bzw. Sichtweisen abgeschnitten würden, dass also sog. ›Echo Chambers‹ oder ›Filter Bubbles‹ entstünden.[194] Diese »are seen to limit the diversity of opinions people are exposed to, and thus to have adverse effects on the democratic debate, open-mindedness and a healthy public sphere« (CARDENAL et al. 2019: 361). Auch wird diesen eine Polarisierung und Fragmentierung des Publikums zugeschrieben und, »more recently, the circulation of fake news and misinformation« (ebd.; vgl. auch STARK/MAGIN 2019: 395-397). Aber obwohl diese Befürchtungen Gegenstand breiter Debatten geworden sind, bleibt »the evidence supporting [them, d. Verf.] [...] scarce« (CARDENAL et al. 2019: 361). Eine Reihe (methodisch ganz unterschiedlicher) Studien spricht mittlerweile eher für einen »Burst of the Filter Bubble« (HAIM/GRAEFE/BROSIUS 2018: 330). Denn es zeigt sich u. a., dass die meisten Menschen auch online von anderen Sichtweisen bzw. »opposing information« erreicht werden

193 So nutzten im Jahr 2019 bereits 71 Prozent der Schweizer Internetnutzer*innen berufliche oder private soziale Netzwerke, davon 69 Prozent täglich; bei Heranwachsenden (14-19 Jahre) waren es sogar 100 Prozent (vgl. LATZER/BÜCHI/FESTIC 2019: 23).

194 Den Begriff »Echo Chamber« hat der amerikanische Jurist Cass R. Sunstein (2001) geprägt, jener der »Filter Bubble« stammt von dem amerikanischen Internetaktivisten Eli Pariser (2011).

bzw. solche sogar suchen (CARDENAL et al. 2019: 363; vgl. auch FLAXMAN/GOEL/RAO 2016: 318; BAKSHY/MESSING/ADAMIC 2015: 1131f.) und mit unterschiedlichen Nachrichtenquellen in Kontakt kommen (vgl. STARK/MAGIN/JÜRGENS 2017: 180).[195]

Trotzdem ist es für eine Entwarnung zu früh, denn bei kleinen Bevölkerungsteilen, die sich fast nur über Social Media informieren und sich für journalistische Medien weder interessieren noch ihnen vertrauen, sind durchaus bedenkliche Tendenzen in Richtung einer Isolierung und Polarisierung zu verzeichnen (vgl. u. a. GEISS et al. 2018: 520f.). Gleichzeitig unterstreichen diese Tendenzen nochmals (indirekt), dass Medien der Gruppen- oder Binnenkommunikation, wie Social Media, keinen Ersatz für journalistische Vermittlungsleistungen darstellen können. Somit bleibt zwar vorerst die journalistische Vermittlung, die sich seit der Wende vom 16. zum 17. Jahrhundert von Europa ausgehend weltweit verbreitet hat, grundlegend für die umfassende gesellschaftliche Kommunikation. Allerdings erscheint die Frage durchaus berechtigt, wie lange der Journalismus »seine ureigensten Funktionen unter den neuen strukturellen Bedingungen noch wird erfüllen können« (STARK/MAGIN 2019: 401). Denn mit den Social Media und »Digitalplattformen« (BECK 2019: 13) verbinden sich ganz andere Vermittlungslogiken:

> »Die Selektion und Aggregation von Nachrichten und anderen Medieninhalten erfolgt nicht mehr nach journalistischen Kriterien vor dem Hintergrund eines zumindest imaginierten öffentlichen Interesses, sondern [...] algorithmisch und orientiert sich nicht einmal mehr an Zielgruppen, sondern an den situativen Bedürfnissen einzelner Nutzer, die vollständig gebunden und erfasst werden sollen, damit sie möglichst alle Aktivitäten über dieselbe Plattform abwickeln« (ebd.: 16; vgl. auch ebd.: 13, 19).

Somit werden nach Klaus Beck »Medien und Kommunikationsdienstleistungen [...] Mittel zum Zweck der Datensammlung, -bewertung und -verwertung«, wobei »die Vermittlung von Bedeutungen« bzw. Mitteilungen »zwischen menschlichen Kommunikationspartnern (also: Kommunikation)« nur noch »eine untergeordnete Rolle spielt« (ebd.: 17). Diese neue Logik, als Teil des »Plattform- und Überwachungskapitalismus«,

195 Cardenal et al. (2019: 372) ergänzen aufgrund ihrer eigenen Studie in Spanien zudem, »that people take advantage of the diversity of views online rather than avoiding different opinions even in polarized media systems«.

führe »potentiell zu einer De-Institutionalisierung des Journalismus« (ebd.: 24). Es bleibt also offen, ob die journalistische Vermittlung grundlegend für die gesellschaftliche Kommunikation bleiben wird und wie der umfassende gesellschaftliche Austausch ansonsten realisiert werden könnte, der für den gesellschaftlichen Zusammenhalt wesentlich ist.

BILDNACHWEIS

Abb. 1: Landsgemeinde in Glarus (2014). By Ludovic Péron - Own work, CC BY-SA 3.0, https://commons.wikimedia.org/w/index.php?curid=32596829

Abb. 2: Tontäfelchen mit sumerischer Schrift (um 3200-3000 v. Chr.). Aus: IFRAH, GEORGES: *Universalgeschichte der Zahlen*. 2. Aufl. Frankfurt/M. u. a. [Campus] 1991, S. 184

Abb. 3: Volkssänger. Aus: D'ESTER, KARL: Gesprochene Zeitung. In: HEIDE, WALTHER (Hrsg.): *Handbuch der Zeitungswissenschaft (Lieferung 4: Filmzeitschriften –Greuelpropaganda)*. Leipzig [Karl W. Hiersemann] 1940, Sp. 1288-1299, hier Sp. 1295

Abb. 4: *Newe Zeytung aus dem Böhmerwald* (1609). Aus: SCHRÖDER, THOMAS: *Die ersten Zeitungen: Textgestaltung und Nachrichtenauswahl*. Tübingen [Gunter Narr] 1995, S. 15

Abb. 5: Erste Textseite aus der Straßburger *Relation* (1609). Aus: SCHRÖDER, THOMAS: *Die ersten Zeitungen: Textgestaltung und Nachrichtenauswahl*. Tübingen [Gunter Narr] 1995, S. 27

Abb. 6: Damenlesehalle. Aus: BEYRER, KLAUS; DALLMEIER, MARTIN (Hrsg.): *Als die Post noch Zeitung machte. Eine Pressegeschichte*. Gießen [anabas] 1994, S. 137

Abb. 7: Der *Verkleidete Götter-Both Mercurius* (Titelblatt, 1674). Aus: MENZ, GERHARD: Historisch-Politische Zeitschriften. In: HEIDE, WALTHER (Hrsg.): *Handbuch der Zeitungswissenschaft. (Lieferung 5: Griechenland – Hohenzollern)*. Leipzig [Karl W. Hiersemann] 1941, Sp. 1708-1726, hier Sp. 1714

Abb. 8: Titelblatt des *Feuille d'Avis* aus Freiburg/Schweiz (1738). Aus: KUB Freiburg, Sammlung Alte Drucke, Signatur: RESF BR 57. Mit freundlicher Genehmigung der Freiburger Kantons- und Universitätsbibliothek (KUB), die über die Bildrechte verfügt.

Abb. 9: Indirekte Kritik an der Zensur in der *Kölnischen Zeitung* (27. Mai 1817). Aus: BEYRER, KLAUS; DALLMEIER, MARTIN (Hrsg.): *Als die Post noch Zeitung machte. Eine Pressegeschichte.* Gießen [anabas] 1994, S. 150

Abb. 10: Titelkopf der *Gartenlaube* (1853). Aus: MENZ, GERHARD: Familienzeitschriften. In: HEIDE, WALTHER (Hrsg.): *Handbuch der Zeitungswissenschaft (Lieferung 3. Bremen – Filmzeitschriften)*. Leipzig [Karl W. Hiersemann] 1940, Sp. 962-973, hier Sp. 967

Abb. 11: Titelvignette des *Nebelspalter* (Erstnummer 1875). Aus: PAYER, ALOIS (Hrsg.): *Antiklerikale Karikaturen und Satiren IX: Schweiz. Fassung vom 12. Februar 2005*. http://www.payer.de/religionskritik/karikaturen9.htm#5. (Punkt 5: Der Nebelspalter 1875ff.) [13.10.2020]

Abb. 12: Titelblatt des *Würzburger General-Anzeigers* (1894). Bildquelle: Universität München, Fachbibliothek Englischer Garten, Zeitungsarchiv

Abb. 13: Der US-Präsident Roosevelt als ›Muck-Raker‹ in Hearst's *New York American* (1906). Aus: HARRISON, S. L.: Mencken, Reluctant Muckraker. In: *Menckeniana*, No. 190 (Summer 2009), 2009, S. 6-15, hier S. 9

Abb. 14: Beispiel für einen optischen Telegrafen mit Hebeln oder Armen. Aus: STANDAGE, TOM: *The Victorian Internet: the remarkable story of the telegraph and the nineteenth century's on-line pioneers*. New York [Walker and Company] 1998, S. 11

Abb. 15: Radiohören in der Familie. Aus: SCHADE, EDZARD: *Fernhören. Das Radio-Fotobuch der Deutschschweiz*. Basel [Christoph Merian] 2000, S. 26

Abb. 16: Das Théâtrophone. Aus: COLLINS, PAUL: Live from the Paris Opera. In: *NewScientist,* 197 (2638), 2008, S. 44-45, hier S. 45

Abb. 17: Radioreporter im Fußballstadion. Aus: SCHADE, EDZARD: *Herrenlose Radiowellen. Die schweizerische Radiopolitik bis 1939 im internationalen Vergleich*. Baden [hier + jetzt] 2000, S. 257

Abb. 18: Demonstration gegen das Verbot von RADIO 24 in der Schweiz (1980). Aus: SCHADE, EDZARD: *Fernhören. Das Radio-Fotobuch der Deutschschweiz*. Basel [Christoph Merian] 2000, S. 179

Abb. 19: Querschnitt durch ein Rundgebäude mit Panorama. Aus: OETTERMANN, STEPHAN: *Das Panorama. Die Geschichte eines Massenmediums*. Frankfurt/M. [Syndikat] 1980, S. 41

Abb. 20: Edisons Kinetoskop. Aus: DUMONT, HERVÉ: *Geschichte des Schweizer Films. Spielfilme 1896-1965*. Lausanne [Schweizer Filmarchiv/Cinémathèque Suisse] 1987, S. 21

Abb. 21: ›Le Biographe Suisse‹ des Schweizer Kino-Pioniers Georges Hipleh-Walt. Aus: DUMONT, HERVÉ: *Geschichte des Schweizer Films. Spielfilme 1896-1965*. Lausanne [Schweizer Filmarchiv/Cinémathèque Suisse] 1987, S. 25

Abb. 22: Zukunftsvision des Bildtelefons (um 1920). Aus: STADELMANN, KURT; HENGARTNER, THOMAS: *Telemagie. 150 Jahre Telekommunikation in der Schweiz*. Hrsg. vom Museum für Kommunikation. Zürich [Chronos] 2002 S. 127

Abb. 23: Gemeinsames Fernsehen in einer Schweizer Gaststätte (um 1953). Aus: DANUSER, HANSPETER; TREICHLER, HANS PETER (1993): *Show – Information – Kultur. Schweizer Fernsehen: Von der Pionierzeit ins moderne Medienzeitalter*. Aarau [Sauerländer] 1993, S. 15

LITERATUR

ABEL, RICHARD: Der französischen Stummfilm. In: NOWELL-SMITH, GEOFFREY (Hrsg.): *Geschichte des Internationalen Films*. Stuttgart, Weimar [Metzler] 1998, S. 105-116

ADLBRECHT, JO: Flüchtig aber authentisch – Zur Glaubwürdigkeit elektronischer Medien in ihrer Anfangszeit. Eine Spurensuche zwischen Röhrenradio und Schwarz-Weiß-Fernseher. In: *medien & zeit*, 20 (3), 2005, S. 25-43

AGOSTINI, ANGELO: The Italian Journalism Education Landscape. In: TERZIS, GEORGIOS (Hrsg.): *European Journalism Education*. Bristol [intellect] 2009, S. 277-288

AHVENAINEN, JORMA: The Role of Telegraphs in the 19th Century Revolution of Communication. In: NORTH, MICHAEL (Hrsg.): *Kommunikationsrevolutionen. Die neuen Medien des 16. und 19. Jahrhunderts*. Köln, Weimar, Wien [Böhlau] 1995, S. 73-80

AHVENAINEN, JORMA: International Telegraph Union. The Cable Companies and the Governments. In: FINN, BERNARD; YANG, DAQING (Hrsg.): *Communication Under the Seas. The Evolving Cable Network and Its Implications*. Cambridge/MA, London [MIT Press] 2009, S. 61-79

ALTENLOH, EMILIE: *Zur Soziologie des Kino. Die Kino-Unternehmung und die sozialen Schichten ihrer Besucher*. Jena [Eugen Diederichs] 1914

ALTMEPPEN, KLAUS-DIETER: Online- Medien: Das Ende des Journalismus? In: ALTMEPPEN, KLAUS-DIETER; BUCHER, HANS-JÜRGEN; LÖFFELHOLZ, MARTIN (Hrsg.): *Online-Journalismus*. Wiesbaden [Westdeutscher Verlag] 2000, S. 123-138

ANDREY, GEORGES: Auf der Suche nach dem neuen Staat (1798-1848). In: COMITÉ POUR UNE NOUVELLE HISTOIRE DE LA SUISSE (Hrsg.);

MESMER, BEATRIX (Red. dt. Ausgabe): *Geschichte der Schweiz und der Schweizer*. 4. Aufl. Basel [Schwabe] 2006, S. 527-637

ANDREY, GEORGES: Fribourg en précurseur. La presse fribourgeoise est l'une des plus anciennes de Suisse romande. Elle a déjà 276 ans au compteur! In: *L'Hebdo de Sept Info*, 1 (1), 2014, S. 30-34

ANDRIOPOULOS, STEFAN: Télévision psychique. In: BERTON, MIREILLE; WEBER, ANNE-KATHRIN (Hrsg.): *La Télévison. Du Téléphonoscope à Youtube. Pour une archéologie de l'audiovision*. Lausanne [Éditions Antipodes] 2009, S. 57-75

AUBERT, BRIGITTE: *Le Miroir des Ombres*. Paris [Éditions 10/18] 2008

AUCOIN, JAMES: Investigative Journalism. In: VAUGHN, STEPHEN L. (Hrsg.): *Encyclopedia of American Journalism*. New York, London [Routledge] 2008, S. 225-228

AULAS, JEAN-JACQUES; PFEND, JACQUES: Louis Aimé Augustin Leprince, inventeur et artiste, précurseur du cinéma. In: *1895. Mille huit cent quatre-vingt-quinze. Revue de l'association française de recherche sur l'histoire du cinéma*, 32, 2000, S. 1-37. https://journals.openedition.org/1895/110 [13.10.2020]

AVERBECK-LIETZ, STEFANIE: *Soziologie der Kommunikation. Die Mediatisierung der Gesellschaft und die Theoriebildung der Klassiker*. Berlin, Boston/MA [De Gruyter Oldenbourg] 2015

BAKSHY, AYTAN; MESSING, SOLOMON; ADAMIC, LADA A.: Exposure to Ideologically Diverse News and Opinion on Facebook. In: *Science*, 348 (6239), 2015, S. 1130-1132

BARLEY, NIGEL: *Traumatische Tropen. Notizen aus meiner Lehmhütte*. 12. Aufl. München [DTV] 2013

BARNOUW, ERIK: *A History of Broadcasting in the United States. Vol. 1: A Tower in Babel*. 4. Aufl. New York [Oxford University Press] 1977

BARTH, DIETER (1975): Das Familienblatt – ein Phänomen der Unterhaltungspresse des 19. Jahrhunderts. In: *Archiv für Geschichte des Buchwesens*, XV, 1975, Sp. 121-316

BARTH, GERDA: *Annus Christi 1597. Die Rorschacher Monatsschrift – die erste deutschsprachige Zeitung*. Rorschach [E. Loepfe-Benz Graphische Anstalt und Verlag] 1976

BARTH, VOLKER: Making the Wire Speak. Transnational Techniques of Journalism, 1860-1930. In: HAMPF, M. MICHAELA; MÜLLER-POHL, SIMONE (Hrsg.): *Global Communication Electric*. Frankfurt/M. [Campus] 2013, S. 246-271

BAUER, JULIAN: *Zellen, Wellen, Systeme. Eine Genealogie systemischen Denkens, 1880-1980*. Tübingen [Mohr Siebeck] 2016

BAUER, OSWALD: *Zeitungen vor der Zeitung. Die Fuggerzeitungen (1568-1605) und das frühmoderne Nachrichtensystem*. Berlin [Akademie Verlag] 2011

BAUMERT, DIETER PAUL: *Die Entstehung des deutschen Journalismus. Eine sozialgeschichtliche Studie*. Hrsg. und eingeleitet von Walter Hömberg. Baden-Baden [Nomos] 1928/2013

BAUSCH, HANS: *Rundfunkpolitik nach 1945. Erster Teil: 1945-1962*. München [DTV] 1980

BECK, DANIEL: *Der Sportteil im Wandel. Die Entwicklung der Sportberichterstattung in Schweizer Zeitungen seit 1945*. Bern u. a. [Haupt] 2006

BECK, KLAUS: Öffnung oder Auflösung des Mediensystems? In: *Medien Journal*, 43 (3), 2019, S. 5-26

BEHMER, MARKUS: Aus der Gelehrtenrepublik. In: *Anno 15. Das Magazin der Medienjubiläen*. Bamberg [Institut für Kommunikationswissenschaft] 2015, S. 138-139

BEHRINGER, WOLFGANG: *Im Zeichen des Merkur. Reichspost und Kommunikationsrevolution in der Frühen Neuzeit*. Göttingen [Vandenhoeck & Ruprecht] 2003

BEHRINGER, WOLFGANG: Das Netzwerk der Netzwerke. Raumportionierung und Medienrevolution in der Frühen Neuzeit. In: ARNDT, JOHANNES; KÖRBER, ESTHER-BEATE (Hrsg.): *Das Mediensystem im Alten Reich der Frühen Neuzeit (1600-1750)*. Göttingen [Vandenhoeck & Ruprecht] 2010, S. 39-57

BEIERWALTES, ANDREAS: *Demokratie und Medien. Der Begriff der Öffentlichkeit und seine Bedeutung für die Demokratie in Europa*. Baden-Baden [Nomos] 2000

BELLINGRADT, DANIEL: *Flugpublizistik und Öffentlichkeit um 1700. Dynamiken, Akteure und Strukturen im urbanen Raum des Alten Reiches*. Stuttgart [Franz Steiner] 2011

BENTELE, GÜNTER: Evolution der Kommunikation. Überlegungen zu einer kommunikationstheoretischen Schichtenkonzeption. In: BOBROWSKY, MANFRED; LANGENBUCHER, WOLFGANG R. (Hrsg.): *Wege zur Kommunikationsgeschichte*. München [Ölschläger] 1987, S. 79-94

BENZINGER, JOSEF: Zum Wesen und den Formen von Kommunikation und Publizistik im Mittelalter. Eine bibliographische und methodologische Studie. In: *Publizistik*, 15 (4), 1970, S. 295-318

BERGER, PETER L.; LUCKMANN, THOMAS: *Die gesellschaftliche Konstruktion der Wirklichkeit. Eine Theorie der Wissenssoziologie*. Frankfurt/M. [Fischer] 1980 (engl. Originalaufl. 1966)

BERTONI, BRENNO; COLOMBI, LUIGI: Cenni Storici sulla stampa dei giornali nella Svizzera Italiana. In: VEREIN DER SCHWEIZERISCHEN PRESSE (Hrsg.): *Die Schweizer Presse*. Bern [Verein der Schweizerischen Presse] 1896, S. 141-169

BESSON, SYLVAIN; MAURISSE, MARIE; DUFOUR, NICOLAS: Le quotidien »Le Matin« disparaîtra le 21 juillet. In: *Le Temps*, 6.6.2018. https://www.letemps.ch/culture/quotidien-matin-disparaitra-21-juillet [13.10.2020]

BEYER, FRANZ-HEINRICH: *Eigenart und Wirkung des reformatorisch-polemischen Flugblatts im Zusammenhang der Publizistik der Reformationszeit*. Frankfurt/M. u. a. [Peter Lang] 1994

BEYRER, KLAUS; DALLMEIER, MARTIN (Hrsg.): *Als die Post noch Zeitung machte. Eine Pressegeschichte. Eine Publikation des deutschen Postmuseums, Frankfurt a. M. anläßlich der gleichnamigen Ausstellung*. Gießen [anabas] 1994

BIELER, DENISE: *Public Relations und Massenkommunikation. Einrichtung von Pressestellen um die Wende des 20. Jahrhunderts*. Baden-Baden [Nomos] 2010

BISCHOF, FRANZ XAVER: Kulturkampf. In: *Historisches Lexikon der Schweiz (HLS)*. 2008. https://hls-dhs-dss.ch/de/articles/017244/2008-11-06/ [13.10.2020]

BLASER, FRITZ: *Bibliographie zur Geschichte des Schweizerischen Zeitungswesens*. Basel [Birkhäuser & Cie.] 1940

BLASER, FRITZ: *Bibliographie der Schweizer Presse. Mit Einschluss des Fürstentums Liechtenstein. 1. Halbband*. Basel [Birkhäuser Verlag] 1956

BLEICHER, JOAN KRISTIN: Mediengeschichte des Fernsehens. In: SCHANZE, HELMUT (Hrsg.): *Handbuch der Mediengeschichte*. Stuttgart [Alfred Kröner] 2001, S. 490-518

BLOME, ASTRID: Vom Adressbüro zum Intelligenzblatt. Ein Beitrag zur Genese der Wissensgesellschaft. In: *Jahrbuch für Kommunikationsgeschichte*, 8, 2006, S. 3-29

BLUM, ROGER: Schweizer Medien im Lauf der Geschichte: ein »Bannwald der Demokratie«? In: HALLER, MICHAEL; HOLZHEY, HELMUT (Hrsg.): *Medien-Ethik: Beschreibungen, Analysen, Konzepte für den deutschsprachigen Journalismus*. Opladen [Westdeutscher Verlag] 1992, S. 87-96

BLUM, ROGER; KÖHLER, BARBARA: Partizipation und Deliberation in der Versammlungsdemokratie. Schweizer Landsgemeinden mit Kommunikationsdefiziten? In: IMHOF, KURT; BLUM, ROGER; BONFADELLI, HEINZ; JARREN, OTFRIED (Hrsg.): *Demokratie in der Mediengesellschaft*. Wiesbaden [VS Verlag für Sozialwissenschaften] 2006, S. 285-303

BOCKWITZ, HANS H.: *Newe zeytung von orient und auff gange. Facsimileabdruck eines zeitungsgeschichtlichen Dokuments vom Jahre 1502 mit Begleitwort.* Leipzig [Deutsches Museum für Buch und Schrift] 1920

BODMER, JOHANN JAKOB; BREITINGER, JOHANN JAKOB: *Die Discourse der Mahlern. Vier Teile in einem Band. Faksimiledruck.* Hildesheim [Georg Olms Verlagsbuchhandlung] 1721-1723/1969

BOGEL, ELSE: *Schweizer Zeitungen des 17. Jahrhunderts. Beiträge zur frühen Pressegeschichte von Zürich, Basel, Bern, Schaffhausen, St. Gallen und Solothurn.* Bremen [Universitätsverlag] 1973

BOLLINGER, ERNST: *La presse suisse. Les faits et les opinions.* Lausanne [Payot] 1986

BOLLINGER, ERNST: *Pressegeschichte I. 1500-1800. Das Zeitalter der allmächtigen Zensur.* 2. Aufl. Freiburg/Schweiz [Universitätsverlag] 1999

BOLLINGER, ERNST: *Pressegeschichte II. 1840-1930. Die goldenen Jahre der Massenpresse.* 3. Aufl. Freiburg/Schweiz [Universitätsverlag] 2002

BOLLINGER, ERNST: Zensur: 1. Vom Spätmittelalter bis 1848. In: *Historisches Lexikon der Schweiz (HLS)*. 2015. https://hls-dhs-dss.ch/de/articles/024656/2015-01-25/ [13.10.2020]

BÖNING, HOLGER: *Heinrich Zschokke und sein »Aufrichtiger und wohlerfahrener Schweizerbote«. Die Volksaufklärung in der Schweiz.* Bern u. a. [Lang] 1983

BÖNING, HOLGER: Das Intelligenzblatt. In: FISCHER, ERNST; HAEFS, WILHELM; MIX, YORK-GOTHART (Hrsg.): *Vom Almanach zur Zeitung. Ein Handbuch der Medien in Deutschland 1700-1800.* München [C. H. Beck] 1999, S. 89-104

BÖNING, HOLGER: *Periodische Presse. Kommunikation und Aufklärung: Hamburg und Altona als Beispiel.* Bremen [edition lumière] 2002

BÖNING, HOLGER: Weltaneignung durch ein neues Publikum. Zeitungen und Zeitschriften als Medientypen der Moderne. In: BURKHARDT, JOHANNES; WERKSTETTER, CHRISTINE (Hrsg.):

Kommunikation und Medien in der Frühen Neuzeit. München [Oldenbourg] 2005, S. 105-134

BÖNING, HOLGER: Zeitung und Aufklärung. In: WELKE, MARTIN; WILKE JÜRGEN (Hrsg.): *400 Jahre Zeitung. Die Entwicklung der Tagespresse im internationalen Kontext.* Bremen [edition lumière] 2008, S. 287-310

BÖNING, HOLGER: Johann Mattheson und sein Vernünfftler. In: *Anno 13. Das Magazin der Medienjubiläen.* Bamberg [Institut für Kommunikationswissenschaft] 2013, S. 111-118

BÖNING, HOLGER: *Justus Möser. Anwalt der praktischen Vernunft. Der Aufklärer, Publizist und Intelligenzblattherausgeber.* Bremen [edition lumière] 2017

BONJOUR, ERNEST: *Geschichte der Schweizerischen Post, 1849-1949. Band 1.* Bern [Generaldirektion der PTT] 1949

BÖSCH, FRANK: *Mediengeschichte. Vom asiatischen Buchdruck zum Computer.* 2. Aufl. Frankfurt/M., New York [Campus] 2019

BOSSHART, STEFAN: *Bürgerjournalismus im Web. Kollaborative Nachrichtenproduktion am Beispiel von »Wikinews«.* Konstanz, München [UVK] 2017

BOYCE, ROBERT: Submarine Cables as a Factor in Britain's Ascendency as a World Power. In: NORTH, MICHAEL (Hrsg.): *Kommunikationsrevolutionen. Die neuen Medien des 16. und 19. Jahrhunderts.* Köln, Weimar, Wien [Böhlau] 1995, S. 81-99

BRANAHL, UDO: Zensur. In: BENTELE, GÜNTER; BROSIUS, HANS-BERND; JARREN, OTFRIED (Hrsg.): *Lexikon Kommunikations- und Medienwissenschaft.* 2. Aufl. Wiesbaden [Springer VS] 2013, S. 387

BREUNIG, CHRISTIAN: Offene Fernseh- und Hörfunkkanäle in Deutschland. In: *Media Perspektiven,* 29 (5), 1998, S. 236-249

BRIGGS, ASA; BURKE, PETER: *A Social History of the Media. From Gutenberg to the Internet.* 3. Aufl. Cambridge [Polity] 2009 (Erstauflage 2002)

BRÜCKMANN, ARIANE: *Journalistische Berufsorganisationen in Deutschland. Von den Anfängen bis zur Gründung des Reichsverbandes der Deutschen Presse.* Köln, Weimar, Wien [Böhlau] 1997

BRÜGGER, NIELS: Introduction: The Web's First 25 Years. In: *New Media & Society,* 18 (7), 2016, S. 1059-1065

BÜCHER, KARL: Die Anfänge des Zeitungswesens. In: WAGNER, HANS (Hrsg.): *Zeitungsbriefe und Briefzeitungen oder Die Anfänge der Zeitung. Richard Grasshoff (1877), Georg Steinhausen (1895), Karl Bücher (1893) und Adolf Koch (1910).* Baden-Baden [Nomos] 1893/2017, S. 197-230

BÜCHER, KARL: Die Grundlagen des Zeitungswesens. In: PÖTTKER, HORST (Hrsg.): *Öffentlichkeit als gesellschaftlicher Auftrag. Klassiker der Sozialwissenschaft über Journalismus und Medien*. Konstanz [UVK] 1926/2001, S. 164-216

BÜRGER, THOMAS: *Aufklärung in Zürich. Die Verlagsbuchhandlung Orell, Gessner, Füssli & Comp. in der zweiten Hälfte des 18. Jahrhunderts*. Frankfurt/M. [Buchhändler-Vereinigung] 1997

BUSER, JAKOB: *Das Basler Postwesen vor 1849. Nach amtlichen Quellen verfasst*. Sissach [Buchdruckerei J. Schaub-Buser] 1903

CANDAUX, JEAN-DANIEL: Les gazettes helvétiques. In: COUPERUS, MARIANNE (Hrsg.): *L'étude des périodiques anciennes. Colloque d'Utrecht*. Paris [A.-G. Nizet] 1972, S. 126-171

CANDREIA, J.[ACOB]: Die romanische und italienische Journalistik Graubündens. In: VEREIN DER SCHWEIZERISCHEN PRESSE (Hrsg.): *Die Schweizer Presse*. Bern [Verein der Schweizerischen Presse] 1896, S. 471-520

CAPITANI, FRANÇOIS DE: Beharren und Umsturz (1648-1815). In: COMITÉ POUR UNE NOUVELLE HISTOIRE DE LA SUISSE (Hrsg.); MESMER, BEATRIX (Red. dt. Ausgabe): *Geschichte der Schweiz und der Schweizer*. 4. Aufl. Basel [Schwabe] 2006, S. 447-527

CARDENAL, ANA S.; AGUILAR-PAREDES, CARLOS; CRISTANCHO, CAMILO; MAJÓ-VÁZQUEZ, SÍLVIA: Echo-Chambers in Online News Consumption: Evidence from Survey and Navigation Data in Spain. In: *European Journal of Communication*, 34 (4), 2019, S. 360-376

CARLEN, LOUIS: Die Landsgemeinde von Goms. In: *Blätter aus der Walliser Geschichte*, Bd. XVI [i.e. XV], 4. Jg., 1973, S. 17-24

CASTELLS, MANUEL: *Der Aufstieg der Netzwerkgesellschaft. Band 1: Das Informationszeitalter*. 2. Aufl. Wiesbaden [Springer VS] 2017

CATTANI, ALFRED: *Das Berichthaus von Zürich. Ein Kulturbild im Spiegel der Donnstags-Nachrichten 1730-1754*. Zürich [Verlag Berichthaus] 1956

CAWLEY, ANTHONY; LIMA, HELENA; KRUGLIKOVA, OLGA; BIRKNER, THOMAS: The »New« Newspapers. The Popular Press in Britain, Portugal, Russia, and Germany, Late-1800s to Early-1900s. In: ARNOLD, KLAUS; PRESTON, PASCHAL; KINNEBROCK, SUSANNE (Hrsg.): *The Handbook of European Communication History*. Hoboken, NJ [Wiley Blackwell] 2020, S. 43-59

CHADWICK, ANDREW: *The Hybrid Media System. Politics and Power*. Oxford [Oxford University Press] 2013

CHERCHI USAI, PAOLO: Ursprünge und Überlieferung. In: NOWELL-SMITH, GEOFFREY (Hrsg.): *Geschichte des internationalen Films*. Stuttgart, Weimar [Metzler] 1998, S. 6-13

CLAVIEN, ALAIN: *La Presse Romande*. Lausanne [Éditions Antipodes] 2017

CLAVIEN, ALAIN; SCHERRER, ADRIAN: Presse. In: *Historisches Lexikon der Schweiz (HLS)*. 2015. https://hls-dhs-dss.ch/de/articles/010464/2015-04-10/ [13.10.2020]

CORDONIER, GÉRALD; BERTON, MIREILLE: Une guerre des ondes autour de l'arrivée de la télévision en Suisse, entre craintes sociales et défense spirituelle du pays. In: BERTON, MIREILLE; WEBER, ANNE-KATHRIN (Hrsg.): *La Télévison du Téléphonoscope à Youtube. Pour une archéologie de l'audiovision*. Lausanne [Éditions Antipodes] 2009, S. 181-196

CRAFTON, DONALD: Tricks und Animation. In: NOWELL-SMITH, GEOFFREY (Hrsg.): *Geschichte des Internationalen Films*. Stuttgart, Weimar [Metzler] 1998, S. 65-72

CURRAN, JAMES: Global Journalism. A Case Study of the Internet. In: COULDRY, NICK; CURRAN, JAMES (Hrsg.): *Contesting Media Power. Alternative Media in a Networked World*. Lanham, MD [Rowman & Littlefield] 2003, S. 227-241

CURTI, THEODOR: Der Verein der schweizerischen Presse. In: VEREIN DER SCHWEIZERISCHEN PRESSE (Hrsg.): *Die Schweizer Presse*. Bern [Verein der Schweizerischen Presse] 1896, S. 3-26

DALLMEIER, MARTIN: Die kaiserliche Reichspost zwischen Zeitungsvertrieb und Zensur im 18. Jahrhundert. In: DEUTSCHE PRESSEFORSCHUNG (Hrsg.): *Presse und Geschichte II. Neue Beiträge zur historischen Kommunikationsforschung*. München, London, New York, Oxford, Paris [K. G. Saur] 1987, S. 233-258

DAMMANN, CLAS: *Stimme aus dem Äther – Fenster zur Welt. Die Anfänge von Radio und Fernsehen in Deutschland*. Köln, Weimar, Wien [Böhlau] 2005

DANIEL, UTE: *Beziehungsgeschichten. Politik und Medien im 20. Jahrhundert*. Hamburg [Hamburger Edition] 2018

DANUSER, HANSPETER; TREICHLER, HANS PETER: *Show – Information – Kultur. Schweizer Fernsehen: Von der Pionierzeit ins moderne Medienzeitalter*. Aarau [Sauerländer] 1993

DAUM, ANDREAS W.: *Wissenschaftspopularisierung im 19. Jahrhundert. Bürgerliche Kultur, naturwissenschaftliche Bildung und die deutsche Öffentlichkeit, 1848-1914*. München [Oldenbourg] 1998

DENK, ANNA: Warum der Stummfilmerklärer aus den Wiener Kinos verschwand. In: *medienimpulse*, 49 (4), 2011, S. 1-18. https://journals.univie.ac.at/index.php/mp/article/view/mi364 [13.10.2020]

DENK, ANNA: *Schauspielen im Stummfilm. Filmwissenschaftliche Untersuchungen zur Berufsentwicklung im Wien der 1910er und 1920er Jahre.* Bielefeld [transcript] 2020

DEPKAT, VOLKER: Kommunikationsgeschichte zwischen Mediengeschichte und der Geschichte sozialer Kommunikation. Versuch einer konzeptionellen Klärung. In: SPIESS, KARL-HEINZ (Hrsg.): *Medien der Kommunikation im Mittelalter*. Stuttgart [Franz Steiner] 2003, S. 9-48

D'ESTER, KARL: *Zeitungswesen*. Breslau [Hirt] 1928

D'ESTER, KARL: Fuggerzeitungen. In: HEIDE, WALTHER (Hrsg.): *Handbuch der Zeitungswissenschaft*. Bd. 1. Leipzig [Verlag Karl W. Hiersemann] 1940, Sp. 1187-1198

DILLER, ANSGAR: *Rundfunkpolitik im Dritten Reich*. München [DTV] 1980

DILLER, ANSGAR: Der Rundfunk als Herrschaftsinstrument der SED. In: DEUTSCHER BUNDESTAG (Hrsg.): *Machtstrukturen und Entscheidungsmechanismen im SED-Staat und die Frage der Verantwortung*. Baden-Baden, Frankfurt/M. [Nomos; Suhrkamp] 1995, S. 1214-1242

DOMINGO, DAVID; QUANDT, THORSTEN; HEINONEN, ARI; PAULUSSEN, STEVE; SINGER, JANE B.; VUIJNOVIC, MARINA: Participatory Journalism Practices in the Media and Beyond: An International Comparative Study of Initiatives in Online Newspapers. In: *Journalism Practice*, 2 (3), 2008, S. 326-342

DOTZLER, BERNHARD J.; ROESLER-KEILHOLZ, SILKE: *Mediengeschichte als Historische Techno-Logie*. Baden-Baden [Nomos] 2017

DRACK, MARKUS T. (Hrsg.): *Radio und Fernsehen in der Schweiz. Geschichte der Schweizerischen Rundspruchgesellschaft SRG bis 1958*. Baden [hier + jetzt] 2000

DULINSKI, ULRIKE: *Sensationsjournalismus in Deutschland*. Konstanz [UVK] 2003

DUMONT, HERVÉ: *Geschichte des Schweizer Films. Spielfilme 1896-1965*. Lausanne [Schweizer Filmarchiv/Cinémathèque Suisse] 1987

DUSSEL, KONRAD: *Deutsche Rundfunkgeschichte*. 3. Aufl. Konstanz [UVK] 2010

EGGER, THERES: Das Schweizer Radio auf dem Weg in die Nachkriegszeit, 1942-1949. In: DRACK, MARKUS T. (Hrsg.): *Radio und Fernsehen in der Schweiz. Geschichte der Schweizerischen*

Rundspruchgesellschaft SRG bis 1958. Baden [hier + jetzt] 2000, S. 115-150 u. 319-341 (Anhangsband)

EHNIMB-BERTINI, SONIA: Jahre des Wachstums: Die SRG vor neuen Herausforderungen, 1950-1958. In: DRACK, MARKUS T. (Hrsg.): *Radio und Fernsehen in der Schweiz. Geschichte der Schweizerischen Rundspruchgesellschaft SRG bis 1958*. Baden [hier + jetzt] 2000, S. 153-194 u. 343-376 (Anhangsband)

EILERS, FRANZ-JOSEF: *Zur Publizistik schriftloser Kulturen in Nordost-Neuguinea*. o.O. [Steyler Verlag] 1967

EISENEGGER, MARK: Umbau der Schweizer Medienöffentlichkeit. In: FÖG – FORSCHUNGSINSTITUT ÖFFENTLICHKEIT UND GESELLSCHAFT (Hrsg.): *Jahrbuch 2019: Qualität der Medien. Schweiz – Suisse – Svizzera*. Basel [Schwabe] 2019, S. 9-26

EISENSTEIN, ELIZABETH L.: *The Printing Press as an Agent of Change. Communications and Cultural Transformations in Early-Modern Europe*. 2 Bde. Cambridge/MA, London [Cambridge University Press] 1979

EMEK (EIDGENÖSSISCHE MEDIENKOMMISSION): *Rückhalt für den Journalismus. Wie das Bewusstsein der Öffentlichkeit für journalistische Leistung im digitalen Zeitalter gestärkt werden könnte – ein Diskussionsbeitrag*. Biel [Eidgenössische Medienkommission EMEK] 2019. https://www.emek.admin.ch/inhalte/D_Rueckhalt_Journalismus_final_2019_korrFN.pdf [13.10.2020]

EMERY, MICHAEL; EMERY, EDWIN; ROBERTS, NANCY L.: *The Press and America. An Interpretative History of the Mass Media*. 8. Aufl. Boston u. a. [Allyn & Bacon] 1996

ENGELSING, ROLF: *Analphabetentum und Lektüre. Zur Sozialgeschichte des Lesens in Deutschland zwischen feudaler und industrieller Gesellschaft*. Stuttgart [Metzler] 1973

EPKENHANS, MICHAEL: *Geschichte Deutschlands. Von 1648 bis heute*. Stuttgart [Theiss] 2008

EVENSEN, BRUCE J.: Muckraking. In: VAUGHN, STEPHEN L. (Hrsg.): *Encyclopedia of American Journalism*. New York, London [Routledge] 2008, S. 309-312

FÄH, BEAT: Das Ende des Telefonrundspruchs. In: *TDR Mitteilungen*, 1/1996, S. 28-31

FAHIE, JOHN JOSEPH: *A History of Wireless Telegraphy, 1838-1899*. New York [Dodd, Mead and Co.] 1900. https://babel.hathitrust.org/cgi/pt?id=mdp.39015012312628;view=1up;seq=11 [13.10.2020]

FAULSTICH, WERNER: *Medien und Öffentlichkeiten im Mittelalter*. Göttingen [Vandenhoeck & Ruprecht] 1996

FAULSTICH, WERNER: *Mediengeschichte von den Anfängen bis 1700*. Göttingen [Vandenhoeck & Ruprecht] 2006

FISCHER, ERNST: Geschichte der Zensur. In: LEONHARDT, JOACHIM-FELIX; LUDWIG, HANS-WERNER; SCHWARZE, DIETRICH; STRASSNER, ERICH (Hrsg.): *Medienwissenschaft. Ein Handbuch zur Entwicklung der Medien und Kommunikationsformen*. Bd. 1. Berlin, New York [De Gruyter] 1999, S. 500-513

FISCHER, STEVEN ROGER: *A History of Reading*. London [Reaktion Books] 2004

FLAXMAN, SETH R.; GOEL, SHARAD; RAO, JUSTIN M.: Filter Bubbles, Echo Chambers, and Online News Consumption. In: *Public Opinion Quarterly*, 80 (Special Issue), 2016, S. 298-320

FREI-STOLBA, REGULA; PAUNIER, DANIEL: Die römische Epoche. Integration in die Mittelmeerwelt. In: KREIS, GEORG (Hrsg.): *Die Geschichte der Schweiz*. Basel [Schwabe] 2014, S. 39-71

FUCHS, CHRISTIAN: *Soziale Medien und Kritische Theorie. Eine Einführung*. München [UVK] 2019

FÜHRER, KARL CHRISTIAN: A Medium of Modernity? Broadcasting in Weimar Germany, 1923-1932. In: *The Journal of Modern History*, 69 (4), 1997, S. 722-753

FÜRST, SILKE: »The biggest television event in history«. Wie Medienereignisse durch die journalistische Berichterstattung geprägt werden. In: *medien & zeit*, 33 (3), 2018, S. 3-15

FÜRST, SILKE; SCHÖNHAGEN, PHILOMEN: The »Mediated Social Communication« Approach: An Early Discursive Mass Communication Model. In: BERGMAN, MATS; KIRTIKLIS, KĘSTAS; SIEBERS, JOHAN (Hrsg.): *Models of Communication. Theoretical and Philosophical Approaches*. New York, London [Routledge] 2020, S. 113-132

FÜRST, SILKE; SCHÖNHAGEN, PHILOMEN; BOSSHART, STEFAN: Mass Communication Is More than a One-Way Street: On the Persistent Function and Relevance of Journalism. In: *Javnost – The Public*, 22 (4), 2015, S. 328-344

GARNCARZ, JOSEPH: *Maßlose Unterhaltung. Zur Etablierung des Films in Deutschland 1896-1914*. Frankfurt/M., Basel [Stroemfeld] 2010

GARNCARZ, JOSEPH: *Wechselnde Vorlieben. Über die Filmpräferenzen der Europäer 1896-1939*. Frankfurt/M., Basel [Stroemfeld] 2015

GARNCARZ, JOSEPH: *Medienwandel*. Konstanz, München [UVK] 2016

GASSER, BERNARD: *Cinéjournal Suisse. Aperçu historique (1923-1945) et analyse de tous les numéros de 1945. Dossier établi par Bernard Gasser*. Lausanne [Cinémathèque Suisse] 1978/79

GEISS, STEFAN; MAGIN MELANIE; STARK, BIRGIT; JÜRGENS, PASCAL: »Common Meeting Ground« in Gefahr? Selektionslogiken politischer Informationsquellen und ihr Einfluss auf die Fragmentierung individueller Themenhorizonte. In: *Medien & Kommunikationswissenschaft*, 66 (4), 2018, S. 502-525

GERBER, ADRIAN: *Zwischen Propaganda und Unterhaltung. Das Kino in der Schweiz zur Zeit des Ersten Weltkriegs*. Marburg [Schüren] 2017

GERHARDS, JÜRGEN; NEIDHARDT, FRIEDHELM: *Strukturen und Funktionen moderner Öffentlichkeit. Fragestellungen und Ansätze*. Berlin [Wissenschaftszentrum Berlin für Sozialforschung (WZB)] 1990

GESTRICH, ANDREAS: *Absolutismus und Öffentlichkeit. Politische Kommunikation in Deutschland zu Beginn des 18. Jahrhunderts*. Göttingen [Vandenhoeck & Ruprecht] 1994

GIESECKE, MICHAEL: Der *Buchdruck in der frühen Neuzeit. Eine historische Fallstudie über die Durchsetzung neuer Informations- und Kommunkationstechnologien*. 4. Aufl. Frankfurt/M. [Suhrkamp] 2006

GLOVE, BILL: *The Great Northern Telegraph Company*. o. J. http://www.atlantic-cable.com/CableCos/GreatNorthern [13.10.2020]

GOODY, JACK: Funktionen der Schrift in traditionalen Gesellschaften. In: GOODY, JACK; WATT, IAN; GOUGH, KATHLEEN (Hrsg.): *Entstehung und Folgen der Schriftkultur*. 3. Aufl. Frankfurt/M. [Suhrkamp] 1997, S. 25-61

GOODY, JACK; WATT, IAN (1997): Konsequenzen der Literalität. In: GOODY, JACK; WATT, IAN; GOUGH, KATHLEEN (Hrsg.): *Entstehung und Folgen der Schriftkultur*. 3. Aufl. Frankfurt/M. [Suhrkamp] 1997, S. 63-122

GORDON, IAN: *Comic Strips and Consumer Culture 1890-1945*. Washington, London [Smithsonian Institution Press] 1998

GRONENBORN, DETLEF: Rezension von Haarmann, Harald: Das Rätsel der Donauzivilisation – Die Entdeckung der ältesten Hochkultur Europas. In: *Damals*, Heft 3, 2012. http://www.damals.de/de/19/Donauzivilisation.html?aid=189784&cp=95&action=showDetails [13.10.2020]

GROTH, OTTO: *Die unerkannte Kulturmacht*. Bd. 1. Berlin [De Gruyter] 1960

GUPTA, ATREYEE: The Disappearance of Louis Le Prince. In: *materialstoday*, 11 (7-8), 2008, S. 56. https://www.sciencedirect.com/science/article/pii/S1369702108701603 [13.10.2020]

GUTSCHE-JONES, FANNY: *Switzerland at your Finger Tips. Das Schweizer Auslandsradio im Kontakt mit dem Publikum 1935-65: Transnationale Identitätskonstruktionen im Spannungsfeld zwischen Nutzerpartizipation und institutioneller Kontrolle*. Basel Diss., 2019

HAARMANN, HARALD: *Das Rätsel der Donauzivilisation. Die Entdeckung der ältesten Hochkultur Europas*. München [C. H. Beck] 2011

HAARMANN, HARALD: *Geschichte der Schrift*. 5. Aufl. München [C.H. Beck] 2017

HAAS, HANNES (Hrsg.): *Max Winter. Expeditionen ins dunkelste Wien. Meisterwerke der Sozialreportage*. Wien [Picus] 2006

HAAS, MARCUS: *»Die geschenkte Zeitung«. Bestandsaufnahmen und Studien zu einem neuen Pressetyp in Europa*. Münster [LIT] 2005

HABEL, THOMAS: *Gelehrte Journale und Zeitungen der Aufklärung. Zur Entstehung, Entwicklung und Erschließung deutschsprachiger Rezensionszeitschriften des 18. Jahrhunderts*. Bremen [edition lumière] 2007

HAGEN, WOLFGANG: *Das Radio. Zur Geschichte und Theorie des Hörfunks – Deutschland/USA*. München [Wilhelm Fink] 2005

HAIM, MARIO; GRAEFE, ANDREAS; BROSIUS, HANS-BERND: Burst of the Filter Bubble? Effects of Personalization on the Diversity of Google News. In: *Digital Journalism*, 6 (3), 2018, S. 330-343

HALBACH, WULF R.: Netzwerke. In: FASSLER, MANFRED; HALBACH, WULF R. (Hrsg.): *Geschichte der Medien*. München [Wilhelm Fink] 1998, S. 269-307

HALLER, ANDREA; LOIPERDINGER, MARTIN; SCHLÜPMANN, HEIDE (Hrsg.): *Emilie Altenloh. Zur Soziologie des Kino. Die Kino-Unternehmung und die sozialen Schichten ihrer Besucher*. Reprint. Frankfurt/M., Basel [Stroemfeld] 2012

HALLER, MICHAEL: *Gratis-Tageszeitungen in den Lesermärkten Westeuropas*. Baden-Baden [Nomos] 2009

HAMBLYN, RICHARD: *Die Erfindung der Wolken. Wie ein unbekannter Meteorologe die Sprache des Himmels erforschte*. Frankfurt/M. [Suhrkamp] 2003

HARMS, WOLFGANG: Historische Kontextualisierungen des illustrierten Flugblatts. In: HARMS, WOLFGANG; SCHILLING,

MICHAEL: *Das illustrierte Flugblatt der frühen Neuzeit. Traditionen – Wirkungen – Kontexte.* Stuttgart [S. Hirzel] 2008a, S. 21-61

HARMS, WOLFGANG: Lateinische Texte illustrierter Flugblätter. Der Gelehrte als möglicher Adressat eines breit wirksamen Mediums der frühen Neuzeit. In: HARMS, WOLFGANG; SCHILLING, MICHAEL: *Das illustrierte Flugblatt der frühen Neuzeit. Traditionen – Wirkungen – Kontexte.* Stuttgart [S. Hirzel] 2008b, S. 123-133

HARMS, WOLFGANG; SCHILLING, MICHAEL (Hrsg.): *Die Sammlung der Zentralbibliothek Zürich. Kommentierte Ausgabe. Teil 2, Die Wickiana II (1570-1588).* Tübingen [Niemeyer] 1997

HARMS, WOLFGANG; SCHILLING, MICHAEL (Hrsg.): *Die Sammlung der Zentralbibliothek Zürich. Kommentierte Ausgabe. Teil 1, Die Wickiana I (1500-1569).* Tübingen [Niemeyer] 2005

HÄUPTLI, ANDREA; VOGLER, DANIEL: Presse – gedruckt und online. In: FÖG – FORSCHUNGSINSTITUT ÖFFENTLICHKEIT UND GESELLSCHAFT (Hrsg.): *Jahrbuch 2019: Qualität der Medien. Schweiz – Suisse – Svizzera.* Basel [Schwabe] 2019, S. 115-128

HE, YANGMING: Hangzhou, the Origins of the World Press and Journalism? In: *Journalism Studies*, 16 (4), 2015, S. 547-561

HEIDTMANN, JAN: *Internet abschalten. Das Digitale frisst uns auf.* München [Süddeutsche Zeitung Edition] 2019

HEITGER, ULRICH: *Vom Zeitzeichen zum politischen Führungsmittel. Entwicklungstendenzen und Strukturen der Nachrichtenprogramme des Rundfunks in der Weimarer Republik 1923-1932.* Münster [LIT] 2003

HENGARTNER, THOMAS: Das Telefon wird alltäglich. Zu einer Alltags- und Erfahrungsgeschichte des Telefons. In: MUSEUM FÜR KOMMUNIKATION (Hrsg.): *Telemagie. 150 Jahre Telekommunikation in der Schweiz.* Zürich [Chronos] 2002, S. 66-153

HERBERS, KLAUS: Zur Einführung: Das Heilige Römische Reich – Orte, Zeiten und Personen. In: HERBERS, KLAUS; NEUHAUS, HELMUT: *Das Heilige Römische Reich. Ein Überblick.* Köln, Weimar, Wien [Böhlau] 2010a, S. 9-21

HERBERS, KLAUS: Das mittelalterliche Heilige Römische Reich. In: HERBERS, KLAUS; NEUHAUS, HELMUT: *Das Heilige Römische Reich. Ein Überblick.* Köln, Weimar, Wien [Böhlau] 2010b, S. 23-193

HERBST, KLAUS-DIETER: Der Jahreskalender – Ein Medium für gelehrte Kommunikation. In: HERBST, KLAUS-DIETER; KRATOCHWIL, STEFAN

(Hrsg.): *Kommunikation in der frühen Neuzeit.* Frankfurt/M. u.a. [Peter Lang] 2009, S. 189-223

HICKETHIER, KNUT: *Geschichte des Deutschen Fernsehens.* Unter Mitarbeit von Peter Hoff. Stuttgart, Weimar [Metzler] 1998

HIEBEL, HANS H.; HIEBLER, HEINZ; KOGLER, KARL; WALITSCH, HERWIG: *Die Medien. Logik – Leistung – Geschichte.* München [Wilhelm Fink] 1998

HIEBEL, HANS H.; HIEBLER, HEINZ; KOGLER, KARL; WALITSCH, HERWIG: *Große Medienchronik.* München [Wilhelm Fink] 1999

HILMES, MICHELE: The Origins of the Commercial Broadcasting System of the United States. In: LERSCH, EDGAR; SCHANZE, HELMUT (Hrsg.): *Die Idee des Radios. Von den Anfängen in Europa und den USA bis 1933.* Konstanz [UVK] 2004, S. 73-81

HODEL, MARKUS: *Die Schweizerische Konservative Volkspartei 1918-1929. Die goldenen Jahre des politischen Katholizismus.* Freiburg (Schweiz) [Universitätsverlag] 1994

HOFF, PETER: Fernsehen als ›kollektiver Organisator‹ – Anfänge des DDR-Fernsehens: 1947 bis 1956. In: HICKETHIER, KNUT: *Geschichte des Deutschen Fernsehens.* Unter Mitarbeit von Peter Hoff. Stuttgart, Weimar [Metzler] 1998, S. 95-109

HÖFLICH, JOACHIM R.: Ansätze zu einer Theorie der technisch vermittelten Kommunikation. In: *Zeitschrift für Semiotik*, 19 (3), 1997, S. 203-228

HOFFJANN, OLAF: Angefreundete Feinde. In: SCHOLL, ARMIN (Hrsg.): *Systemtheorie und Konstruktivismus in der Kommunikationswissenschaft.* Konstanz [UVK] 2002, S. 179-194

HOFSTETTER, BRIGITTE; SCHÖNHAGEN, PHILOMEN: When Creative Potentials Are Being Undermined by Commercial Imperatives. Change and Resistance in Six Cases of Newsroom Reorganization. In: *Digital Journalism*, 5 (1), 2017, S. 44-60

HOLTORF, CHRISTIAN: *Der erste Draht zur Neuen Welt. Die Verlegung des transatlantischen Telegrafenkabels.* Göttingen [Wallenstein] 2013

HÖRISCH, JOCHEN: *Eine Geschichte der Medien. Von der Oblate zum Internet.* Frankfurt/M. [Suhrkamp] 2004

HOUSTON, ROBERT ALLAN: *Literacy in Early Modern Europe. Culture and Education 1500-1800.* 2. Aufl. Harlow, London [Longman] 2002

HUBER-SCHLATTER, ANDREAS: *Politische Institutionen des Landsgemeinde-Kantons Appenzell Innerrhoden.* Bern [Haupt] 1987

IM HOF, ULRICH: *Mythos Schweiz. Identität – Nation – Geschichte 1291-1991*. Zürich [Verlag Neue Zürcher Zeitung] 1991

IM HOF, ULRICH: Aufklärung. In: *Historisches Lexikon der Schweiz (HLS)*. 2012. https://hls-dhs-dss.ch/de/articles/017433/2012-12-04/ [13.10.2020]

IMHOF, KURT: *Die Diskontinuität der Moderne. Zur Theorie des sozialen Wandels*. Frankfurt/M. [Campus] 2006

INSTITUT FÜR ZEITUNGSWISSENSCHAFT AN DER UNIVERSITÄT BERLIN (Hrsg.): *Handbuch der deutschen Tagespresse*. 6. Aufl. Leipzig, Frankfurt/M. [Armanen-Verlag] 1937

JACQUES, PIERRE-EMMANUEL; ZIMMERMANN, YVONNE: Dokumentarischer Film in der Schweiz im historischen Überblick (1896-1964). In: ZIMMERMANN, YVONNE (Hrsg.): *Schaufenster Schweiz. Dokumentarische Gebrauchsfilme 1896-1964*. Zürich [Limmat] 2011, S. 84-127

JARREN, OTFRIED: Vorwort. In: FÖG – FORSCHUNGSINSTITUT ÖFFENTLICHKEIT UND GESELLSCHAFT (Hrsg.): *Jahrbuch 2019: Qualität der Medien. Schweiz – Suisse – Svizzera*. Basel [Schwabe] 2019, S. 7-8

JECKER, CONSTANZE: *SendungsBewusstsein. Kirchliche Kriegskommunikation und die Anfänge der Radio-Predigten in der Schweiz 1925-1945*. Freiburg (Schweiz) [Academic Press Fribourg] 2009

JÖRG, CHRISTIAN: Kommunikative Kontakte – Nachrichtenübermittlung – Botenstafetten. Möglichkeiten zur Effektivierung des Botenverkehrs zwischen den Reichsstädten am Rhein an der Wende zum 15. Jahrhundert. In: GÜNTHART, ROMY; JUCKER, MICHAEL (Hrsg.): *Kommunikation im Spätmittelalter. Spielarten – Wahrnehmungen – Deutungen*. Zürich [Chronos] 2005, S. 79-87

JUBERT, GÉRARD: Introduction. In: *Père des Journalistes et Médecin des Pauvres. Théophraste Renaudot (1586-1653)*. Corpus de textes établi, présenté et annoté par Gérard Jubert. Paris [C.H.A.N./Champion] 2005, S. XIII-LXV

JUNGI-ISAGER, LORENZ: Selbständig sein: Die Gründung der SDA 1894. In: BLUM, ROGER; HEMMER, KATRIN; PERRIN, DANIEL (Hrsg.): *Die AktualiTäter. Nachrichtenagenturen in der Schweiz*. Bern, Stuttgart, Wien [Haupt] 1995, S. 23-27

KAMMER, MANFRED: Geschichte der Digitalmedien. In: SCHANZE, HELMUT (Hrsg.): *Handbuch der Mediengeschichte*. Stuttgart [Kröner] 2001, S. 519-554

KAMPMANN, CHRISTOPH: *Europa und das Reich im Dreißigjährigen Krieg*. Stuttgart [Kohlhammer] 2008

KASSEL, ANTJE: *Journalistenausbildung in Italien. Formazione al Giornalismo in Italia. Eine Bestandsaufnahme im Zeichen der europäischen Einigungspolitik*. Bochum [projekt verlag] 2003

KÄSTLI, TOBIAS: *Die Schweiz – eine Republik in Europa. Geschichte des Nationalstaats seit 1798*. Zürich [Verlag Neue Zürcher Zeitung] 1998

KIELBOWICZ, RICHARD B.: Telegraph. In: VAUGHN, STEPHEN L. (Hrsg.): *Encyclopedia of American Journalism*. New York, London [Routledge] 2008, S. 523-526

KINNEBROCK, SUSANNE: Frauen und Männer im Journalismus. Eine historische Betrachtung. In: THIELE, MARTINA (Hrsg.): *Konkurrenz der Wirklichkeiten. Wilfried Scharf zum 60. Geburtstag*. Göttingen [Universitätsverlag] 2005, S. 101-132

KINNEBROCK, SUSANNE; SCHWARZENEGGER, CHRISTIAN; BIRKNER, THOMAS (Hrsg.): *Theorien des Medienwandels*. Köln [Herbert von Halem] 2015

KLAGES, RENO: *Die Zeitschriften der deutschen Schweiz zur Zeit der Helvetik und Mediation 1798-1813*. Turbenthal [Buchdruckerei Rob. Furrers Erben] 1945

KLÖTI, THOMAS: Die Gründung der Fischerpost – Eine Erfolgsgeschichte. In: BRAUN, HANS; BRAUN-BUCHER, BARBARA; HÜSSY, ANNELIES; KLÖTI, THOMAS; HERZOG, GEORGES: *Beat Fischer (1641-1698). Der Gründer der bernischen Post*. Bern [Burgerbibliothek/ Stämpfli] 2004, S. 161-219

KNIES, KARL: *Der Telegraph als Verkehrsmittel. Über den Nachrichtenverkehr überhaupt*. Faks.-Nachdr. der Orig.-Ausg. Mit einer Einleitung von Hans Wagner. München [Reinhard Fischer] 1857/1996

KOCH, HANS JÜRGEN; GLASER, HERMANN: *Ganz Ohr. Eine Kulturgeschichte des Radios in Deutschland*. Köln, Weimar, Wien [Böhlau] 2005

KOCH, URSULA E.; BEHMER, MARKUS (Hrsg.): *Grobe Wahrheiten – wahre Grobheiten. Feine Striche – Scharfe Stiche. Jugend, Simplicissimus und andere Karikaturen-Journale der Münchner »Belle Epoque« als Spiegel und Zerrspiegel der kleinen wie der großen Welt*. Ausstellungskatalog. München [Institut für Kommunikationswissenschaft (Zeitungswissenschaft) der LMU] 1996

KOLLER, CHRISTIAN: Regeneration. In: *Historisches Lexikon der Schweiz* (*HLS*). 2010. https://hls-dhs-dss.ch/de/articles/009800/2010-08-23/ [13.10.2020]

KÖRBER, ESTHER-BEATE: *Messrelationen. Geschichte der deutsch- und lateinischsprachigen »messentlichen« Periodika von 1588 bis 1805*. Bremen [edition lumière] 2016

KOSZYK, KURT: *Deutsche Presse 1914-1945*. Berlin [Colloquium] 1972

KRAMER, THOMAS; PRUCHA, MARTIN: *Film im Lauf der Zeit: 100 Jahre Kino in Deutschland, Österreich und der Schweiz*. Wien [Ueberreuter] 1994

KREIMEIER, KLAUS: Eine technische Tour de Force. Thomas A. Edison und seine Mitarbeiter. In: BUCK, MATTHIAS; HARTLING, FLORIAN; PFAU, SEBASTIAN (Hrsg.): *Randgänge der Mediengeschichte*. Wiesbaden [VS Verlag für Sozialwissenschaften] 2010, S. 125-133

KREIS, GEORG: *Zensur und Selbstzensur. Die schweizerische Pressepolitik im Zweiten Weltkrieg*. Frauenfeld, Stuttgart [Huber] 1973

KREIS, GEORG: *Insel der unsicheren Geborgenheit. Die Schweiz in den Kriegsjahren 1914-1918*. Zürich [Verlag Neue Zürcher Zeitung] 2014

KREIS, GEORG: Zensur: 2. Ab 1848. In: *Historisches Lexikon der Schweiz* (*HLS*). 2015. https://hls-dhs-dss.ch/de/articles/024656/2015-01-25/ [13.10.2020]

KRONIG, KARL; KLÖTI, THOMAS: Bevor die Post verstaatlicht wurde. Die Post der Fischer 1675-1832. In: *PTT-Zeitschrift*, 42 (8), 1991, S. I-VIII

KRONJÄGER, WILHELM; PRESSLER, HANS; VOGT, KARL: *50 Jahre Rundfunk aus der Sicht der Deutschen Fernmeldeverwaltung*. Bonn [Bundesministerium für das Post- und Fernmeldewesen] 1973

KUHLMANN, MICHAEL: *Fernsehen in der DDR*. Siegen [Universität-Gesamthochschule-Siegen] 1997

KUNCZIK, MICHAEL: *Geschichte der Öffentlichkeitsarbeit in Deutschland*. Köln, Weimar, Wien [Böhlau] 1997

KÜNZLER, MATTHIAS: Die Abschaffung des Monopols: die SRG im Umfeld neuer Privatradio- und Privatfernsehsender. In: MÄUSLI, THEO; STEIGMEIER, ANDREAS; VALLOTTON, FRANÇOIS (Hrsg.): *Radio und Fernsehen in der Schweiz. Geschichte der Schweizerischen Radio- und Fernsehgesellschaft SRG 1983-2011*. Baden [hier + jetzt] 2012, S. 41-87

KÜNZLER, MATTHIAS: *Mediensystem Schweiz*. Konstanz, München [UVK] 2013

KUTSCH, ARNULF: Rundfunk und Politik im Nachkriegs-Berlin. Der ›Berliner Rundfunk‹ 1946/47 und sein Intendant Max Seydewitz.

In: GESERICK, ROLF; KUTSCH, ARNULF (Hrsg.): *Publizistik und Journalismus in der DDR*. München u.a. [K.G. Saur] 1988, S. 115-149

KUTSCH, ARNULF: Journalismus als Profession. In: BLOME, ASTRID; BÖNING, HOLGER (Hrsg.): *Presse und Geschichte*. Bremen [édition lumière] 2008, S. 289-325

KUTSCH, ARNULF: Die Journalisten-Hochschule zu Berlin (1900-1914). In: KUTSCH, ARNULF; AVERBECK-LIETZ, STEFANIE; EICKMANS, HEINZ (Hrsg.): *Kommunikation über Grenzen. Studien deutschsprachiger Kommunikationswissenschaftler zu Ehren von Prof. Dr. Joan Hemels*. Münster [LIT] 2014, S. 217-257

LANG, CARL LUDWIG: *Die Zeitschriften der deutschen Schweiz. Bis zum Untergang der alten Eidgenossenschaft (1798)*. Leipzig [Otto Harrassowitz] 1939

LANG, JOSEF: Ein Essay: In: LANG, JOSEF; MEIER, PIRMIN: *Kulturkampf. Die Schweiz des 19. Jahrhunderts im Spiegel von heute*. Baden [hier + jetzt] 2016, S. 5-63

LASTER, DANIÈLE: Splendeurs et misères du théâtrophone. In: *Romantisme*, 13 (3), 1983, S. 74-78

LATZER, MICHAEL; BÜCHI, MORITZ; FESTIC, NOEMI: *Internetanwendungen und deren Nutzung in der Schweiz 2019. Themenbericht aus dem World Internet Project – Switzerland 2019*. Zürich 2019. https://www.mediachange.ch/media//pdf/publications/Anwendungen_Nutzung_2019.pdf [13.10.2020]

LE CAM, JEAN L.: Schulpflicht, Schulbesuch und Schulnetz im Herzogtum Braunschweig-Wolfenbüttel im 17. Jahrhundert. In: BÖDEKER, HANS E.; HINRICHS, ERNST (Hrsg.): *Alphabetisierung und Literalisierung in Deutschland in der frühen Neuzeit*. Tübingen [Niemeyer] 1999, S. 203-224

LEFÈVRE, PASCAL; DIERICK, CHARLES: Introduction. In: LEFÈVRE, PASCAL; DIERICK, CHARLES (Hrsg.): *Forging a New Medium. The Comic Strip in the Nineteenth Century*. Brüssel [VUB University Press] 1998, S. 11-23

LEIDINGER, HANNES: Der Erste Weltkrieg. Österreichische Medien und Medienpolitik 1914-1918 – Ein internationaler Vergleich unter besonderer Berücksichtigung visueller Kommunikationsformen. In: KARMASIN, MATTHIAS; OGGOLDER, CHRISTIAN (Hrsg.): *Österreichische Mediengeschichte. Band 1: Von den frühen Drucken zur Ausdifferenzierung des Mediensystems (1500 bis 1918)*. Wiesbaden [Springer VS] 2016, S. 223-250

LENK, CARSTEN: *Die Erscheinung des Rundfunks. Einführung und Nutzung eines neuen Mediums 1923-1932*. Opladen [Westdeutscher Verlag] 1997

LERG, WINFRIED B.: *Rundfunkpolitik in der Weimarer Republik*. München [DTV] 1980

LERSCH, EDGAR: Mediengeschichte des Hörfunks. In: SCHANZE, HELMUT (Hrsg.): *Handbuch der Mediengeschichte*. Stuttgart [Kröner] 2001, S. 455-489

LEUZINGER, URS: Ur- und Frühgeschichte. Von der Altsteinzeit bis zu den Römern. In: KREIS, GEORG (Hrsg.): *Die Geschichte der Schweiz*. Basel [Schwabe] 2014, S. 7-29

LEY, THOMAS: 60 Jahre Blick. Wie der Boulevardtitel die Schweiz aufrüttelte. BLICK unter Beschuss. In: *Blick Specials*, 2019. https://www.blick.ch/interaktiv/wie-der-boulevardtitel-die-schweiz-aufruettelte-blick-unter-beschuss-id15537049.html [13.10.2020]

LIEBERT, TOBIAS: Public Relations für Städte in verschiedenen zeitgeschichtlichen Epochen: Fallbeispiel Nürnberg. In: WILKE, JÜRGEN (Hrsg.): *Massenmedien und Zeitgeschichte*. Konstanz [UVK] 1999, S. 409-423

LÜBBE, HERMANN: *Geschichtsbegriff und Geschichtsinteresse. Analytik und Pragmatik der Historie*. 2. Aufl. Basel [Schwabe] 2012

LÜCKEMEIER, KAI: *Information als Verblendung. Die Geschichte der Presse und der öffentlichen Meinung im 19. Jahrhundert*. Stuttgart [ibidem] 2001

LÜDI, RUDOLF: *Die Schweizerische Depeschen-Agentur. Ihre Entstehung, ihre Entwicklung, ihr Charakter, ihre Tätigkeit*. Bern [o. V.] 1934

LUGINBÜHL, DAVID: *Vom »Zentralorgan« zur unabhängigen Tageszeitung? Das »Vaterland« und die CVP 1955-1991*. Fribourg [Acad. Press] 2007

LUHMANN, NIKLAS: Veränderungen im System gesellschaftlicher Kommunikation und die Massenmedien. In: SCHATZ, OSKAR (Hrsg.): *Die elektronische Revolution. Wie gefährlich sind die Massenmedien?* Graz [Styria] 1975, S. 13-30

LÜTHI, KARL J.: *Die Schweizer Presse einst und jetzt*. Bern [Buchdruckerei Büchler & Co.] 1933

MAAR, ELKE: *Bildung durch Unterhaltung: Die Entdeckung des Infotainment in der Aufklärung. Hallenser und Wiener Moralische Wochenschriften in der Blütezeit des Moraljournalismus, 1748-1782*. Pfaffenweiler [Centaurus-Verlagsgesellschaft] 1995

MAHRT, MERJA: *Beyond Filter Bubbles and Echo Chambers: The Integrative Potential of the Internet*. Berlin [Böhland & Schremmer] 2019

MAISSEN, THOMAS: *Die Geschichte der NZZ 1780-2005*. Zürich [Verlag Neue Zürcher Zeitung] 2005

MAISSEN, THOMAS: *Geschichte der Schweiz*. Baden [hier + jetzt] 2015

MANGOLD, FR.[ITZ]: Das Basler ›Avis-Blatt‹ (1729-1844). In: *Basler Jahrbuch*, o. Jg., o. H., 1897, S. 187-225

MANGOLD, FR.[ITZ]: *Basler Mittwochs- und Samstag-Zeitung 1682-1796. Ein Beitrag zur Geschichte des Nachrichtenverkehrs und dessen Organisation im 17. und 18. Jahrh*. Basel [Buchdruckerei Franz Wittmer] 1900

MARCIC, RENÉ: Öffentlichkeit als staatsrechtlicher Begriff. In: NENNING, GÜNTHER (Hrsg.): *Richter und Journalisten. Über das Verhältnis von Macht und Presse*. Wien [Europa Verlag] 1965, S. 153-228

MARTENS, WOLFGANG: *Die Botschaft der Tugend. Die Aufklärung im Spiegel der deutschen Moralischen Wochenschriften*. 2. Aufl. Stuttgart [J.B. Metzlersche Verlagsbuchhandlung] 1971

MARTI, HANSPETER; ERNE, EMIL: *Index der deutsch- und lateinischsprachigen Schweizer Zeitschriften von den Anfängen bis 1750*. Basel [Schwabe] 1998

MARTI-WEISSENBACH, KARIN: Hirschgartner [Hirzgartner], Hans Jakob. In: *Historisches Lexikon der Schweiz (HLS)*. 2007. http://www.hls-dhs-dss.ch/textes/d/D25989.php [13.10.2020]

MARVIN, CAROLYN: *When Old Technologies Were New. Thinking About Electric Communication in the Late Nineteenth Century*. New York, Oxford [Oxford University Press] 1988

MAUELSHAGEN, FRANZ MATTHIAS: Netzwerke des Nachrichtenaustauschs. Für einen Paradigmenwechsel in der Erforschung der ›neuen Zeitung‹. In: BURKHARDT, JOHANNES; WERKSTETTER, CHRISTINE (Hrsg.): *Kommunikation und Medien in der Frühen Neuzeit*. München [Oldenbourg] 2005, S. 409-425

MAUELSHAGEN, FRANZ MATTHIAS: *Wunderkammer auf Papier. Die »Wickiana« zwischen Reformation und Volksglaube*. Epfendorf/Neckar [Bibliotheca Academica Verlag] 2011

MAURER, MICHAEL: Europa als Kommunikationsraum in der Frühen Neuzeit. In: HERBST, KLAUS-DIETER; KRATOCHWIL, STEFAN (Hrsg.): *Kommunikation in der Frühen Neuzeit*. Frankfurt/M. u. a. [Peter Lang] 2009, S. 11-23

MÄUSLI, THEO: Radio: Nicht bloss ein Apparat, der tönt. In: MÄUSLI, THEO (Hrsg.): *Schallwellen. Zur Sozialgeschichte des Radios*. Zürich [Chronos] 1996, S. 55-75

MÄUSLI, THEO: Radiohören. In: DRACK, MARKUS T. (Hrsg.): *Radio und Fernsehen in der Schweiz. Geschichte der Schweizerischen Rundspruchgesellschaft SRG bis 1958*. Baden [hier + jetzt] 2000, S. 195-224 u. 369-383 (Anhangsband)

MCLUSKIE, ED; KINNEBROCK, SUSANNE; SCHWARZENEGGER, CHRISTIAN: European Communication History: An Introduction. In: *medien & zeit*, 26 (3), 2011a, S. 3-6

MCLUSKIE, ED; KINNEBROCK, SUSANNE; SCHWARZENEGGER, CHRISTIAN: European Communication History II: An Introduction to Theoretical Perspectives. In: *medien & zeit*, 26 (4), 2011b, S. 3-5

MEIER, PETER: Im Spannungsfeld falscher Erwartungen: Entwicklungsgeschichte einer Fachdisziplin zwischen Wissenschaft und Praxis an der Universität Bern. In: SCHADE, EDZARD (Hrsg.): *Publizistikwissenschaft und öffentliche Kommunikation*. Konstanz [UVK] 2005, S. 111-149

MEIER, PETER: Die Lücken schliessen. Zum (Zu-)Stand der Schweizer Mediengeschichte. Eine synoptische Bestandsaufnahme. In: *Schweizerische Zeitschrift für Geschichte/Revue Suisse d'Histoire/Rivista Storica Svizzera*, 60 (1), 2010, S. 4-12

MEIER, PETER: Schweizerische Depeschenagentur (SDA). In: *Historisches Lexikon der Schweiz (HLS)*. 2011. http://www.hls-dhs-dss.ch/textes/d/D27830.php [13.10.2020]

MEIER, PETER; GYSIN, NICOLE: *Vom heimischen Herd an die politische Front: die Rolle der Ringier-Zeitschriften in den Krisen- und Kriegsjahren 1933-1945*. Bern [Institut für Medienwissenschaft] 2003

MEIßNER, MIKE: *Der Verein Arbeiterpresse. Selbstverständnis, Autonomie und Ausbildung sozialdemokratischer Redakteure*. Baden-Baden [Nomos] 2017

MELISCHEK, GABRIELE; SEETHALER, JOSEF: Die Tagespresse der franzisko-josephinischen Ära. In: KARMASIN, MATTHIAS; OGGOLDER, CHRISTIAN (Hrsg.): *Österreichische Mediengeschichte. Band 1: Von den frühen Drucken zur Ausdifferenzierung des Mediensystems (1500 bis 1918)*. Wiesbaden [Springer VS] 2016, S. 166-192

MELISCHEK, GABRIELE; SEETHALER, JOSEF: Die österreichische Tagespresse der Ersten Republik. In: KARMASIN, MATTHIAS; OGGOLDER, CHRISTIAN (Hrsg.): *Österreichische Mediengeschichte. Band 2: Von Massenmedien zu sozialen Medien (1918 bis heute)*. Wiesbaden [Springer VS] 2019, S. 7-36

MENA, FABRIZIO: 3. Italienische Schweiz [Unterpunkt des Eintrags »Presse« von A. Clavien u. A. Scherrer]. In: *Historisches Lexikon der Schweiz (HLS)*. 2015. https://hls-dhs-dss.ch/de/articles/010464/2015-04-10/ [13.10.2020]

MENZ, GERHARD: Gelehrten-Zeitschriften. In: HEIDE, WALTHER (Hrsg.): *Handbuch der Zeitungswissenschaft. Bd. 1*. Leipzig [Karl W. Hiersemann] 1940, Sp. 1202-1217

MENZ, GERHARD: Historisch-Politische Zeitschriften. In: HEIDE, WALTHER (Hrsg.): *Handbuch der Zeitungswissenschaft. Bd. 2*. Leipzig [Karl W. Hiersemann] 1941, Sp. 1708-1726

MESSERLI, JAKOB: *Gleichmässig, pünktlich, schnell. Zeiteinteilung und Zeitgebrauch in der Schweiz im 19. Jahrhundert*. Zürich [Chronos] 1995

MESSERLI, JAKOB; MATHIEU, JON: Unterhaltungs- und Belehrungsblätter in der deutschen Schweiz 1850-1900. Eine Quelle zur Sozial- und Mentalitätsgeschichte. In: *Schweizerische Zeitschrift für Geschichte/Revue Suisse d'Histoire/Rivista Storica Svizzera*, 42 (2), 1992, S. 173-189

MEYER, CAROLINE: *Der Eidophor. Ein Grossbildprojektionssystem zwischen Kino und Fernsehen 1939-1999*. Zürich [Chronos] 2009

MICHAEL, HENDRIK: Die Darstellung der Unterschicht im wilhelminischen Berlin durch Sozialreportagen der Massenpresse. In: *medien & zeit*, 34 (2), 2019, S. 6-15

MIKOS, LOTHAR: *Fernsehen im Erleben der Zuschauer. Vom lustvollen Umgang mit einem populären Medium*. Berlin, München [Quintessenz] 1994

MÖCKLI, SILVANO: *Die Schweizerischen Landsgemeinde-Demokratien*. Bern [Haupt] 1987

MOOSER, JOSEF: Die »Geistige Landesverteidigung« in den 1930er Jahren. Profile und Kontexte eines vielschichtigen Phänomens der schweizerischen politischen Kultur in der Zwischenkriegszeit. In: *Schweizerische Zeitschrift für Geschichte/Revue Suisse d'Histoire/Rivista Storica Svizzera*, 47 (4), 1997, S. 685-708

MORAN, TERENCE P.: *Introduction to the History of Communication*. New York [Peter Lang] 2010

MOREROD, JEAN-DANIEL; FAVROD, JUSTIN: Entstehung eines sozialen Raumes (5.-13. Jahrhundert). In: KREIS, GEORG (Hrsg.): *Die Geschichte der Schweiz*. Basel [Schwabe] 2014, S. 81-127

MÖRKE, OLAF: Pamphlet und Propaganda. Politische Kommunikation und technische Innovation in Westeuropa in der frühen Neuzeit. In:

NORTH, MICHAEL (Hrsg.): *Kommunikationsrevolutionen. Die neuen Medien des 16. und 19. Jahrhunderts*. Köln, Weimar, Wien [Böhlau] 1995, S. 15-32

MOSCO, VINCENT: *The Digital Sublime. Myth, Power, and Cyberspace*. Paperback edition. Cambridge/MA, London [MIT Press] 2005

MOSER, KARIN: »Mit Rücksicht auf die Notwendigkeiten des Staates...«. Autoritäre Propaganda und mediale Repression im austrofaschistischen »Ständestaat«. In: KARMASIN, MATTHIAS; OGGOLDER, CHRISTIAN (Hrsg.): *Österreichische Mediengeschichte. Band 2: Von Massenmedien zu sozialen Medien (1918 bis heute)*. Wiesbaden [Springer VS] 2019, S. 37-59

MÜLLER, HANS: *Die Fischersche Post in Bern in den Jahren 1675-1698*. Bern [Buchdruckerei Gustav Grunau] 1917

MÜLLER, LOTHAR: Deadline. Zur Geschichte der Aktualität. In: *Merkur. Zeitschrift für europäisches Denken*, 67 (4), 2013, S. 291-304

MÜLLER, RUDOLF: Technik zwischen Programm, Kultur und Politik. In: MÄUSLI, THEO; STEIGMEIER, ANDREAS (Hrsg.): *Radio und Fernsehen in der Schweiz. Geschichte der Schweizerischen Radio- und Fernsehgesellschaft SRG 1958-1983*. Baden [hier + jetzt] 2006, S. 187-237

MÜNKEL, DANIELA: Produktionssphäre. In: SALDERN, ADELHEID VON; MARSSOLEK, INGE (Hrsg.): *Radio in der DDR der fünfziger Jahre. Zwischen Lenkung und Ablenkung*. Tübingen [edition diskord] 1998, S. 45-170

MUSSER, CHARLES: Der Dokumentarfilm. In: NOWELL-SMITH, GEOFFREY (Hrsg.): *Geschichte des Internationalen Films*. Stuttgart, Weimar [Metzler] 1998, S. 290-301

N. N.: Der Bund. In: VEREIN DER SCHWEIZERISCHEN PRESSE (Hrsg.): *Die Schweizer Presse*. Bern [Verein der Schweizerischen Presse] 1896, S. 386-391

N. N.: Wettbewerb zwischen Rundfunkindustrie und Telefonrundfunk in Belgien. In: *Funkschau*, 9 (39), 1936, S. 306. https://www.radiomuseum.org/forum/was_hatte_drahtfunk_fuer_eine_bedeutung.html [13.10.2020]

NALBACH, ALEX: Poisoned at the Source? Telegraphic News Services and Big Business in the Nineteenth Century. In: *Business History Review*, 77 (4), 2003, S. 577-610

NARODNY, IVAN: Marconi's Plans for the World. In: *Technical World Magazine*, 18 (2), 1912, S. 145-150. https://babel.hathitrust.org/cgi/pt?id=njp.32101049998188&view=1up&seq=163 [13.10.2020]

NAUER, HEINZ: Alte und Neue Welt. In: *Historisches Lexikon Schweiz (HLS)*. 2019. https://hls-dhs-dss.ch/de/articles/024151/2019-12-10/ [13.10.2020]

NEUHAUS, HELMUT: Das frühneuzeitliche Heilige Römische Reich. In: HERBERS, KLAUS; NEUHAUS, HELMUT: *Das Heilige Römische Reich. Ein Überblick*. Köln, Weimar, Wien [Böhlau] 2010, S. 195-291

NORTH, MICHAEL: Einleitung. In: NORTH, MICHAEL (Hrsg.): *Kommunikationsrevolutionen. Die neuen Medien des 16. und 19. Jahrhunderts*. Köln, Weimar, Wien [Böhlau] 1995, S. IX–XIV

NOWELL-SMITH, GEOFFREY: Einführung. In: NOWELL-SMITH, GEOFFREY (Hrsg.): *Geschichte des Internationalen Films*. Stuttgart, Weimar [Metzler] 1998, S. 3-5

OETTERMANN, STEPHAN: *Das Panorama. Die Geschichte eines Massenmediums*. Frankfurt/M. [Syndikat] 1980

OTIS, LAURA: *Networking. Communicating with Bodies and Machines in the Nineteenth Century*. Ann Arbor [The University of Michigan Press] 2001

PALMIERI, DANIEL; DUMARET, ISABELLE: Cinéma à Carouge. In: *Dictionnaire carougeois*, Bd. 1, 1994, S. 31-34. http://cinema-bio.ch/ancien_site/AMIS/HistoireBIO/ExtraitsCD.htm [13.10.2020]

PARISER, ELI: *The Filter Bubble: What the Internet is Hiding from You*. London [Penguin Books] 2011

PEARSON, ROBERTA: Das frühe Kino. In: NOWELL-SMITH, GEOFFREY (Hrsg.): *Geschichte des Internationalen Films*. Stuttgart, Weimar [Metzler] 1998a, S. 13-25

PEARSON, ROBERTA: Das Kino des Übergangs. In: NOWELL-SMITH, GEOFFREY (Hrsg.): *Geschichte des Internationalen Films*. Stuttgart, Weimar [Metzler] 1998b, S. 25-42

PENSOLD, WOLFGANG: *Zur Geschichte des Rundfunks in Österreich. Programm für die Nation*. Wiesbaden [Springer VS] 2018

PESCHKE, HANS-PETER VON: *Das Ende des Römischen Reiches! Wendepunkte der Geschichte*. Stuttgart [Theiss] 2012

PETERNÁK, MIKLÓS: Der Beginn der zentralen Programmsendung – Budapest 1893. Die ›Telefon Hirmondó‹ (Abriss). In: *Lab. Jahrbuch für Künste und Apparate*, 3, 1997, S. 373-382

PETZINGER, GENEVIÈVE VON: *The First Signs*. 2. Aufl. New York u. a. [Atria Paperback] 2017

PIEPER, RENATE: Informationszentren im Vergleich. Die Stellung Venedigs und Antwerpens im 16. Jahrhundert. In: NORTH, MICHAEL

(Hrsg.): *Kommunikationsrevolutionen. Die neuen Medien des 16. und 19. Jahrhunderts*. Köln, Weimar, Wien [Böhlau] 1995, S. 45-60

PIETILÄ, VEIKKO: *On the Highway of Mass Communication Studies*. Cresskill/NJ [Hampton Press] 2005

PISANO, GIUSY: The Théâtrophone, an Anachronistic Hybrid Experiment or One of the First Immobile Traveler Devices? In: GAUDREAULT, ANDRÉ; DULAC, NICOLAS; HIDALGO, SANTIAGO (Hrsg.): *A Companion to Early Cinema*. Chichester [Wiley-Blackwell] 2012, S. 80-98

POE, MARSHALL T.: *A History of Communications. Media and Society from the Evolution of Speech to the Internet*. Cambridge u. a. [Cambridge University Press] 2011

POPPLOW, MARCUS: Europa auf Achse. Innovationen des Landtransports im Vorfeld der Industrialisierung. In: SIEFERLE, ROLF PETER (Hrsg.): *Transportgeschichte*. Münster [LIT] 2008, S. 79-142

PRESTON, PASCHAL; ARNOLD, KLAUS; KINNEBROCK, SUSANNE: Introduction. European Communication History: A Challenging if Timely Project. In: ARNOLD, KLAUS; PRESTON, PASCHAL; KINNEBROCK, SUSANNE (Hrsg.): *The Handbook of European Communication History*. Hoboken, NJ [Wiley-Blackwell] 2020, S. 1-22

PROKOP, DIETER: *Der Kampf um die Medien. Das Geschichtsbuch der neuen kritischen Medienforschung*. Hamburg [VSA-Verlag] 2001

PROMMER, ELIZABETH: *Film und Kino. Die Faszination der laufenden Bilder*. Wiesbaden [Springer VS] 2016

PÜNTER, OTTO: Presse, Radio und Fernsehen. In: VEREIN DER SCHWEIZER PRESSE (Hrsg.): *Schweizer Presse 1933-1958. Festschrift zum 75jährigen Bestehen des Vereins Schweizer Presse*. Bern [o.V.] 1958

PÜRER, HEINZ: *Publizistik- und Kommunikationswissenschaft. Ein Handbuch*. 2. Aufl. Konstanz [UVK] 2014

PÜRER, HEINZ; RAABE, JOHANNES: *Presse in Deutschland*. 3. Aufl. Konstanz [UVK] 2007

REINHARDT, VOLKER: *Kleine Geschichte der Schweiz*. München [C. H. Beck] 2010

REQUATE, JÖRG: *Journalismus als Beruf. Entstehung und Entwicklung des Journalistenberufs im 19. Jahrhundert. Deutschland im internationalen Vergleich*. Göttingen [Vandenhoeck & Ruprecht] 1995

REYMOND, MARC: Das Radio im Zeichen der geistigen Landesverteidigung, 1937-1942. In: DRACK, MARKUS T. (Hrsg.):

Radio und Fernsehen in der Schweiz. Geschichte der Schweizerischen Rundspruchgesellschaft SRG bis 1958. Baden [hier + jetzt] 2000, S. 93-114 u. 305-317 (Anhangsband)

RIEDEL, HEIDE: *Hörfunk und Fernsehen in der DDR*. Köln [Literarischer Verlag Helmut Braun] 1977

RIEPL, WOLFGANG: *Strukturen des Nachrichtenwesens. Eine Textauswahl. Mit einer Einführung von Heinz Starkulla jr.* Herausgegeben und kommentiert von Hans Wagner. Baden-Baden [Nomos] 2014

RIES, PAUL: The Politics of Information in Seventeenth-Century Scandinavia. In: DOOLEY, BRENDAN; BARON, SABRINA A. (Hrsg.): *The Politics of Information in Early Modern Europe*. London, New York [Routledge] 2001, S. 237-272

ROBERTS, IVY: *Visions of Electric Media. Television in the Victorian and Machine Ages*. Amsterdam [Amsterdam University Press] 2019

ROSA, HARTMUT: *Beschleunigung. Die Veränderung der Zeitstruktur in der Moderne*. Frankfurt/M. [Suhrkamp] 2005

RÖSENER, WERNER: Dinggenossenschaft und Weistümer im Rahmen mittelalterlicher Kommunikationsformen. In: RÖSENER, WERNER (Hrsg.): *Kommunikation in der ländlichen Gesellschaft vom Mittelalter bis zur Moderne*. Göttingen [Vandenhoeck & Ruprecht] 2000, S. 47-75

ROSSFELD, ROMAN; KOLLER, CHRISTIAN; STUDER, BRIGITTE: Neue Perspektiven auf den schweizerischen Landesstreik vom November 1918. In: ROSSFELD, ROMAN; KOLLER, CHRISTIAN; STUDER, BRIGITTE (Hrsg.): *Der Landesstreik. Die Schweiz im November 1918*. Baden [hier + jetzt] 2018, S. 7-26

RUFFIEUX, ROLAND: Die Schweiz des Freisinns (1848-1914). In: COMITÉ POUR UNE NOUVELLE HISTOIRE DE LA SUISSE (Hrsg.); MESMER, BEATRIX (Red. dt. Ausgabe): *Geschichte der Schweiz und der Schweizer*. 4. Aufl. Basel [Schwabe] 2006, S. 639-730

SATTELBERG, KURT: *Vom Elektron zur Elektronik. Die Geschichte der Elektrizität*. Aarau [AT] 1982

SCANNELL, PADDY: Technology and Utopia: British Radio in the 1920s. In: LERSCH, EDGAR; SCHANZE, HELMUT (Hrsg.): *Die Idee des Radios. Von den Anfängen in Europa und den USA bis 1933*. Konstanz [UVK] 2004, S. 83-93

SCHADE, EDZARD: *Herrenlose Radiowellen. Die schweizerische Radiopolitik bis 1939 im internationalen Vergleich*. Baden [hier + jetzt] 2000a

SCHADE, EDZARD: Wenig radiotechnischer Pioniergeist vor 1922. In: DRACK, MARKUS T. (Hrsg.): *Radio und Fernsehen in der Schweiz. Geschichte der Schweizerischen Rundspruchgesellschaft SRG bis 1958*. Baden [hier + jetzt] 2000b, S. 15-24 u. 255-261 (Anhangsband)

SCHADE, EDZARD: Das Scheitern des Lokalrundfunks, 1923-1931. In: DRACK, MARKUS T. (Hrsg.): *Radio und Fernsehen in der Schweiz. Geschichte der Schweizerischen Rundspruchgesellschaft SRG bis 1958*. Baden [hier + jetzt] 2000c, S. 25-51 u. 263-281 (Anhangsband)

SCHADE, EDZARD: *Fernhören. Das Radio-Fotobuch der Deutschschweiz*. Basel [Christoph Merian] 2000d

SCHADE, EDZARD: Was leistet die Publizistikwissenschaft für die Gesellschaft? Eine Rückschau auf wichtige Forschungsvorhaben zur Ausgestaltung der Medienlandschaft Schweiz. In: SCHADE, EDZARD (Hrsg.): *Publizistikwissenschaft und öffentliche Kommunikation*. Konstanz [UVK] 2005, S. 13-45

SCHADE, EDZARD: Schweizer Radio International. In: *Historisches Lexikon der Schweiz (HLS)*. 2011. https://hls-dhs-dss.ch/de/articles/010480/2011-11-30/ [13.10.2020]

SCHADE, EDZARD: Programmgestaltung in einem kommerzialisierten Umfeld. In: MÄUSLI, THEO; STEIGMEIER, ANDREAS; VALLOTTON, FRANÇOIS (Hrsg.): *Radio und Fernsehen in der Schweiz. Geschichte der Schweizerischen Radio- und Fernsehgesellschaft SRG 1983-2011*. Baden [hier + jetzt] 2012, S. 271-335

SCHANNE, MICHAEL: Einführung in die Mediengeschichte der Schweiz. In: SCHANNE, MICHAEL; SCHULZ, PETER (Hrsg.): *Journalismus in der Schweiz. Fakten, Überlegungen, Möglichkeiten*. Aarau [Sauerländer] 1993, S. 3-44

SCHAUB, HANS-PETER: *Landsgemeinde oder Urne – was ist demokratischer? Urnen- und Versammlungsdemokratie in der Schweiz*. Baden-Baden [Nomos] 2016

SCHERER, WILHELM: *Geschichte der deutschen Literatur. Bis zur Gegenwart ergänzt von Dr. Th. Schultz*. 2. Aufl. Wien [Concordia] 1949

SCHERR, ALBERT: Gesellschaft und Gemeinschaft. In: SCHERR, ALBERT (Hrsg.): *Soziologische Basics. Eine Einführung für Pädagogen und Pädagoginnen*. Wiesbaden [VS Verlag für Sozialwissenschaften] 2006, S. 56-61

SCHERRER, ADRIAN: Aufschwung mit Hindernissen, 1931-1937. In: DRACK, MARKUS T. (Hrsg.): *Radio und Fernsehen in der Schweiz. Geschichte der Schweizerischen Rundspruchgesellschaft* SRG *bis 1958*. Baden [hier + jetzt] 2000, S. 59-92 u. 283-303 (Anhangsband)

SCHERRER, ADRIAN: Die Digitalisierung: Schrittmacher und Sparpotenzial. In: MÄUSLI, THEO; STEIGMEIER, ANDREAS; VALLOTTON, FRANÇOIS (Hrsg.): *Radio und Fernsehen in der Schweiz. Geschichte der Schweizerischen Radio- und Fernsehgesellschaft* SRG *1983-2011*. Baden [hier + jetzt] 2012, S. 135-177

SCHIEDT, HANS-ULRICH: *Die Welt neu erfinden. Karl Bürkli (1823-1901) und seine Schriften*. Zürich [Chronos] 2001

SCHILLING, MICHAEL: Illustrierte Flugblätter der frühen Neuzeit als historische Bildquellen. Beispiel, Chancen und Probleme. In: HARMS, WOLFGANG; SCHILLING, MICHAEL: *Das illustrierte Flugblatt der frühen Neuzeit. Traditionen – Wirkungen – Kontexte*. Stuttgart [S. Hirzel] 2008a, S. 73-84

SCHILLING, MICHAEL: Die Lieder des Augsburger Kolporteurs Thomas Kern aus den Anfangsjahren des dreißigjährigen Krieges. In: HARMS, WOLFGANG; SCHILLING, MICHAEL: *Das illustrierte Flugblatt der frühen Neuzeit. Traditionen – Wirkungen – Kontexte*. Stuttgart [S. Hirzel] 2008b, S. 103-121

SCHILLING, MICHAEL: Stadt und Publizistik. In: HARMS, WOLFGANG; SCHILLING, MICHAEL: *Das illustrierte Flugblatt der frühen Neuzeit. Traditionen – Wirkungen – Kontexte*. Stuttgart [S. Hirzel] 2008c, S. 347-370

SCHLÄPFER, WALTER: *Pressegeschichte des Kantons Appenzell Ausserrhoden*. Herisau [Schläpfer & Co. AG] 1978

SCHMANDT-BESSERAT, DENISE: The Earliest Precursor of Writing. In: *Scientific American*, 238 (6), 1978a, S. 50-59

SCHMANDT-BESSERAT, DENISE: Vom Ursprung der Schrift. In: *Spektrum der Wissenschaft*, o. Jg. (Dezember), 1978b, S. 5-12

SCHMANDT-BESSERAT, DENISE: *How Writing Came About*. 2. Aufl. Austin [University of Texas Press] 1996

SCHMIDT, JAN-HINRIK: *Social Media*. 2. Aufl. Wiesbaden [Springer VS] 2018

SCHMIDT, SIEGFRIED J.: *Kognitive Autonomie und soziale Orientierung. Konstruktivistische Bemerkungen zum Zusammenhang von Kognition, Kommunikation, Medien und Kultur*. Frankfurt/M. [Suhrkamp] 1994

SCHMIDT, UTA C.: Radioaneignung. In: MARSSOLEK, INGE; SALDERN, ADELHEID VON (Hrsg.): *Radio im Nationalsozialismus. Zwischen Lenkung und Ablenkung. Unter Mitarbeit von Daniela Münkel, Monika Pater, Uta C. Schmidt.* Tübingen [edition diskord] 1998, S. 243-360

SCHMOLKE, MICHAEL: *Die schlechte Presse. Katholiken und Publizistik zwischen »Katholik« und »Publik«, 1821-1968.* Münster [Regensberg] 1971

SCHMOLKE, MICHAEL: Theorie der Kommunikationsgeschichte. In: BURKART, ROLAND; HÖMBERG, WALTER (Hrsg.): *Kommunikationstheorien. Ein Textbuch zur Einführung.* Wien [Braumüller] 2007, S. 234-257

SCHNEIDER, THOMAS: Vom SRG-»Monopol« zum marktorientierten Rundfunk. In: MÄUSLI, THEO; STEIGMEIER, ANDREAS (Hrsg.): *Radio und Fernsehen in der Schweiz. Geschichte der Schweizerischen Radio- und Fernsehgesellschaft SRG 1958-1983.* Baden [hier + jetzt] 2006, S. 83-137

SCHNETTLER, BERNT: *Thomas Luckmann.* Konstanz [UVK] 2006

SCHOCK, FLEMMING: »Von diesen gelehrten und curieusen Männern«. Zur Kommunikation gelehrten Wissens in der ersten populären Zeitschrift Deutschlands (Relationes Curiosae, 1681-1691). In: HERBST, KLAUS-DIETER; KRATOCHWIL, STEFAN (Hrsg.): *Kommunikation in der Frühen Neuzeit.* Frankfurt/M. [Peter Lang] 2009, S. 119-134

SCHOCK, FLEMMING: Der vortreffliche Herr Brückmann. Korrespondenz und Naturforschung in den ›Hamburgischen Berichten von neuen Gelehrten Sachen‹ (1732-1759). In: *Jahrbuch für Kommunikationsgeschichte,* 19, 2017, S. 7-34

SCHÖN, ERICH: »... gar mancher kommt vom Lesen der Journale.« Aspekte der qualitativen Geschichte des Zeitungslesens im 18. Jahrhundert. In: WELKE, MARTIN; WILKE JÜRGEN (Hrsg.): *400 Jahre Zeitung. Die Entwicklung der Tagespresse im internationalen Kontext.* Bremen [edition lumière] 2008, S. 395-408

SCHÖNBACH, KLAUS: »Das Eigene im Fremden«. Zuverlässige Überraschung: Eine wesentliche Medienfunktion? In: *Publizistik,* 50 (3), 2005, S. 344-352

SCHÖNHAGEN, PHILOMEN: *Die Mitarbeit der Leser. Ein erfolgreiches Zeitungskonzept des 19. Jahrhunderts.* München [Reinhard Fischer] 1995

SCHÖNHAGEN, PHILOMEN: *Unparteilichkeit im Journalismus. Tradition einer Qualitätsnorm.* Tübingen [Niemeyer] 1998

SCHÖNHAGEN, PHILOMEN: *Soziale Kommunikation im Internet. Zur Theorie und Systematik computervermittelter Kommunikation vor dem Hintergrund der Kommunikationsgeschichte.* Bern u. a. [Peter Lang] 2004

SCHÖNHAGEN, PHILOMEN: Gesellschaftliche Kommunikation im Wandel der Geschichte. In: BATINIC, BERNAD; APPEL, MARKUS (Hrsg.): *Medienpsychologie*. Heidelberg [Springer] 2008a, S. 45-76

SCHÖNHAGEN, PHILOMEN: Ko-Evolution von Public Relations und Journalismus: Ein erster Beitrag zu ihrer systematischen Aufarbeitung. In: *Publizistik*, 53 (1), 2008b, S. 9-24

SCHÖNHAGEN, PHILOMEN: Participatory Journalism (Partizipativer Journalismus). In: DEUTSCHER FACHJOURNALISTENVERBAND (Hrsg.): *Journalistische Genres*. Konstanz, München [UVK] 2016, S. 347-357

SCHÖNHAGEN, PHILOMEN; KOPP, MIRJAM: ›Bürgerjournalismus‹ – eine publizistische Revolution? In: *Zeitschrift für Politik*, 54 (3), 2007, S. 296-323

SCHÖNHAGEN, PHILOMEN; MEISSNER, MIKE: The Co-Evolution of Public Relations and Journalism: A First Contribution to its Systematic Review. In: *Public Relations Review*, 42 (5), 2016, S. 748-758

SCHRÖDER, THOMAS: *Die ersten Zeitungen. Textgestaltung und Nachrichtenauswahl*. Tübingen [Gunter Narr] 1995

SCHUBERT, ERNST: *Fahrendes Volk im Mittelalter*. Bielefeld [Verlag für Regionalgeschichte] 1995

SCHÜSSELE, FRANZ: *Alphorn und Hirtenhorn in Europa. Hölzerne Hörner von der Schweiz bis nach Schweden, von Russland bis Rumänien in Geschichte und Gegenwart*. Friesenheim [Gälfiäßler Verlag] 2000

SCHWARB, URSULA: *Medienvielfalt und publizistische Leistung. 20 Jahre nach Einführung des lokalen Rundfunks in der Schweiz*. Konstanz [UVK] 2007

SCHWEISS, CHRISTOPH A.; WILDHABER, PETER; LÄUFFER, PETER; SCHADE, EDZARD: *Die Geschichte des Radios in der Schweiz*. 2. Aufl. Basel [Schweizer Radio DRS] 1998

SCHWIETRING, THOMAS: *Was ist Gesellschaft? Einführung in soziologische Grundbegriffe*. Konstanz [UTB] 2011

SCRIBNER, ROBERT W.: Flugblatt und Analphabetentum. Wie kam der gemeine Mann zu reformatorischen Ideen? In: KÖHLER, HANS-JOACHIM (Hrsg.): *Flugschriften als Massenmedium der Reformationszeit. Beiträge zum Tübinger Symposium 1980*. Stuttgart [Klett-Cotta] 1981, S. 65-76

SEBEOK, THOMAS A.; UMIKER-SEBEOK, DONNA JEAN (Hrsg.): *Speech Surrogates: Drum and Whistle Systems*. Den Haag, Paris [Mouton] 1976

SIEFERLE, ROLF PETER: Transport und gesellschaftliche Entwicklung. In: SIEFERLE, ROLF PETER (Hrsg.): *Transportgeschichte*. Münster [LIT] 2008, S. 1-38

SINCLAIR, UPTON: *The Jungle*. New York [The Viking Press] 1906/1947

SJOBBEMA, DIRK JOHANNES WILLEM: *Die Geschichte der Elektronik. Vom Volta-Element zum digitalen Fernsehen*. Aachen [Elektor] 1999

SPLENDORE, SERGIO: Das Mediensystem Italiens. In: HANS-BREDOW-INSTITUT (Hrsg.): *Internationales Handbuch Medien*. 28. Aufl. Baden-Baden [Nomos] 2009, S. 384-395

SPORHAN-KREMPEL, LORE: Das Nürnberger Nachrichten- und Zeitungswesen. In: *Archiv für Geschichte des Buchwesens*, XV, 1976, S. 999-1026

SRG-PUBLIKUMSFORSCHUNG: *Die Hörer des Telephonrundspruchs (1972). Eine Zusammenfassung der Ergebnisse aus den Untersuchungen über die Radiohörer in der Schweiz*. Bern [SRG] 1973

STADLER, PETER: *Epochen der Schweizergeschichte*. Zürich [Orell Füssli] 2003

STANDAGE, TOM: *The Victorian Internet. The Remarkable Story of the Telegraph and the Nineteenth Century's Online Pioneers*. New York [Walker and Company] 1998

STARK, BIRGIT; MAGIN, MELANIE: Neuer Strukturwandel der Öffentlichkeit durch Informationsintermediäre: Wie Google, Facebook & Co. die Medien und den Journalismus verändern. In: EISENEGGER, MARK; UDRIS, LINARDS; ETTINGER, PATRICK (Hrsg.): *Wandel der Öffentlichkeit und der Gesellschaft. Gedenkschrift für Kurt Imhof*. Frankfurt/M. [Campus] 2019, S. 377-406

STARK, BIRGIT; MAGIN, MELANIE; JÜRGENS, PASCAL: *Ganz meine Meinung? Informationsintermediäre und Meinungsbildung – Eine Mehrmethodenstudie am Beispiel von Facebook*. Düsseldorf [Landesanstalt für Medien Nordrhein-Westfalen (LfM)] 2017. https://tinyurl.com/lfm-band55 [13.10.2020]

STARKULLA, HEINZ (1965): Presse, Fernsehen und Demokratie. In: *Publizistik*, 10 (3), 1965, S. 382-390

STAROSIELSKI, NICOLE: *The Undersea Network*. Durham [Duke University Press] 2015

STAUFFACHER, WERNER: *Die Versammlungsdemokratie im Kanton Glarus. Ein Beitrag zur Kenntnis der glarnerischen Landsgemeinde und Gemeindeversammlungen*. Glarus [Tschudi & Co.] 1964

STEINHAUSEN, GEORG: Die Entstehung der Zeitung aus dem brieflichen Verkehr. In: WAGNER, HANS (Hrsg.): *Zeitungsbriefe und Briefzeitungen oder Die Anfänge der Zeitung. Richard Grasshoff (1877), Georg Steinhausen (1895), Karl Bücher (1893) und Adolf Koch (1910)*. Baden-Baden [Nomos] 1895/2017, S. 169-195

STEINMAURER, THOMAS: *Tele-Visionen. Zur Theorie und Geschichte des Fernsehempfangs.* Wien [Studien-Verlag] 1999

STEINMAURER, THOMAS: Das Mediensystem Österreichs. In: Hans-Bredow-Institut (Hrsg.): *Internationales Handbuch Medien*. 28. Aufl. Baden-Baden [Nomos] 2009, S. 504-517

STEINMETZ, RÜDIGER: Kontinuitäten und Brüche im deutsch-deutschen Fernsehen vor, am und nach dem 9. November 1989. In: FREY-VOR, GERLINDE; STEINMETZ, RÜDIGER (Hrsg.): *Rundfunk in Ostdeutschland*. Konstanz [UVK] 2003, S. 9-46

STÖBER, RUDOLF: *Neue Medien. Geschichte. Von Gutenberg bis Apple und Google. Medieninnovation und Evolution*. Bremen [edition lumière] 2013

STÖBER, RUDOLF: *Deutsche Pressegeschichte. Von den Anfängen bis zur Gegenwart*. 3. Aufl. Konstanz [UVK] 2014

STRÄULI, MARIANN; BECK, KARIN; PICHIT, HALINA; BEHRENS, NICOLA; CASANOVA, CHRISTIAN; SCHULTHEISS, MAX: *Kinofieber – 100 Jahre Kinogeschichte*. Zürich [Stadtarchiv] 2007. https://www.stadt-zuerich.ch/content/prd/de/index/stadtarchiv/bilder_u_texte/kinofieber_100_jahrezuercherkinogeschichteimstadtarchivundimbaug.html [13.10.2020]

STRIULI, FEDERICO: *Louis Aimé Augustin Leprince: la vita e il contributo tecnico-scientifico nel contesto della corsa all'inventione del cinematografo*. o.O. [Doktorarbeit an der Universität Verona] 2015. http://dspace.unive.it/bitstream/handle/10579/5612/955916-1166826.pdf?sequence=2 [13.10.2020]

STUCKER, HANSPETER: Johann Georg Altmann. In: *Historisches Lexikon der Schweiz (HLS)*. 2001. https://hls-dhs-dss.ch/de/articles/010500/2001-05-21/ [13.10.2020]

STUDER, SAMUEL: *Veränderungsprozesse in Mediensystemen. Eine organisationsökologische Analyse des Wandels schweizerischer Medienstrukturen zwischen 1968 und 2013*. Baden-Baden [Nomos] 2018

STUIBER, HEINZ-WERNER: *Medien in Deutschland. Bd. 2: Rundfunk, 1. Teilband*. Konstanz [UVK] 1998

SUNSTEIN, CASS R.: *Republic.Com. 2.0.* Princeton, NJ [Princeton University Press] 2001

TADDICKEN, MONIKA; SCHMIDT, JAN-HINRIK: Entwicklung und Verbreitung sozialer Medien. In: SCHMIDT, JAN-HINRIK; TADDICKEN, MONIKA (Hrsg.): *Handbuch Soziale Medien.* Wiesbaden [Springer VS] 2017, S. 3-22

TANNER, JAKOB: *Geschichte der Schweiz im 20. Jahrhundert.* München [C.H. Beck] 2015

TANTNER, ANTON: *Die ersten Suchmaschinen. Adressbüros, Fragämter, Intelligenz-Comptoirs.* Berlin [Klaus Wagenbach] 2015

TAYLOR, CHARLES: Die Moderne und die säkulare Zeit. In: TAYLOR, CHARLES: *Wieviel Gemeinschaft braucht die Demokratie? Aufsätze zur politischen Philosophie.* Frankfurt/M. [Suhrkamp] 2002, S. 166-217

THEIS, ERNST: Radio Hekaphon, Österreichs erster Rundfunksender. In: *medien & zeit*, 34 (4), 2019, S. 59-75

THUM, BERND: Öffentlich-Machen, Öffentlichkeit, Recht. Zu den Grundlagen und Verfahren der politischen Publizistik im Spätmittelalter (mit Überlegungen zur sog. »Rechtssprache«). In: *Zeitschrift für Literaturwissenschaft und Linguistik*, 10 (37), 1980, S. 12-69

THUM, BERND: Öffentlichkeit und Kommunikation im Mittelalter. Zur Herstellung von Öffentlichkeit im Bezugsfeld elementarer Kommunikationsformen im 13. Jahrhundert. In: RAGOTZKY, HEDDA; WENZEL, HORST (Hrsg.): *Höfische Repräsentation. Das Zeremoniell und die Zeichen.* Tübingen [Niemeyer] 1990, S. 65-87

THÜRER, GEORG: Nachwort. In: *Annus Christi. Neudruck der Auflage von 1597.* Walluf, Nendeln [Sändig] 1977, o. S. [197-206]

THURMAN, NEIL: Making ›The Daily Me‹: Technology, Economics and Habit in the Mainstream Assimilation of Personalized News. In: *Journalism*, 12 (4), 2011, S. 395-415

TISCHER, ANUSCHKA: Obrigkeitliche Instrumentalisierung der Zeitung im 17. Jahrhundert: die Gazette de France und die französische Politik. In: BAUER, VOLKER; BÖNING, HOLGER (Hrsg.): *Die Entstehung des Zeitungswesens im 17. Jahrhundert. Ein neues Medium und seine Folgen für das Kommunikationssystem der Frühen Neuzeit.* Bremen [edition lumière] 2011, S. 455-466

TÖNNIES, FERDINAND: *Gemeinschaft und Gesellschaft. Grundbegriffe der reinen Soziologie.* Darmstadt [Wissenschaftliche Buchgesellschaft] 1979 [1887]

TRÉFÁS, DAVID: *Kleine Basler Pressegeschichte*. Basel [Schwabe] 2016

TSCHUI, TERESA EVA: Die Bilderwelt des «Berner Hinkenden Boten». Von seinen Anfängen bis zur Blütezeit am Ausgang des 18. Jahrhunderts. In: *Berner Zeitschrift für Geschichte und Heimatkunde*, 68 (2), 2006, S. 63-104

TURNBULL, LAWRENCE: *The Electro-Magnetic Telegraph*. Philadelphia/PA [A. Hart] 1852

UDRIS, LINARDS: Radio und Fernsehen – Newssendungen und Webangebote. In: FÖG – FORSCHUNGSINSTITUT ÖFFENTLICHKEIT UND GESELLSCHAFT (Hrsg.): *Jahrbuch 2019: Qualität der Medien. Schweiz – Suisse – Svizzera*. Basel [Schwabe] 2019, S. 129-146

ULMANN-MAURIAT, CAROLINE: Die Geburt des Rundfunks in Frankreich. In: LERSCH, EDGAR; SCHANZE, HELMUT (Hrsg.): *Die Idee des Radios. Von den Anfängen in Europa und den USA bis 1933*. Konstanz [UVK] 2004, S. 111-118

VALLOTTON, FRANÇOIS: Anastasie ou Cassandre? Le rôle de la radio-télévision dans la société helvétique. In: MÄUSLI, THEO; STEIGMEIER, ANDREAS (Hrsg.): *Radio und Fernsehen in der Schweiz. Geschichte der Schweizerischen Radio- und Fernsehgesellschaft SRG 1958-1983*. Baden [hier + jetzt] 2006, S. 37-82

VANCOUR, SHAWN: *Making Radio. Early Radio Production and the Rise of Modern Sound Culture*. New York [Oxford University Press] 2018

VENUS, THEODOR: Das österreichische Beispiel – Rundfunkpolitische Weichenstellungen von den Anfängen des Funks bis zur Gründung der RAVAG. In: LERSCH, EDGAR; SCHANZE, HELMUT (Hrsg.): *Die Idee des Radios. Von den Anfängen in Europa und den USA bis 1933*. Konstanz [UVK] 2004, S. 165-204

VETTER, THEODOR: *Der Spectator als Quelle der »Discurse der Maler«*. Frauenfeld [J. Huber's Verlag] 1887

VISCHER, EDUARD: Glarus und seine Landsgemeinde. In: VISCHER, EDUARD: *Heimat und Welt. Studien zur Geschichte einer schweizerischen Landsgemeinde-Demokratie*. Bern [Francke] 1983a, S. 45-68

VISCHER, EDUARD: Von der glanerischen Nüchternheit. Untersuchungen über das Zeremoniell der Glarner Landsgemeinde. In: VISCHER, EDUARD: *Heimat und Welt. Studien zur Geschichte einer schweizerischen Landsgemeinde-Demokratie*. Bern [Francke] 1983b, S. 69-95

VOLTMER, KATRIN: *Medienqualität und Demokratie. Eine empirische Analyse publizistischer Informations- und Orientierungsleistungen in der Wahlkampfkommunikation*. Baden-Baden [Nomos] 1998

VUARNOZ, JEAN-PIERRE: Die Anfänge des freiburgischen Buchdruckergewerbes. In: VERLAG »FREIBURGER NACHRICHTEN« (Hrsg.): *Festgabe zum Zentenarium der »Freiburger Nachrichten« 1863-1963*. Freiburg i. Üechtland [Verlag Freiburger Nachrichten] 1963, S. 78-81

WAGNER, HANS: *Kommunikation und Gesellschaft. Teil I: Einführung in die Zeitungswissenschaft*. München [Olzog] 1978

WAGNER, HANS: Das Fach-Stichwort: Zeitungswissenschaft – eine Wissenschaft vom Menschen. In: ASWERUS, BERND M.: *Vom Zeitgespräch der Gesellschaft. Zusammengestellt und eingeführt von Hans Wagner*. München [Reinhard Fischer] 1993, S. 121-197

WAGNER, HANS: *Journalismus I: Auftrag. Gesammelte Beiträge zur Journalismustheorie*. Erlangen [Junge & Sohn] 1995

WAGNER, HANS: *Erfolgreich Kommunikationswissenschaft (Zeitungswissenschaft) studieren. Einführung in das Fach und das Studium*. München [Reinhard Fischer] 1997

WAGNER, HANS: *Evolution und Revolutionen der Sozialen Kommunikation. Rationalisierungsprozesse des Nachrichtenverkehrs. Sieben Skizzen zur Einführung in die Kommunikationsgeschichte*. Unveröffentlichtes Manuskript eines Gastvortrags an der Universität Freiburg/Fribourg im Sommersemester 2005

WAGNER, HANS: Vergessene Wegweiser zur Kommunikationsgeschichte. In: AVERBECK-LIETZ, STEFANIE; KLEIN, PETRA; MEYEN, MICHAEL (Hrsg.): *Historische und systematische Kommunikationswissenschaft. Festschrift für Arnulf Kutsch*. Bremen [edition lumière] 2009, S. 79-117

WAGNER, HANS: Das Fach-Stichwort: Objektivität im Journalismus. In: WAGNER, HANS (Hrsg.): *Objektivität im Journalismus. Mit Beiträgen von Ulrich Saxer, Philomen Schönhagen und Detlef Schröter*. Baden-Baden [Nomos] 2012, S. 175-354

WAGNER, HANS: Das Fachstichwort: Der Gebärungsprozess der Presse. In: LÖFFLER, FRANZ ADAM: *Über die Gesetzgebung der Presse. Ein Versuch zur Lösung ihrer Aufgabe auf wissenschaftlichem Wege. 1. Teilband: Der Gebärungsprozess der Presse*. Herausgegeben, eingeleitet und kommentiert von Hans Wagner. Baden-Baden [Nomos] 2014a, S. 205-296

WAGNER, HANS: Das Fachstichwort: Nachrichtenverkehr. In: Riepl, Wolfgang: *Strukturen des Nachrichtenwesens. Eine Textauswahl. Mit einer Einführung von Heinz Starkulla jr.* Herausgegeben und kommentiert von Hans Wagner. Baden-Baden [Nomos] 2014b, S. 180-249

WAGNER, HANS: Die Autoren und ihre Schriften. In: WAGNER, HANS (Hrsg.): *Zeitungsbriefe und Briefzeitungen oder Die Anfänge der Zeitung. Richard Grasshoff (1877), Georg Steinhausen (1895), Karl Bücher (1893) und Adolf Koch (1910)*. Baden-Baden [Nomos] 2017a, S. 9-72

WAGNER, HANS: Das Fachstichwort: Kommunikationsgeschichte (mit fachgeschichtlich notwendigen Zutaten). In: WAGNER, HANS (Hrsg.): *Zeitungsbriefe und Briefzeitungen oder Die Anfänge der Zeitung. Richard Grasshoff (1877), Georg Steinhausen (1895), Karl Bücher (1893) und Adolf Koch (1910)*. Baden-Baden [Nomos] 2017b, S. 249-300

WALKER, P.; SCHAFFNER, CHR.: Radioempfang ohne Störungen. Telefonrundspruch. In: *Radiowelt. Unabhängige Fachzeitschrift für internationale Kommunikation*, 3 (6), 1986, S. 38-39

WARD-PERKINS, BRYAN: *Der Untergang des Römischen Reiches und das Ende der Zivilisation*. Darmstadt [Wissenschaftliche Buchgesellschaft] 2007

WARTBURG-AMBÜHL, MARIE-LUISE VON: *Alphabetisierung und Lektüre. Untersuchung am Beispiel einer ländlichen Region im 17. und 18. Jahrhundert*. Bern u.a. [Peter Lang] 1981

WEBER, JACQUELINE: *Männlichkeit aus dem Äther. Geschlechterkonstruktion in einer Unterhaltungssendung für Männer von Schweizer Radio Beromünster, 1945-48*. Zürich [Chronos] 2013

WEBER, JOHANNES: »Unterthenige Supplication Johann Caroli/ Buchtruckers«. Der Beginn gedruckter politischer Wochenzeitungen im Jahre 1605. In: *Archiv für Geschichte des Buchwesens*, 38, 1992, S. 257-265

WEBER, JOHANNES: *Götter-Both Mercurius. Die Urgeschichte der politischen Zeitschrift in Deutschland*. Bremen [Edition Temmen] 1994

WEBER, JOHANNES: Der große Krieg und die frühe Zeitung. Gestalt und Entwicklung der deutschen Nachrichtenpresse in der ersten Hälfte des 17. Jahrhunderts. In: *Jahrbuch für Kommunikationsgeschichte*, 1, 1999, S. 23-61

WEBER, JOHANNES: Straßburg 1605: Die Geburt der Zeitung. In: *Jahrbuch für Kommunikationsgeschichte*, 7, 2005, S. 3-26

WEBER, JOHANNES: Zum 350. Geburtstag der Tageszeitung am 1. Juli 2000. In: KUTSCH, ARNULF; WEBER, JOHANNES (Hrsg.): *350 Jahre*

Tageszeitung. Forschungen und Dokumente. 2. Aufl. Bremen [edition lumière] 2010, S. 9-20

WEBER, KARL: Die Entwicklung der politischen Presse in der Schweiz. In: VEREIN DER SCHWEIZER PRESSE (Hrsg.): *Festschrift zum 50jährigen Jubiläum des Vereins der Schweizer Presse.* Luzern [Buchdruckerei Keller & Co.] 1933, S. 7-103

WEINTRITT, OTFRIED: Transport in der islamischen Welt. In: SIEFERLE, ROLF PETER (Hrsg.): *Transportgeschichte.* Münster [LIT] 2008, S. 143-207

WEISCHENBERG, SIEGFRIED: Das Jahrhundert des Journalismus ist vorbei. Rekonstruktionen und Prognosen zur Formation gesellschaftlicher Selbstbeobachtung. In: BOHRMANN, HANS; TOEPSER-ZIEGERT, GABRIELE (Hrsg.): *Krise der Printmedien: Eine Krise des Journalismus?* Berlin, New York [De Gruyter Saur] 2010, S. 32-61

WEISZ, LEO: Einleitung. In: VEREIN DER SCHWEIZER PRESSE (Hrsg.): *Eine handgeschriebene Zürcher Zeitung. Zum Halbjahrhundertfest des Vereins der Schweizer Presse dargebracht vom Orell Füßli Verlag und Art. Institut Orell Füßli.* Zürich [Orell Füßli] 1933, S. 3-4

WEISZ, LEO: *Der Zürcher Nachrichtenverkehr vor 1780.* Zürich [Buchverlag der »Neuen Zürcher Zeitung«] 1954

WELKE, MARTIN: *Wir Zeitungsleser. Ein kultur- und sozialgeschichtlicher Streifzug durch vier Jahrhunderte.* Offenburg [Reiff] 1993

WELKE, MARTIN: Johann Carolus und der Beginn der periodischen Tagespresse. Versuch, einen Irrweg der Forschung zu korrigieren. In: WELKE, MARTIN; WILKE, JÜRGEN (Hrsg.): *400 Jahre Zeitung. Die Entwicklung der Tagespresse im internationalen Kontext.* Bremen [edition lumière] 2008, S. 9-116

WELWEI, KARL-WILHELM: Politische Kommunikation im klassischen Athen. In: BINDER, GERHARD; EHLICH, KONRAD (Hrsg.): *Kommunikation in politischen und kultischen Gemeinschaften.* Trier [Wissenschaftlicher Verlag] 1996, S. 25-50

WENZLHUEMER, ROLAND: *Connecting the Nineteenth-Century World. The Telegraph and Globalization.* Cambridge [Cambridge University Press] 2013

WERNER, THEODOR GUSTAV: Das kaufmännische Nachrichtenwesen im späten Mittelalter und in der frühen Neuzeit und sein Einfluß auf die Entstehung der handschriftlichen Zeitung. In: *Scripta mercaturae,* 9, 1975, S. 3-51

WILKE, JÜRGEN (Hrsg.): *Mediengeschichte der Bundesrepublik Deutschland*. Bonn [Bundeszentrale für politische Bildung] 1999

WILKE, JÜRGEN: Kommunikations- und Mediengeschichte. In: BENTELE, GÜNTER; BROSIUS, HANS-BERND; JARREN, OTFRIED (Hrsg.): *Öffentliche Kommunikation. Handbuch Kommunikations- und Medienwissenschaft*. Wiesbaden [Westdeutscher Verlag] 2003, S. 151-186

WILKE, JÜRGEN: Die Telegraphischen Depeschen des Wolff'schen Telegraphischen Büros (WTB). In: *Publizistik*, 49 (2), 2004, S. 125-151

WILKE, JÜRGEN: *Grundzüge der Medien- und Kommunikationsgeschichte*. 2. Aufl. Köln, Weimar, Wien [Böhlau] 2008

WILKE, JÜRGEN: Inhalt und Form der Zeitung im Wandel. In: WELKE, MARTIN; WILKE, JÜRGEN (Hrsg.): *400 Jahre Zeitung. Die Entwicklung der Tagespresse im internationalen Kontext*. Bremen [edition lumière] 2010, S. 355-378

WILKE, JÜRGEN; GUILLAMET, JAUME; HØYER, SVENNIK; ØY, NILS E.: Struggles over »Press Freedom« and »Public Spheres«. Competing Conceptualizations, Values, Norms. In: ARNOLD, KLAUS; PRESTON, PASCHAL; KINNEBROCK, SUSANNE (Hrsg.): *The Handbook of European Communication History*. Hoboken, NJ [Wiley-Blackwell] 2020, S. 23-41

WINKER, KLAUS: *Fernsehen unterm Hakenkreuz. Organisation – Programm – Personal*. 2. Aufl. Köln, Weimar, Wien [Böhlau] 1996

WINKLER, HARTMUT: *Docuverse. Zur Medientheorie der Computer. Mit einem Interview von Geert Lovink*. o.O. [Klaus Boer Verlag] 1997

WISSMANN, RETO: Die ersten Schweizer Radiogeräte. In: *Der Bund*, 152 (23.7.), 2001, S. 18

WOODTLI, SUSANNA: *Gleichberechtigung. Der Kampf um die politischen Rechte der Frau in der Schweiz*. 2. Aufl. Frauenfeld [Huber] 1983

WÜRGLER, ANDREAS: Politische Öffentlichkeit in der Schweiz im 18. Jahrhundert. In: *Schweizerische Zeitschrift für Geschichte/Revue Suisse d'Histoire/Rivista Storica Svizzera*, 46 (1), 1996, S. 26-42

WÜRGLER, ANDREAS: *Medien in der Frühen Neuzeit*. 2. Aufl. München [Oldenbourg] 2013

WÜRGLER, ANDREAS: Tagsatzung. In: *Historisches Lexikon der Schweiz (HLS)*. 2014. https://hls-dhs-dss.ch/de/articles/010076/2014-09-25/ [13.10.2020]

ZAWREL, SANDRA: Papierhandel im Europa der Frühen Neuzeit: Ein Forschungsbericht. In: *Jahrbuch für Kommunikationsgeschichte*, 19, 2017, S. 98-120

ZELLWEGER, RODOLPHE: Une cause célèbre du *Mercure Suisse*: La défense de la nation helvétique. In: RYCHNER, JACQUES; SCHLUP, MICHAEL (Hrsg.): *Aspects du livre neuchâtelois. Etudes réunies à l'occasion de 450e anniversaire de l'imprimerie neuchâteloise*. Neuchâtel [Bibliothèque publique et universitaire] 1986, S. 37-58

ZEITUNGS-KATALOG: *Annoncen-Expedition für sämtliche Zeitungen der Schweiz und des Auslandes*. Zürich [Orell Füssli Annoncen] 1922

Zeyttungen! Zeyttungen! Zeyttungen! Sehr grewliche/erschröckliche/unerhörte/wahrhafftige newe Zeyttungen aus den Kindertagen der Zeitung. Ein Beitrag zur Zeitungs-Geschichte aus dem Verlagshaus Axel Springer. o.O., o.J. (mit einem Vorwort und mit kurzen Erläuterungen von Prof. Hans A. Münster)

ZILLMANN, DOLF: The Coming of Media Entertainment. In: ZILLMANN, DOLF; VORDERER, PETER (Hrsg.): *Media Entertainment. The Psychology of Its Appeal*. Mahwah/NJ, London [Lawrence Erlbaum Associates] 2000, S. 1-20

ZIMMER, JOCHEN: Die Entwicklung des Internets in globaler Perspektive. In: HANS-BREDOW-INSTITUT (Hrsg.): *Internationales Handbuch Medien*. 28. Aufl. Baden-Baden [Nomos] 2009, S. 164-174

HANS-JÜRGEN KRUG

Kleine Geschichte des Hörspiels

2020, 3., überarbeitete und erweiterte Auflage, 240 S., Broschur, 213 x 142 mm, dt.

ISBN (Print) 978-3-7445-2003-4
ISBN (PDF) 978-3-7445-2004-1
ISBN (ePub) 978-3-7445-2005-8

Hörspiel gibt es in Deutschland seit beinahe 100 Jahren. Es begann als ›Kunst des Rundfunks‹ und war zunächst nur im Mittelwellenradio zu hören. Heute gibt es Hörspiele nicht nur im linearen Radio, sondern auch als Audiobook, Compact Disc, Podcast oder im Streaming. Aus der reinen Radiokunst ist eine Audiokunst geworden, die sogar in Theatern, Parkanlagen und Fußballstadien gehört wird. Und jeder kann heute selbst ›Hörspiele‹ produzieren.

Die *Kleine Geschichte des Hörspiels* erzählt prägnant die Entwicklung des Hörspiels von den Anfängen 1924 bis heute und zeigt die Veränderungen der akustischen Kunst inmitten sich rapide und radikal verändernder Medienlandschaften: ästhetisch, technisch, ökonomisch, programmgeschichtlich, personell. Vor allem aber beschreibt der Band das Hörspiel als einzigartiges akustisches Ereignis.

HERBERT VON HALEM VERLAG

Schanzenstr. 22 · 51063 Köln
http://www.halem-verlag.de
info@halem-verlag.de